高等职业教育茶叶生产与加工技术专业教材

“十四五”技工教育规划教材

茶园田间管理与茶叶加工岗位能力训练

田景涛 主编

中国轻工业出版社

图书在版编目（CIP）数据

茶园田间管理与茶叶加工岗位能力训练/田景涛主编.
—北京：中国轻工业出版社，2025.1
高等职业教育“十三五”规划教材
ISBN 978-7-5184-2560-0

Ⅰ.①茶… Ⅱ.①田… Ⅲ.①茶园-田间管理-高等职业教育-教材②制茶工艺-高等职业教育-教材
Ⅳ.①S571.1②TS272.4

中国版本图书馆 CIP 数据核字（2019）第137949号

责任编辑：贾 磊
策划编辑：贾 磊　　责任终审：劳国强　　封面设计：锋尚设计
版式设计：砚祥志远　　责任校对：吴大朋　　责任监印：张 可

出版发行：中国轻工业出版社（北京鲁谷东街5号，邮编：100040）
印　　刷：三河市国英印务有限公司
经　　销：各地新华书店
版　　次：2025年1月第1版第4次印刷
开　　本：720×1000 1/16 印张：14.25
字　　数：289千字
书　　号：ISBN 978-7-5184-2560-0 定价：45.00元
邮购电话：010-85119873
发行电话：010-85119832 010-85119912
网　　址：http://www.chlip.com.cn
Email：club@chlip.com.cn

242199J2C104ZBW

前 言

为了推进职业教育产教融合、完善现代职业教育体系，教育部办公厅印发了《关于全面推进现代学徒制工作的通知》（教职成厅函〔2019〕12 号），明确指出："深化产教融合、校企合作，健全德技并修、工学结合的育人机制和多方参与的质量评价机制，深入推进教师、教材、教法改革，总结现代学徒制试点成功经验和典型案例。"我校（铜仁职业技术学院）"茶树栽培与茶叶加工"专业被列为贵州省现代学徒制试点专业。为了让学徒制试点的学生在企业以学徒身份岗位学习的过程中，有较为系统的教学指导书，我校与企业合作，基于工作过程、对应工作岗位开发了《茶园田间管理与茶叶加工岗位能力训练》教材。

在编写过程中，编者对茶企的茶园田间管理岗位、茶叶加工岗位、质量管理岗位的负责人、技术骨干进行了大量调研，在充分了解该岗位所需要的人员素质、知识、技能及经验的基础上，以工作过程为主线，以项目任务为载体，重点突出开展工作的方法和途径，结合农业生产的特点，将先进的现代管理技术和传统的农业经验相结合，重点训练学徒的岗位能力。本教材共分 3 个模块（茶园田间管理岗位能力训练、茶叶加工岗位能力训练、茶叶质量管理岗位能力训练）、9 个项目、31 个任务。每个工作任务编写结构分为任务目标、任务知识、任务实施、任务总结、任务评价 5 个方面。本教材可作为高职高专"茶树栽培与茶叶加工"专业现代学徒制学徒的企业学习教材、行业相关企业教学综合实训教材。

本教材由铜仁职业技术学院田景涛担任主编，郝翻、陈玲担任副主编，徐代华、段小凤参加编写，由张黎飞和安徽霍山县农业委员会潘俊青审稿。具体编写分工为：田景涛编写模块一项目一、项目二、项目四，模块三项目一中的任务一；郝翻编写模块二项目二中的任务五、任务六，模块三项目二中的任务一、项目三中的任务二；陈玲编写模块三项目二中的任务二、项目三中的任务一、任务三；徐代华编写模块二项目一、项目二中的任务一、任务二、任务

三、任务四；段小凤编写模块一项目三，模块三项目一中的任务二。

本教材在编写过程中得到了许多茶叶企业相关岗位人员，尤其是铜仁职业技术学院茶树栽培与茶叶加工专业现代学徒制试点合作企业贵州贵茶有限公司的大力支持，同时参考了许多专家学者的大量文献资料，在此一并致以谢意！

由于编者水平有限，加上编写时间紧迫，书中难免存在疏漏及不足之处，敬请广大读者批评指正。

编　者

目 录

模块一 茶园田间管理岗位能力训练

模块二　茶叶初制加工岗位能力训练

模块三　茶叶质量管理岗位能力训练

附录

模块一　茶园田间管理岗位能力训练

项目一　新茶园建立

工作任务一　茶园园地选择

一、任务目标

学会如何收集气象图、地形图、土地基本信息等相关技术资料；学会根据收集的资料、现场环境条件预判园地是否合适；学会使用全球卫星定位系统（GPS）丈量土地；掌握茶园园地选择的方法步骤；具备准确选择茶园园地的能力。

二、任务知识

（一）园地气象条件要求

年平均温度在13℃以上，活动积温在3500℃以上，年降雨量1500mm左右，且生长期月降雨量达100mm以上，大气相对湿度以80%～90%为好。

（二）地形地势条件要求

坡度在20°以下的山坡地或丘陵缓坡，以坡度3°～15°最为合适，海拔高度一般400～800m较好。

（三）土壤酸碱性条件要求

茶树适宜生长的土壤，其pH应在4.0～6.5，以pH4.5～5.5最为适宜。

映山红、铁芒箕（狼箕）、杉树、油茶、马尾松等指示性植物生长的土壤一般为酸性，可作为初选园地的指示植物。

（四）土壤质地要求

茶园土壤质地要求红黄壤土最好，土层深厚（50cm 以上）、疏松，肥力中等以上最好。

（五）土壤样品采集

“S”形布置，一般可根据采样区域大小和土壤肥力差异情况，采集 5 ~ 20 个点。将表土 2 ~ 3cm 刮去，挖（或者钻）20cm 耕作层深度，然后用取土铲在垂直坑壁均匀地切下厚约 5cm 的土片混合。

三、任务实施

（一）准备工作

1. 资料准备

（1）向当地气象部门索取气象资料　用于了解温度、降雨量、湿度等条件是否适合茶树的生长。

（2）向当地自然资源部门索要当地航拍地形图或者向林业行政管理部门索要卫星图片　用于测算土地面积，查看地形、地势，为茶园规划提供参考。

（3）通过向当地政府或村委会咨询园地的基本情况　主要是了解土地使用性质，是否符合新建茶园的相关政策法规；了解土地属性，所有权是否能够通过土地租赁、流转等方式改变土地使用权；了解当地的劳动力及经济状况，判断是否具备充足的采摘工等信息。

2. 用具准备

（1）土壤采集工具　锄头、土钻等。

（2）土样盛样工具　铝盒、样品袋、样品箱等。

（3）土地测量工具　GPS 定位仪、照相机、卷尺等。

（4）土壤测量工具　土壤酸碱度速测仪或 pH 试纸、比色盘、比色卡；土壤养分速测仪等。

（5）文具用品　样品标签（表 1 - 1）、采样记录表、铅笔、资料夹等。

表 1－1　土壤采样标签

采样编号：	邮政编码：
采样时间：　　年　　月　　日　　时	
采样地点：　　省　　市　　县　　乡（镇）　　村（组）	
农户名：	
地块在村的（中部、东部、南部、西部、北部、东南、西南、东北、西北）　　米	
采样深度：　　厘米	该土样由　　点混合而成
经度：　　度　　分　　秒	纬度：　　度　　分　　秒
采样人：	联系电话：

（6）防护用品　工作服、工作鞋、安全帽、药品箱等。

（7）交通工具　车辆。

（二）园地预选

根据气象资料了解园地的年降雨量、月降雨量、年活动积温、年平均温度、霜期、日照情况等；根据土地周围的指示植物、土壤质地、坡度、土地权属等初步确定预选地块。

（三）现场勘验

带上准备好的用具前往预选地块进行现场勘验。现场勘验内容与步骤如下。

1. 了解园地环境条件

一是看：看地形地势、看地上植被种类、看周围建筑物、看交通水源、看土壤类型、看土壤质地、看土壤肥力；二是问：问园地属性、问当地经济状况、问当地劳动力状况、问当地政策情况等信息。综合分析环境条件是否适合种植茶叶，如适合再开展以下工作。

2. 地形地势及面积测量

用 GPS 定位仪测量坡度、海拔高度、经纬度等指标。目测面积在 50 亩（1 亩≈667m^2）以下的土地，采用 GPS 实地沿地界边缘行走一圈测量面积，具体操作步骤看 GPS 使用说明书。50 亩以上的，请专业技术人员采用图斑勾绘测量，即采用现代科技，先用卫星拍摄图片在现场对其勾图，再采用土地测量专用软件中的直方图计算面积。

3. 土壤速测

一是测土壤 pH，有条件的地方使用土壤酸碱度速测仪进行测量，具体操作步骤看使用说明书。没条件的可使用 pH 试纸进行比色速测；二是测量土壤肥力，有条件的采用土壤养分速测仪测量土壤肥力；无条件的目测判断，通过挖土壤剖面、测量土层厚度、记录土壤耕作层厚度（80cm 以上属于土层深厚）。土壤质地疏松、土层深厚，一般土壤肥力较好。

4. 土样检测

根据前三步现场勘查的情况，综合各项指标考虑，如该地块适合茶树生长，且面积较大，需进一步对土壤进行测量。土样的 pH，土壤肥力、土壤卫生、土壤重金属含量等指标需送专业的土壤检测机构进行检测。具体步骤为：首先根据地形合理布置采样点，按照 NY/T 1121.1—2006《土壤检测　第 1 部分：土壤样品的采集、处理和贮存》的方法进行土样采集及处理；然后根据需要联系专业的检测机构送样检测。

四、任务总结

根据以上采集的各项指标及数据，对照 NY/T 5010—2016《无公害农产品种植业产地环境条件》标准，进行分析与总结，准确判断该地块是否适合种植茶树。并总结该任务实施的收获及体会。

五、任务评价

任务实施过程评价见表 1 - 2。

表 1 - 2　茶园园地选择任务实施过程评价

评价内容		分值	评价标准	得分
准备工作		20	资料、工具准备方法得当，整体准备充分为优秀（18 ~ 20 分），较充分为良好（16 ~ 17.9 分），准备勉强能完成工作任务为合格（12 ~ 15.9 分），缺核心用具，致使该工作任务完成不好或者无法完成为不合格（0 ~ 11.9 分）	
任务实施	园地预选	10	预选和现场勘验吻合度达 90% 以上为优秀（9 ~ 10 分）；80% 为良好（8 ~ 8.9 分），60% 以上为合格（6 ~ 7.9 分）；60% 以下为不合格（0 ~ 5.9 分）	
	现场勘验	50	环境了解细致、准确，沟通能力好；土地丈量、土壤采集等方法正确，数据正确为优秀（45 ~ 50 分）；较正确为良好（40 ~ 44.9 分）；基本正确为合格（30 ~ 39.9 分）；核心数据部分不正确，为不合格（0 ~ 29.9 分）	
总结与结论		20	各项指标数据分析透彻、准确，综合结论正确为优秀（18 ~ 20 分）；较正确为良好（16 ~ 17.9 分）；基本正确为合格（12 ~ 15.9 分）；核心指标分析不正确为不合格（0 ~ 11.9 分）	
备注		90 ~ 100 分为优秀；80 ~ 89 分为良好；60 ~ 79 分为合格；0 ~ 59 分为不合格		

评价人：　　　　　　　　　　　　　　评价时间：

工作任务二　茶园园地规划

一、任务目标

学会如何向相关单位收集与茶园规划相关的资料，锻炼对外协作的能力；学会如何向经营主体和效果图制作人沟通规划主题要素，锻炼沟通能力；学会如何搭建规划方案的结构；掌握茶园规划的主体内容。

二、任务知识

（一）功能区布局

生产资料存放、生产、加工、包装、检验、储藏等设施要齐全，布局要合理，满足生产需要，生产区与生活区要隔离。具体布局根据园地规模、经营方向确定，以够用、适用、好用为度。

（二）茶园区块划分

地块的划分，随地势而定，尽可能地考虑便于管理。每块茶园面积为 $0.35 \sim 1.00hm^2$，按各地经验，地块的宽度以能排下 35 ~ 50 行茶行为限，长度以 50m 左右较宜，最长不超过 80m。

（三）道路网的设置

1. 干道

贯穿各作业单位，与附近的公路相衔接。路面宽 6 ~ 8m，能供两辆汽车来往行驶。

2. 支道

是机具下地作业和园内农用机具行驶的主要道路，每隔 300 ~ 400m 设一条，路面宽 3 ~ 4m。支道应尽量与干道垂直相接，与茶行平行。

3. 步道

作为下地作业之用，与干道、支道相接，步道通常每隔 50 ~ 80m 设一条，路面宽 1.5 ~ 2.0m。

4. 地头道

供大型作业机具调头用，设在茶行两端，路面宽度视机具而定，一般宽 8 ~ 10m，若干道、支道可供利用的，则适当加宽即可。

（四）水利网的设置

茶园的“水利网”，应包括保水、供水和排水三个方面。结合规划道路网，把沟、渠、塘、池、库等水利设施统一安排，要沟渠相通，渠塘相连，各项设施需有利于茶园机械管理。

（五）茶区绿化设置

乔木与灌木相结合，针叶与阔叶相结合，常绿与落叶相结合。园内植树须选择与茶树无共同病虫害的绿化植物，根据各地的自然条件去选择。常用的有杉木、马尾松、合欢、女贞、竹类、山毛豆、牡荆等。

（六）茶树品种搭配

根据当地的气象情况、地形地势条件、园地面积、经营目标产品及市场导向，合理选择和搭配品种。200 亩以下的茶园建议选择一个优良品种；200 ~ 500 亩茶园选择 2 个优良品种；500 亩以上茶园选择 2 ~ 3 个优良品种，进行早中晚及适制性搭配，具体搭配比例根据目标产品结构确定。

三、任务实施

（一）准备工作

（1）收集园地面积、地形、地貌等相关资料。向茶园园地使用单位收集园地地形、地貌等土地信息资料，作为园地规划的重要基础资料。

（2）与园地经营主体沟通确定茶园经营方向。是纯生产茶园还是农旅一体观光茶园，以此作为规划的主题思想。

（3）如果规划园地面积大、地形复杂，系观光茶园，需聘请园林规划设计方面的专业技术人员，与其沟通园地规划的主题要素，谈判合作条件等事项。

（二）编制园地规划方案

根据茶园面积、地形地势、经营方向，编制茶园园地规划方案，如果园地系茶旅一体化项目，需与专业人员一起商讨制作功能分区及园林绿化方面的内容。方案的主体内容包括园地基本情况、功能区布局、道路网的设置、水利网的设置、茶区绿化设置、茶树品种搭配等。

（三）根据规划方案绘制效果图

如果茶园园地地形地势不复杂，且系纯生产茶园，可以与技术团队一起根据方案文本绘制简单的效果图即可；如果园地地形复杂、面积大，且是农旅一体茶园，需与经营主体一起聘请规划专业技术人员，与其沟通园地的经营方向及主题要素，协助规划专业技术人员制作效果图。

（四）规划整体方案评审

规划方案及效果图制作完成后，需聘请相关专家进行评审，根据评审意见进行修改后，方能交经营主体审核确认通过后实施。

四、任务总结

通过任务实施过程，归纳总结园地规划的过程中，每一步需掌握的关键技能，分析整个过程中自己还欠缺哪些方面的能力，应采取什么样的学习方法进行弥补，有什么收获及体会等内容。

五、任务评价

任务实施过程评价见表1－3。

表1－3 茶园园地规划任务实施过程评价

评价内容		分值	评价标准	得分
准备工作		20	资料收集全面，与经营主体沟通能提出自己的合理化建议，能根据实际情况选择规划技术人员的为优秀（18～20分），整体准备较充分为良好（16～17.9分），准备勉强能完成工作任务为合格（12～15.9分），资料收集缺乏核心内容，沟通主题要素不明确，致使该工作任务完成不好或者无法完成为不合格（0～11.9分）	
任务实施	编制园地规划方案	40	方案结构合理、条理清楚、规划内容能因地制宜、技术要点准确、有一定的创新性、可操作性强为优秀（36～40分）；方案结构较合理，技术要点准确、可操作性较强为良好（32～35.9分）；方案结构较合理，技术要点基本准确，具有一定的可操作性为合格；（24～31.9分）；方案功能分区、道路设置等不正确，操作性差为不合格（0～23.9分）	
	规划效果图	20	能很好地按规划方案制作简单的效果图或者能将规划主题要素很好地表达给效果图制作人，效果图与方案吻合度高，为优秀（18～20分）；能制作简单的效果图或者能把方案的主题要素较好地表达给效果图制作人，效果图与方案吻合度较高，为良好（16～17.9分）；基本能将方案的主题要素表达给效果图制作人，并且基本能识别效果图，效果图与方案基本吻合为合格（12～15.9分）；抓不住园地规划方案的主题和要素，不能识别效果图的核心内容，效果图与方案不吻合为不合格（0～11.9分）	

续表

评价内容	分值	评价标准	得分
任务总结	20	工作内容分析透彻，准确，能很好地找出规划过程中的亮点及不足，并提出合理的解决办法为优秀（18~20分）；能较好地分析规划过程的每个环节，找出规划过程中的亮点及不足，并提出较好的解决办法为良好（16~17.9分）；基本能分析总结规划过程中的亮点和不足为合格（12~15.9分）；抓不住要点进行分析总结为不合格（0~11.9分）	
备注	90~100分为优秀；80~89分为良好；60~79分为合格；0~59分为不合格		

评价人：　　　　　　　　　　　　　　　　评价时间：

工作任务三　新茶园定植

一、任务目标

学会如何准备茶园定植工具、肥料，茶苗；学会如何组织劳动力，锻炼协调沟通能力；学会茶苗定植各工作环节的经验技能；学会指挥协调茶苗定植过程各项工作，使该任务顺利完成。

二、任务知识

（一）园地开垦

生荒地一般经初垦和复垦。初垦一年四季都可进行，其中以夏、冬两季更宜初垦，深度为50cm左右，全面深翻，将树根、狼萁等多年生草根清除出园，将杂草理出，堆集于地面，防止杂草复活。复垦应在茶树种植前进行，深度为30~40cm，并敲碎土块，再次清除草根，以便开沟种植。熟地一般只进行复垦。

（二）种植规格

新建茶园种植规格，首先要考虑适合机械化管理。品种为大叶种或者土壤肥力较好的园地，合适的种植规格为：

单行单株（双株）：大行距（180~200）cm×小行距35cm

品种为中小叶种，土壤肥力中等的园地，合适种植规格为：

双行单株（双株）：大行距（150~180）cm×小行距40cm×株距30cm

（三）开沟施底肥

沟宽40cm左右，沟深30cm，底肥以施有机肥最佳，施用农家肥必须发酵后方能施用，具体施用量视肥料种类和土壤肥力定，需施足，底肥施用后覆盖土壤至地面平或者略低。

（四）茶苗购置

按照园地规划方案中的品种规划购置茶苗，生产茶园一般要求购置无性系良种，苗木质量需符合国家标准（GB 11767—2003《茶树种苗》）。

（五）茶苗定植时间

长江流域一带的广大茶区，以晚秋或早春（11月或翌年2月）为移栽茶苗的最佳时期。

三、任务实施

（一）准备工作

1. 工具准备

（1）挖土机　对于荒土，需要准备挖土机进行开垦，挖土机一般是采取租赁的方式准备。

（2）深耕机　对于挖土机挖过的荒土及熟土需要耕作机进行深翻。深耕机一般是企业自行购买。

（3）开沟工具　土地深翻整理后，需进行种植行开设，目前传统的开沟工具有锄头、犁耙（牛耕），现代化的开沟工具有开沟机。

（4）施肥机　传统的施肥方式是人工施肥，现代化施肥工具有施肥机，施肥机常常与开沟机为一体配套机。

（5）运输工具　从仓库将肥料、茶苗等材料运输到茶园的运输工具一般是农用车，一般采用租赁的方式。

（6）丈量工具　开设种植行需要使用皮尺、拉绳、拉绳杆等工具丈量行、窝距。为了方便，对于种植规格一致的园地，一般是用丈量好固定尺寸的木条或者木棍作为量尺来丈量行窝距。拉绳一般采用尼龙绳、木棍或者竹竿自制。对于土地平整、面积较大，长度较长的园地，需要皮尺丈量种植行长度，以50m左右为一行，常用皮尺规格为100m。

（7）其他辅助工具　施肥用的盆、桶等。

以上工具需要的台套数，由工具台时产量、土地面积、工程进度决定。

2. 材料准备

（1）茶苗准备　按照规划方案确定茶苗的品种及数量，应在定植前3～6个月订购，如果是企业自行购买茶苗，可直接和苗商对接，比质、比价确定购买，签订合同，尽量选择本地苗商，能够保证头天起苗次日移栽，提高茶苗成活率。如果是政府统一采购苗木，还需招标，那么订购苗木的时间应该提前更早些，保证能按时定植。苗木质量应符合GB 11767—2003《茶树种苗》的要求。

（2）肥料准备　定植茶苗前需施底肥，底肥施用有机肥最佳，具体的数量根据肥料品种确定，定植茶苗前1～2个月需订购好肥料备用，肥料选购必须适合茶树生长及茶叶质量安全的要求。

（3）防草布准备　条件允许的情况下，为了提高成活率和抑制杂草的生长，需在种植窝打好后覆盖防草布，待定植茶苗。

3. 劳动力准备

一块园地尽量在10d左右完成茶苗定植，挖窝拉绳及茶苗移栽需3～5工/亩，为方便管理，应根据园地的面积，提前组织好劳动力。

（二）园地开垦

1. 园地清理

如果是荒山，在开垦前，先要进行地面清理。对园地内的杂草、树木、乱石、坟堆等分别酌情处理或清理。

2. 园地辟垦

根据园地的面积、土地是生荒地还是熟地、工期、挖土机台时产量等因素综合考虑租赁挖土机的台套数，按技术规程进行开挖。挖土费用一般是采取以元/亩为单位计价，具体单价按市场价计。由于工时费是采取计件的方式，难免存在偷工减料的情况，为了保证挖土质量，开挖的过程中必须时刻监督挖土的质量。具体方法为：在已经挖过的土地上，每块地随机抽取5～10个点，用铁钎或者木棍下插，如果铁钎较为轻松插下，表明该土地挖过了，稍用力直到插不动为止，用皮尺测量铁钎下插深度，看看是否达到要求的开垦深度。如果铁钎插不动，表明有挖前土盖后土的做法。按照技术要求，经检查质量不合格者，要求重挖。

（三）开沟施底肥

园地开垦结束后，按照确定的种植规格和技术要求开沟施底肥。为了提高工作效率，降低建设成本，尽量使用开沟施肥一体机。施用的底肥如果是农家肥或者是饼肥、枯肥，必须发酵后方能施用。施肥量视肥料品种及土壤肥力确定。底肥施用后盖土，盖土厚度应以避免根系与肥料直接接触为原则，并将土捣细。

（四）茶苗定植

1. 起苗

确定定植的前几天通知苗商，告诉定植时间、当日定植苗木数量，让苗商在定植前0.5～1d之内将苗木送达园地，要求起苗时带土，如果是远距离运输，要求苗商将苗根部带土，用塑料袋或者稻草以500株一捆包裹根部，保持水分。茶苗到达后，需按技术规程验收质量是否合格，如合格，需随机抽样计算数量，抽样量苗木数量的8%～10%。验收合格后下车保存，尽量保持在有顶、通风较好的屋子里，避免露天放置，遭雨露淋湿茶苗或者太阳晒，影响成活率。

2. 拉绳开窝

根据种植规格，按规定的行窝距拉绳开好定植窝，现开现栽规范开挖定植窝（品字型），使用工具一般为锄头。深度以茶根能充分舒展为宜。

3. 铺防草布

种植窝打好后，为了防止杂草丛生，保水保肥，资金允许的条件下，铺防草布是一项很好的措施。将防草布铺于种植行上，边缘用土压实，然后根据窝距进行破洞，最好是现覆盖现栽。

4. 泥浆蘸根

茶园大多在山区，无自来水，浇定根水存在一定的困难，为了提高茶苗的成活率，一般采用茶苗根部蘸泥浆的方式。具体做法是在园地的边上合适的位置挖一个坑，用心土与水混合制作成黏性强的泥浆，泥浆稠度以茶苗根部能很好蘸上泥浆，且泥浆不掉落为度，一般按土水比为3∶1。然后将每小捆茶苗的茶篼逐一放在泥浆池内搅动，使根系充分蘸泥。

5. 茶苗定植

茶苗移入窝内，左手持苗身，使茶苗垂直于沟中，根系保持舒展状态，随即右手覆土埋去根的一小半，左手稍将茶苗向上提动一下，使根系舒展，并以右手按压四周土壤，使下部根土紧接。埋土至原来苗期根系土壤的位置，适当镇压茶树周围土壤，有条件的地方最好淋定根水，水要淋到根部土壤完全湿润。如果一窝内栽双株，要单独栽，苗与苗之间的距离大约8cm。移栽完毕后，可酌情用枝剪剪去部分枝叶，一般在分枝部位以上留1～3叶。

四、任务总结

通过任务实施过程，总结茶苗定值过程中购置工具、肥料、苗木的经验技巧，开设种植行、茶苗定植的关键技术要点、经验及注意事项。分析总结通过该项任务的实施的收获和体会。

五、任务评价

任务实施过程评价见表1－4。

表1－4 新茶园定植任务实施过程评价

评价内容		分值	评价标准	得分
准备工作		20	工具准备齐全、肥料、苗木选择质量好、性价比高为优秀（18～20分），综合准备较充分为良好（16～17.9分），准备勉强能完成工作任务为合格（12～15.9分），缺核心用具或者苗木质量不达标，致使该工作任务完成不好或者无法完成为不合格（0～11.9分）	
任务实施	园地开垦	15	能根据园地的基本状况恰当指挥辟垦，并能保质保量按时完成为优秀，（13.5～15分）；完成较好为良好（12～13.4分）；基本完成为合格（9～11.9分）；指挥不当，未按时完成，或者完成质量达不到要求为不合格（0～8.9分）	
	开沟施底肥	15	肥料选用恰当，指挥开沟施肥完全符合技术要求为优秀（13.5～15分）；整体完成较好为良好（12～13.4分）；基本完成为合格（9～11.9分）；指挥不当，完成质量达不到要求为不合格（0～8.9分）	
	茶苗定植	30	指挥起苗、茶苗定植过程完全符合技术要求为优秀（27～30）；茶苗定植整体质量较好为良好（24～26.9分）；基本符合要求为合格（18～23.9分）；指挥不当，完成质量达不到要求为不合格（0～17.9分）	
任务总结		20	各项工作内容的技术要点及注意事项总结全面、正确为优秀（18～20分）；较全面、正确为良好（16～17.9分）；基本正确为合格（12～15.9分）；抓不住要点进行分析总结为不合格（0～11.9分）	
备注		90～100分为优秀；80～89分为良好；60～79分为合格；0～59分为不合格		

评价人：　　　　　　　　　　　　　　　　　　评价时间：

项目二　茶园田间农事作业

工作任务一　茶园耕作与除草

一、任务目标

学会如何因时、因地制作茶园耕作计划；学会如何根据茶园园相、企业经济状况等因素合理配备耕作生产工具；学会总结茶园耕作管理各工作环节的经验、技能；学会指挥协调茶园耕作过程，使各项工作任务顺利完成。

二、任务知识

（一）中耕与浅锄

生产季节的耕作主要是中耕或浅锄，一般结合除草进行，耕作深度5～10cm，避免损伤吸收根系。耕锄的次数主要根据杂草发生的多少和土壤板结程度、降水情况而确定。一般专业性茶园每一年应进行3～5次，其中必不可少的有春茶前的中耕、春茶后及夏茶后的浅锄3次。

（二）深耕

深耕在非生产季节进行，耕作深度15cm以上，宽度视茶园的种植规格而定，由于深耕对茶树根系损伤较大，对茶树生长会带来影响，因此，在进行深耕时要根据具体情况分别对待，灵活掌握。一般成年茶园3～5年深耕一次。

三、任务实施

（一）准备工作

1. 耕作计划制定

每年年初需前往目标茶园调查茶园面积，茶叶长势、种植规格、地形地势、土壤板结情况、杂草发生情况等内容，制定当年目标茶园的耕作除草计划，用于指导全年茶园耕作及除草管理。

2. 工具准备

（1）浅耕机（除草机）、锄头　生产季节耕作用。根据耕作计划、机械或锄头的台时工作量、计划完成工期、地形地势等因素确定选择机械的规格及数量。

（2）深耕机　非生产季节耕作用。根据耕作计划、机械台时工作量、计划完成工期等因素确定准备机械数量。若计划中不深耕，不用准备。

（3）镰刀　在除草过程中杂草太高或者有刺的情况下，需先用镰刀割掉。

（4）防护工具　有田间作业服、草帽、斗笠、手套等。用于防水、防晒、防树枝挂，保护手等。根据耕作计划准备相应的数量。

3. 劳动力准备

工作任务开展前1周左右，需根据茶园面积，杂草发生情况、土壤板结情况等因素，组织劳动力，其中，机械操作手需提前培训，熟悉机械性能。

（二）浅耕与除草

茶叶生长季节，随时查看茶园杂草生长情况及土壤板结情况，同时根据茶园的年龄、地形地势、天气情况确定耕作除草时间及方式。如果是幼龄茶园，要求大行距用浅耕机（除草机）或者是锄头进行浅耕除草；小行距要求人工用手轻轻拔草，避免将茶苗根部扯松。如果是成年茶园，建议用浅耕机（除草机）浅耕除草，降低劳动力成本，机械去不了的地方，采取人工除。以根、茎繁殖为主的杂草，必须彻底拣净，运出园外烧毁。注意土壤若是太湿或太干，尽量不耕锄，太湿工具容易粘泥，不易操作，杂草容易复活；土壤太干，尤其是干旱季节耕作除草，会加速水分蒸发，对茶树生长不利。

（三）深耕

深耕一般在非生产季节进行，主要针对土壤板结的茶园，不一定每年进行，因为深耕会在一定程度损伤茶树根系。应根据茶园土壤及园相确定深耕时间，深耕一般是耕大行距，结合施基肥进行。最好使用深耕机进行耕作，耕作效果好，劳动力成本相对较低。

四、任务总结

通过任务实施过程，总结茶园耕作除草过程中的关键技术要点、经验及注意事项。分析总结通过该项任务实施的收获和体会。

五、任务评价

训练过程评价见表1－5。

表 1-5　茶园耕作与除草训练过程评价

<table>
<tr><th colspan="2">评价内容</th><th>分值</th><th>评价标准</th><th>得分</th></tr>
<tr><td colspan="2">计划制定</td><td>20</td><td>工作计划与茶园园相完全匹配，可操作性强为优秀（18～20分），与园相较匹配，操作性较强为良好（16～17.9分），计划基本与茶园园相匹配为合格（12～15.9分），计划与茶园园相不符，可操作性差为不合格（0～11.9分）</td><td></td></tr>
<tr><td rowspan="2">任务实施</td><td>工具准备</td><td>20</td><td>能根据茶园园相、企业经济状况等准备合适的工具为优秀（18～20分），较合适为良好（16～17.9分），基本合适为合格（12～15.9分），缺核心用具，致使该工作任务完成不好或者无法完成为不合格（0～11.9分）</td><td></td></tr>
<tr><td>茶园耕作（除草）</td><td>40</td><td>能根据园地的基本状况恰当指挥耕锄，能示范，并能保质保量按时完成为优秀（36～40分）；完成较好为良好（32～35.9分）；基本完成为合格（24～31.9分）；指挥不当，未按时完成，或者完成质量达不到要求为不合格（0～23.9分）</td><td></td></tr>
<tr><td colspan="2">任务总结</td><td>20</td><td>各项工作内容技术要点、注意事项总结全面、正确为优秀（18～20分）；较全面、正确为良好（16～17.9分）；基本正确为合格（12～15.9分）；抓不住要点进行分析总结为不合格（0～11.9分）</td><td></td></tr>
<tr><td colspan="2">备注</td><td colspan="3">90～100分为优秀；80～89分为良好；60～79分为合格；0～59分为不合格</td></tr>
</table>

评价人：　　　　　　　　　　　　　　　　　　评价时间：

工作任务二　茶树营养诊断

一、任务目标

学会在大生产中利用所学的知识和经验进行茶树营养目测诊断；学会茶树土壤营养和植株化学诊断的方法及诊断结果分析；能根据茶园经营主体的实际情况选择茶树营养诊断方法，为企业节约成本，同时诊断正确。

二、任务知识

（一）茶树所需营养元素

茶树生育所必需的矿质元素有氮、磷、钾、钙、铁、镁、硫等常量元素和锰、锌、铜、硼、钼、铝、氟等微量元素。在这些元素中氮、磷、钾消耗最大，故称为肥料三要素。茶树消耗氮素最多，磷、钾次之。生产上，补充和调节茶树营养的方法主要是通过施肥来实现的。

（二）茶树营养三要素缺素指标

1. 氮

氮在茶树全株中占干物质重的1.5%～2.5%，以叶片含量最高。茶树幼嫩芽叶含氮量约为4.5%，老叶平均约3.5%，成叶含氮量为2%～3%。当春茶一芽二叶含氮量低于3%、茶园土壤全氮含量低于0.8mg/kg时，可诊断为茶树缺氮。

2. 磷

磷在茶树全株中占干物质重的0.3%～0.5%。当土壤中有效磷含量低于5mg/kg，春茶新梢顶端的第三叶含磷量低于0.9%，或夏茶、秋茶第三叶含磷量低于0.5%时，表明有可能缺磷。

3. 钾

钾在茶树全株中占干物质重的0.5%～1.0%。当茶园土壤速效钾含量低于80.0mg/kg，春茶一芽二叶的含钾量低于2.0%时，可诊断为茶树缺钾。

三、任务实施

（一）准备工作

1. 目标茶园调查

对目标茶园茶树营养进行诊断前，一是需调查茶树品种名称、品种特征（叶色、叶肉厚度、叶片大小、植株高矮等）、需肥特点等；二是需调查茶园土壤前三年的施肥情况，比如施肥品种、施肥量、施肥方法等；三是需调查目标茶园的管护情况，比如病虫发生危害情况、防治情况、水分情况、耕作除草情况等方面。收集以上三方面的资料，为后面形态诊断做参考。

2. 工具准备

（1）土壤化学诊断工具　土壤养分速测仪。用于速测土壤全氮、铵态氮、碱解氮、有效磷、有效钾、钙、镁、硼等含量测试。建议500亩以上茶园置备。

（2）植株化学诊断工具　微波炉或烘箱一台。用于制备茶叶生化样品，具体生化成分检测系送专门检测机构。

（3）样品袋　用于盛装茶叶生化样品或者土壤样品。

（二）茶树营养诊断

1. 目测诊断

在大生产中，此项诊断技术因为简单、直接、方便，应用最为广泛。生长季节，前往目标茶园，通过查看茶树叶色、叶肉、长势、根系、树势等来辨别。如果生长减缓，新梢萌发轮次减少，新叶变小，对夹叶增多，叶色黄，无光泽，叶质粗硬，开花结实增多，可能缺氮。如果茶树生长缓慢，根系生长不良，吸收根提早木质化，逐步变成红褐色，嫩叶暗红，叶柄和主脉显红色，老叶暗绿，花果少或没有花果，可能缺磷。如果生长减慢，嫩叶褪绿，逐渐变成淡黄色，叶张薄、叶片小，对夹叶增多，节间缩短，叶脉及叶柄逐渐出现粉红色。老叶叶尖变黄，叶缘呈焦灼、干枯状，并向上或向下卷曲，病害严重，可能缺钾。在目测诊断的时候，要结合茶树品种特征、茶园管护情况、最适茶树长势的营养条件等方面的情况，进行综合分析，判断是缺单一元素，或者缺多样元素，再通过施肥方式补给。

2. 土壤化学诊断

如果通过目测诊断结论，进行营养补充后，茶园长势依然不正常，或者茶园长势正常，但茶园面积较大，为了更加精确地提供养分，实行配方施肥，应采取化学测定法分析茶园土壤中的养分含量，与经验拟定的标准进行比较，以诊断营养元素的丰缺。土壤采集时，应根据诊断的目的决定取样的时间。当发现生理障碍时，应及时在发生障碍的植株周围取样。所取的土壤样品必须具有相对的代表性，取样点的数量要依地形、地块大小、不同肥力状况等因素决定。土壤养分速测仪可快速、直接地检测土壤养分状况，如果没有土壤养分速测仪，则送检测机构进行检测。该项诊断方法，不仅能确定大量元素的丰缺，也能确定微量元素的丰缺，为配方施肥提供定性和定量的依据。

3. 植株化学诊断

用化学检测方法分析茶树所含的养分含量，然后进行比较，以诊断营养元素的丰缺。这种方法判断养分的丰缺更直接、更可靠。一般是取春茶一芽二叶（测磷一芽三叶），利用微波炉或烘箱，烘干制成茶叶生化样，送检测机构检测主要养分含量，根据检测结果与相关的缺素指标进行对比，分析判断养分的丰缺。

在实际生产中，常将三种方法同时使用，进行综合分析和判断，确定缺肥程度，采取相应施肥方法，是茶园配方施肥和平衡施肥的基础。

四、任务总结

通过该工作任务的实施，总结分析茶树营养诊断过程中的关键工作要点，尤其是诊断方法的选取，需结合企业状况、茶园面貌等方面进行，分析任务实施过程的优缺点，总结经验，查找不足。

五、任务评价

任务实施过程评价见表1－6。

表1－6　茶树营养诊断训练任务实施过程评价表

评价内容		分值	评价标准	得分
准备工作		20	目标茶园调查细致，信息可靠，分析到位，工具准备充分为优秀（18～20分），调查信息较全面、可靠，工具准备较充分为良好（16～17.9分），调查信息基本有用，工具准备较充分为合格（12～15.9分），准备不充分，致使该工作任务完成不好或者无法完成为不合格（0～11.9分）	
任务实施	茶树营养诊断	60	能根据园地的基本状况、企业基本情况，合理选择诊断方法，分析到位、诊断正确为优秀（54～60分）；诊断方法选择较合理，诊断正确为良好（48～53.9分）；诊断方法选择正确，但与实际相符欠缺，诊断基本正确为合格（36～47.9分）；诊断核心营养不正确，或者方法不对，为不合格（0～35.9分）	
任务总结		20	各项工作内容技术要点、及注意事项总结全面、正确为优秀（18～20分）；较全面、正确为良好（16～17.9分）；基本正确为合格（12～15.9分）；抓不住要点进行分析总结为不合格（0～11.9分）	
备注		90～100分为优秀；80～89分为良好；60～79分为合格；0～59分为不合格		

评价人：　　　　　　　　　　　　　　　　　　　　　评价时间：

工作任务三　茶园施肥

一、任务目标

学会因地制宜制定茶园施肥年度计划；学会如何选择合适的施肥工具，并会操作；学会如何购置安全可靠、性价比高的肥料；学会如何指挥协调茶园施肥管理各方面的工作。

二、任务知识

（一）茶树营养需求

茶树营养需求见项目二的“工作任务二　茶树营养诊断”，肥料三要素的配合使用对茶叶的产量和品质的提高十分重要。

（二）高产茶园土壤肥力指标

1. 物理指标

土层厚度要求 80cm 以上，表土层 25cm 以上，土壤质地红黄壤土，团粒结构。

2. 化学指标

有机质含量 1.5% 以上，全氮含量 0.1% 以上，水解性氮含量 100mg/kg 以上，速效磷（P_2O_5）含量 10mg/kg 以上，速效钾（K_2O）含量 80mg/kg 以上。

（三）肥料的选择

施肥可以引起土壤酸碱度的明显变化，茶园土壤 pH 相对偏高（pH 6 以上）的，最好选用酸性肥料、生理酸性肥料。茶园土壤偏酸（pH 3.5 以下）的，选择偏碱性或是中性肥料。尽量不选择单一养分的肥料，一般选择农家肥、饼肥、茶叶专用有机肥等。茶树是忌氯作物，不选择含氯的肥料。追肥一般选用速效肥，基肥选用长效有机肥。具体肥料的选择应根据企业茶叶质量标准要求、茶园土壤养分状况确定。

（四）施肥时期

基肥施用时间为 9～10 月最合适，追肥施用时间为春茶开采前 15d 左右施一次催芽肥，春茶结束后施一次，夏茶结束后施一次，一般一年施 3 次。

（五）肥料用量及配合比例

茶园施肥量，要根据茶园土壤肥力水平、茶树年龄、茶叶产量、茶树生长势、耕作管理水平等因子综合分析，做到经济合理。幼龄茶园磷、钾比例相对高些，成龄茶园氮肥比例相对高些。春、夏、秋 3 次追肥的比例一般按 4∶3∶3 或 2∶1∶1 的方式分配；不采秋茶的地区，可按 7∶3 的比例分配。

三、任务实施

（一）准备工作

1. 调查茶树长势及茶园土壤养分

制定施肥计划前需调查目标茶园长势及土壤养分情况，如果茶园长势好，可借鉴上一年的施肥方案。如长势不好，一是调查上一年施肥情况，二是查看土壤养分情况，看看土层厚度、表土层厚度、土壤质地及周围的植被等，初步评价是施肥不足还是土壤养分的问题。如果有条件，为了准确判断，可送土样检测或者使用土壤速测仪检测，精确实行配方施肥。

2. 制定年度施肥计划

根据目标茶园的土壤营养状况、茶树需肥规律、企业产品质量标准及企业经济状况、茶园面积等因素，制定切实可行的年度施肥计划，计划核心内容包括肥料品类、追肥施用量、基肥施用量、肥料名称、单位面积施用量（kg/亩）、大致施用时间、施用方法等内容。

3. 工具准备

（1）施肥机　用于开沟施肥，对于面积较大的茶园建议使用施肥机施肥，施肥机型号的选择结合茶园地形地势、企业经济情况等方面确定，数量根据台时产量及计划工期确定。一般结合茶园耕作进行，现茶园耕作、施肥一体机已经成熟，具体选择什么机型，因地制宜。

（2）运输工具　准备一台农用车（一般采用租赁的方式），将肥料从仓库运到茶园支道各区块待用；准备几台手推车，用于将放置支道的肥料运置各施肥点，根据单日施肥量决定准备台数。

（3）挖锄　对于不具备机械施肥的茶园，一般采用锄头开沟及覆盖，具体数量根据茶园面积、计划工期、劳动力人数等确定。

（4）盆和桶　如果人工施肥，用于盛装肥料，一般要求施肥工人自带。

4. 肥料准备

如果是购买商品肥，根据施肥计划提前15d左右购置肥料，尽量购买大品牌，能够保证质量。如果是农家肥或者是饼肥，至少提前1个月购买，必须发酵后方能施用。如果是配方施肥，需提前更长时间，一方面可以将配方提供给生产厂家定制配方肥，另一方面可以购买各主要养分肥料按比例自制。面积1000亩以上的茶园建议采用配方肥，降低成本。

（二）肥料施用

1. 基肥施用

基肥必须每年施用一次，使用的是长效肥料，一般在9～11月施用，要求幼龄茶园离茶树根茎部为10cm左右，成龄茶园离茶树根茎部15cm左右，在茶园大行开沟施肥，沟宽、深20cm左右，肥料均匀施入沟中后，覆土、盖实。

2. 追肥施用

根据施肥计划进行追肥施用，追肥深度要按肥料性质而定，不易挥发而易流失的化肥要浅施，一般3～5cm即可；而易挥发的肥料要适当深施，10～15cm方可。肥料离茶树根茎部的距离与施基肥一样。追肥不管施什么肥料尽量沟施或者窝施（幼龄茶园）盖土，不提倡撒施。

3. 注意事项

早晨露水未干，施化肥时要注意避免将肥料撒在叶子上。尽量不在干旱季节施肥，以免开沟覆土加速水分蒸发，在雨过天晴，土壤湿润时施肥，效果最佳。要注意在茶行的两侧轮番施肥，以保持根系均衡发展。

四、任务总结

通过任务实施过程，总结茶园施肥过程中茶园养分评估、肥料选择、施肥适时期、施肥技术等关键技术要点，经验及注意事项。分析总结通过该项任务的实施，有何收获和体会。

五、任务评价

任务实施过程评价见表1－7。

表1－7　茶园施肥训练任务实施过程评价

评价内容	分值	评价标准	得分
茶树长势及茶园土壤养分调查	15	茶树长势及土壤养分评估准确为优秀（13.5～15分）；较准确为良好（12～13.4分）；基本准确为合格（9～11.9分）；不准确为不合格（0～8.9分）	
施肥计划制定	15	施肥计划能满足茶园土壤养分的要求，茶园长势旺盛，可操作性强为优秀（13.5～15分），能满足茶园土壤养分的要求，茶园长势良好，操作性较强为良好（12～13.4分），基本满足茶园养分要求，长势一般为合格（9～11.9分），不能满足茶树养分的要求，可操作性差为不合格（0～8.9分）	

续表

<table>
<tr><th colspan="2">评价内容</th><th>分值</th><th>评价标准</th><th>得分</th></tr>
<tr><td rowspan="2">任务实施</td><td>工具及肥料准备</td><td>20</td><td>能根据茶园地形地势、企业经济状况等准备合适的工具，肥料购置性价比高，质量安全为优秀（18～20分），工具较合适，肥料安全可靠为良好（16～17.9分），基本合适，肥料安全为合格（12～15.9分），缺核心用具，肥料不符合标准，致使该工作任务完成不好或者无法完成为不合格（0～11.9分）</td><td></td></tr>
<tr><td>茶园施肥</td><td>30</td><td>能根据施肥计划，结合园地的基本状况恰当指挥施肥及示范，并能保质保量按时完成为优秀（27～30分）；完成较好，能示范为良好（24～26.9分）；基本完成为合格（18～23.9分）；指挥不当，未按时完成，或者完成质量达不到要求为不合格（0～17.9分）</td><td></td></tr>
<tr><td colspan="2">任务总结</td><td>20</td><td>各项工作内容技术要点、注意事项总结全面、正确为优秀（18～20分）；较全面、正确为良好（16～17.9分）；基本正确为合格（12～15.9分）；抓不住要点进行分析总结为不合格（0～11.9分）</td><td></td></tr>
<tr><td colspan="2">备注</td><td colspan="3">90～100分为优秀；80～89分为良好；60～79分为合格；0～59分为不合格</td></tr>
</table>

评价人：　　　　　　　　　　　　　　　　　　　评价时间：

工作任务四　茶园套种

一、任务目标

学会根据茶园状况，因地制宜，恰当选择茶园套种作物，给茶树生长提供一个良好的生态环境，同时提高茶园的附加值；学会制定茶园套种实施方案，并能指导实施。

二、任务知识

（一）茶园套种的定义

套种是指在同一土地上按照一定的行、株距和占地的宽窄比例套种其他作物，是运用群落的空间结构原理，以充分利用空间和资源为目的而发展起来的一种茶园生态模式，也称为立体茶园。套种能够合理配置作物群体，使作物高矮成层，相间成行，有利于改善作物的通风透光条件，提高光能利用率，充分发挥边行优势的增产作用。

（二）茶园套种植物的选择

选择的套种植物不能与茶树共患病虫害，增加病虫危害程度。尽量不过多与茶树争水争肥。幼龄茶园套种一般选择低矮固氮作物，常选择的作物有花生、大豆、茶叶专用绿肥、牧草等。成年茶园一般选择套种乔木型的适生经济型树种，遮阳度不能超过40%。常选择的作物有梨、桃、苹果、柑橘、板栗、杜仲、银杏等。

三、任务实施

（一）准备工作

1. 制定套种实施方案

根据套作茶园基本情况、当地的气候条件等，确定选择套作方式、套作物种、技术要点等，编制套作实施方案，指导实施。

2. 工具准备

（1）开沟机、施肥机　用于条植套种开沟施肥用，可降低劳动力成本。尤其是面积较大的茶园。

（2）挖锄　用于套种时挖窝、覆土等，是最简单、最常用的传统用具。

（3）盆、桶、撮箕等　用于盛装肥料、种子等。

3. 材料准备

（1）套种作物准备　根据当地的气候条件、土壤特点、茶树品种和种植方式、茶树树龄和绿肥本身的生物学特性等，因地制宜地选择恰当的套种作物品种。具体数量根据茶园面积、间作规格等因素确定。至少提前1个月购买或者订制。

（2）肥料准备　根据茶园的质量标准（有机茶园或者无公害茶园）、间套作物品种特征、间套作面积等因素选择肥料品种，确定购买数量。切记不能选择不适合茶园使用的肥料。至少提前1个月购买或者订制。

（3）其他辅助材料准备　有些间套作植物，栽种时为了提高成活率，减少病虫害，会用一些辅助材料，比如种植花生，用桐油拌种子，会增强抗病能力。具体情况根据选择的作物定。

（二）套作物种植及管理

根据制定的套作实施方案实施间套作物种植，种植过程中，严格按照相关技术要点实施，避免损伤茶树根系和树干，尤其是幼龄茶园。管理过程中坚持“以茶为主、二者兼顾”的原则，切忌本末倒置。对于低矮的固氮作物，基本成熟时应尽快采收，并将梗叶及时翻埋入土层中，让其尽快腐熟成肥。

四、任务总结

通过任务实施过程，总结茶园套种过程中间套作物的选择、种植及管理等的关键技术要点，经验及注意事项。分析总结通过该项任务的实施，有何收获及体会。

五、任务评价

任务实施过程评价见表 1 –8。

表 1 –8　茶园套种训练任务实施过程评价

评价内容		分值	评价标准	得分
制定套种实施方案		25	套种实施方案适用、与套种茶园匹配度高、技术要点明确，可操作性强为优秀（22.5 ~25 分）；套种实施方案适用、与套种茶园较匹配、技术要点明确，可操作性较强为良好（20 ~22.4 分）；套种实施方案较适用、技术要点明确，具有一定的可操作性，为合格（15 ~19.9 分），套种实施方案不太适用、与套种茶园不匹配为不合格（0 ~14.9 分）	
任务实施	工具及材料准备	15	能根据茶园地形地势、企业经济状况等准备合适的工具，材料购置性价比高 、质量好为优秀（13.5 ~15 分），工具较合适，套种物、肥料质量较好为良好（12 ~13.4 分），工具基本合适，材料质量一般为合格（9 ~11.9 分），缺核心用具，材料不符合标准，致使该工作任务完成不好或者无法完成为不合格（0 ~8.9 分）	
	套作物种植	40	能按照实施方案因地制宜，保质保量，在工期范围内，指挥示范恰当，提前完成为优秀（36 ~40 分）；能按照实施方案保质保量，在工期范围内，指挥完成为良好（32 ~35.9 分）；能基本按照实施方案要求完成为合格（24 ~31.9 分）；指挥不当，完成质量不好或者工期太长为不合格（0 ~23.9 分）	

续表

评价内容	分值	评价标准	得分
任务总结	20	各项工作内容技术要点及注意事项总结全面、正确为优秀（18～20分）；较全面、正确为良好（16～17.9分）；基本正确为合格（12～15.9分）；抓不住要点进行分析总结为不合格（0～11.9分）	
备注	90～100分为优秀；80～89分为良好；60～79分为合格；0～59分为不合格		

评价人：　　　　　　　　　　　　　　　　　　　评价时间：

工作任务五　茶园水分管理

一、任务目标

学会调查茶园周边的水源情况；学会根据茶园水源情况、企业情况、气象情况，因地制宜制定茶园水分管理方案；学会判断茶树给排水适时期，恰当给排水，使茶树正常生长。

二、任务知识

（一）水分对茶树长势的影响

茶树缺少水分会导致枝叶生长受阻，芽叶生长缓慢，叶形变小，节间变短，大量出现对夹叶，从而影响茶叶的产量和质量；而水分过多，同样会引起茶树生长不良，甚至造成茶树根系变黑溃烂而死亡。因此，茶园要根据土壤的不同蓄水能力进行合理水分管理。

（二）茶园灌溉用水标准

灌溉水应符合NY/T 5010—2016《无公害农产品　种植业产地环境条件》中灌溉水的质量要求。

（三）茶树需水量

茶树全年最大耗水量为1300mm左右，平均月降雨量100mm左右。

（四）茶园喷灌技术指标

1. 形态指标

茶树表征在一定程度上能反映体内水分亏缺状况。体内水分亏缺时，叶片失去光泽，芽叶瘦小，生长缓慢，对夹叶增多。但若已出现这些明显表征时再灌溉则为时过晚。

2. 土壤湿度指标

适于茶树生育的土壤水分，是土壤最大持水量的60%～90%。土壤水分过多，会发生湿害；低于45%，又会发生旱害；降至30%以下，茶树就要枯死。一般当茶园土壤含水量下降到田间持水量的70%时，必须进行灌溉。使茶园土壤含水量保持在田间持水量的90%左右，最有利于丰产优质，故田间持水量的90%可作为喷灌适度的指标。

（五）茶园灌溉方法

目前常用的灌溉方法有茶园浇灌、流灌、喷灌和滴灌，综合较为理想的灌溉方式是喷灌，决定采用何种灌溉方式，必须要因地制宜，以经济适用为原则。

三、任务实施

（一）准备工作

1. 调查目标茶园水分管理的基本情况

一是调查水源，看看目标茶园周边是否有自然水源，如山塘、水库、溪河、渠道等，根据水源情况，选择灌溉方式；二是调查目标茶园的地形地势，看看有无洼地，有无排水沟，判断是否会产生湿害；三是收集当地气象资料、了解年降雨量、雨季、旱季等相关信息；四是调查茶园经营主体的经济能力、茶园规模、土壤条件等方面的情况。

2. 制定茶园水分管理实施方案

根据目标茶园的水源情况、降雨情况、茶园规模、企业经济情况等方面制定经济适用的茶园水分管理实施方案，用于指导管理。

3. 材料及工具准备

（1）水源准备　如果目标茶园周边无自然水源，需根据实际情况新建水池或水库作为水源。

（2）灌溉系统准备　目标茶园无灌溉系统的情况下，需根据水分管理实施方案的要求配置灌溉系统，如已经具备灌溉系统的，需在旱季来临前15d左右进行维修，确保正常使用。

（3）沟渠准备　调查茶园周边是否有供、排水需要的沟渠，在没有排水沟渠的情况下，应修建排水沟，如已经具有沟渠，在雨季来临前15d左右，应疏通沟渠，确保正常排水。

（4）辅助工具准备　锄头、喷头、水管等。

（二）茶园水分管理

1. 茶园保水管理

茶园保水工作可归纳为两大类：一是扩大茶园土壤的蓄纳雨水能力；二是尽可能降低土壤水分的散失。扩大茶园土壤的蓄纳雨水能力主要是通过耕锄和施有机肥改良土壤团粒结构，增加土壤蓄水能力。注意干旱季节避免耕锄，增加水分蒸发；降低土壤水分散失的主要方法是铺草、地膜、防草布覆盖或者是套种生物覆盖，尤其是幼龄茶园。目前比较方便、简洁、效果较好的覆盖措施是新植茶园种植时使用防草布打孔种植，一般可管3~5年，成年茶园主要靠套种乔木型的适生树种。

2. 茶园给水管理

简单地说就是茶园灌溉。在有水源条件的情况下，要适时灌溉。大生产中一般是靠经验确定灌溉时间、次数及水量。一是要看天气是否有旱情出现；二是要看泥土干燥缺水的程度，如果刨开表土3~5cm，土壤开始泛白，就说明缺水了；三是要看茶树芽叶生长与叶片形态是否缺水，如果芽叶开始萎缩，说明茶树严重缺水了，这时只能是补救给水。生产中主要是根据气候和土壤的湿润度综合判断，适时供水，灌溉时必须浇透，水量以表土不再渗水或者渗水缓慢为度，此时说明土壤水分饱和了。切忌茶树形态表现已经缺水时再供水。

3. 茶园排水管理

一是根据往年当地气象资料结合适时天气预报，在大雨来临前3~5d，前往目标茶园查看排水沟是否畅通，如不畅通及时疏通；二是暴雨过后，前往目标茶园查看排水情况，有无积水，如有及时处理排水。

四、任务总结

通过任务实施过程，总结茶园水分管理过程中水源配置、保水、供水适时期的把握等关键技术要点、经验及注意事项。分析总结通过该项任务的实施有何收获及体会。

五、任务评价

训练过程评价见表1-9。

表1-9 茶园水分管理训练过程评价

评价内容		分值	评价标准	得分
目标茶园调查及水分管理实施方案制定		25	目标茶园水源情况调查仔细、信息正确，制定的水分管理方案符合实际，技术要点明确，可操作性强为优秀（22.5～25分）；目标茶园调查信息基本正确，制定的水分管理方案基本符合实际，可操作性较强为良好（20～22.4分）；调查信息部分正确，水分管理实施方案较适用、技术要点明确，具有一定的可操作性为合格（15～19.9分）；调查信息大部分不正确，实施方案不太适用为不合格（0～14.9分）	
任务实施	工具及材料准备	15	能根据茶园地形地势、水源、企业经济状况等准备合适的工具、给排水系统，材料购置性价比高 、质量好为优秀（13.5～15分）；给排水系统较适用，质量较好为良好（12～13.4分），工具基本合适，质量一般为合格（9～11.9分）；缺核心用具，质量不符合标准，致使该工作任务完成不好或者无法完成为不合格（0～8.9分）	
	水分管理	40	能按照实施方案因地制宜，结合经验，恰当保水，适时给水及排水，使茶树生长旺盛为优秀（36～40分）；能按照实施方案较为恰当地给茶园供水或排水，使茶树生长正常为良好（32～35.9分）；基本能按照实施方案较为恰当地给茶园供水或排水，使茶树生长较正常为合格（24～31.9分）；实施不当，茶树严重缺水或受湿害为不合格（0～23.9分）	
任务总结		20	各项工作内容技术要点及注意事项总结全面、正确为优秀（18～20分）；较全面、正确为良好（16～17.9分）；基本正确为合格（12～15.9分）；抓不住要点进行分析总结为不合格（0～11.9分）	
备注		90～100分为优秀；80～89分为良好；60～79分为合格；0～59分为不合格		

评价人： 评价时间：

工作任务六 茶树修剪

一、任务目标

了解高产优质树冠的培养模式；掌握高产优质树冠的培养方法；学会根据目标茶园的长势情况选择合适的修剪方式；掌握不同修剪方式的技术要点，能够因地制宜进行修剪示范并指导修剪，保质保量完成修剪任务。

二、任务知识

（一）高产优质茶树树冠培养模式

1. 分枝结构合理

要求分枝层次多而清楚，骨干枝粗壮而分布均匀，采面生产枝健壮而茂密，保持10～14层分枝时，茶叶产量最高。

2. 树冠高度适中

茶树树冠应控制在适当的高度，使其有利于茶树水分和营养素的输导，提高茶树新陈代谢水平，便于采摘和茶园管理。中小叶种灌木型茶树树冠高度应控制在70～80cm为好，乔木型大叶种树冠也以不超过90cm为宜，在有严重冻害的北方茶区，树冠宜矮，可培养成60cm左右的低型树冠，以御寒冻。

3. 树冠覆盖度大

树冠幅度过宽不便于采摘，过窄土地利用率不经济，采摘面小，也难实现高产。一般要求高幅比达到1∶2，至少也要达到1∶1.6，才能使骨干枝粗壮，绿色面广阔，两行树冠间留20～30cm宽度，供作采摘人员通道或操作机械的轮道，使树冠有效覆盖度达到80%左右的水平。

4. 有适当的叶层厚度和叶面积指数

叶片是光合作用的基地，光合产物的运转，水分的蒸腾，矿物元素的利用，呼吸作用等，都离不开叶片。高产优质的茶树树冠，应有一定的叶层厚度，以维持强盛的新陈代谢。一般中小叶种高产树冠应有10～15cm的叶层厚度，大叶种枝叶较稀，应有20～25cm的叶层厚度。以叶面积而论，叶面积指数应以4～5为宜。

（二）修剪技术要点

1. 幼年茶树（或者更新改造茶园）的定型修剪

定型修剪需要经过3～4次。第一次定型修剪要求茶苗直径（离地表5cm处测量）超过0.3cm、苗高达到25～30cm、有1～2个分枝，且在一块茶园中达到该标准的茶苗占80%时，用整枝剪，在离地面20cm左右处剪去主枝；第二次定型修剪一般在第一次定型剪的次年，树高应达40cm以上，在第一次定型修剪的基础上提高15cm左右修剪；第三次定型修剪是在第二次定型修剪后一年左右进行，视茶苗长势而定。修剪高度是在第二次剪口的基础上，提高10cm左右；若进行第四次定型修剪，可再在第三次定型修剪后的一年进行，修剪高度在第三次剪口的基础上，提高10cm左右。灌木型茶树在3次定型修剪后，一般高度达45～50cm左右，幅度达70～80cm。

2. 成年茶树的轻修剪和深修剪

(1) 轻修剪　成年茶树因年龄和采摘的关系，采面分枝细密，为了保持生产枝的生长活力，必须每年进行1~2次轻修剪，春、秋进行。修剪的高度是在上次剪口上提高3~6cm，以剪去蓬面当年生高出部分为度。

(2) 深修剪　深修剪是一种改造树冠的措施。因为树冠经过多次的轻剪和采摘以后，且形成环状的肿胀形结节，鸡爪枝、枯枝率上升，这种情况，需用深修剪的方法，剪去蓬面细弱枝、枯枝、鸡爪枝，为15~25cm。一般每隔5年左右进行一次深修剪，视茶园长势而定。

3. 衰老茶树的重修剪和台刈

(1) 重修剪　重修剪的对象是未老先衰的茶树和一些树冠虽然衰老但骨干枝及有效分枝仍有较强的生育能力、树冠上有一定绿叶层的茶树。找出园中大多数茶树的细弱枝、枯死枝部位，确定大多数茶树的留桩高度标准，一般是留下30~45cm的主枝分枝高度，剪去上部分，春、秋进行。

(2) 台刈　台刈是彻底改造树冠的方法，对象是树势十分衰老，采用重修剪方法不能恢复树势的茶树，最佳时间是春茶后，采取离地面高度5~10cm处剪去全部枝干。

三、任务实施

(一) 准备工作

1. 调查修剪管理目标茶园长势情况

实施修剪之前，前往目标茶园调查茶园长势情况，一是调查品种特征，判断是中小叶种灌木型茶树品种还是大叶型小乔木品种；如是中小叶种，修剪高度在同等条件下适当低些，大叶型小乔木品种适当高些；二是确定树龄。根据茶园的面貌，咨询茶园相关管理人员确定是幼龄茶园、成年茶园还是衰老茶园；三是确定修剪方式，若是幼龄茶园或是更新改造茶园，观察茶树高度，分枝层数，骨干枝粗度，确定实施第几次定型修剪；若是成年茶园，观察绿叶层厚度、蓬面细枝、鸡爪枝的数量，骨干枝健康状况、分枝层数及清晰度是否符合高产优质树冠的标准，根据情况分析确定采取轻修剪还是深修剪；若是衰老茶园，根据树龄分析茶树衰老的原因，是因为管理跟不上、受自然灾害、土壤环境条件等方面造成的未老先衰茶园，还是自然年龄太大导致的衰老。若是未老先衰茶园采取重修剪的方法，若是自然衰老茶园则采取台刈的修剪方法。

2. 工具准备

(1) 整枝剪　用于第一、二次定型修剪，准备数量根据茶园面积及劳动力数量、工期确定，一般每50亩左右准备一把。

（2）修剪机　有单人修剪机、双人修剪机，大生产中广泛使用的是单人修剪机。一般每150亩左右准备一台。具体情况根据企业经济情况，茶园面积，修剪机台时产量等因素确定。单人修剪机，也可用于轻修剪修边。

（3）弯刀、手锯、圆盘式割灌机　用于台刈。具体准备哪种工具，根据企业经济状况而定，如果企业经济状况好，选择圆盘式割灌机较理想，大部分使用锋利的弯刀或手锯。

（4）修边机　用于深修剪或重修剪时修边亮行。有自走式修边机，也有背扶式修边机，具体准备哪一种，根据茶园地形地势确定。地势较平坦的茶园可选择自走式的。目前使用广泛的是背扶式修边机。

（5）辅料及配件准备　修剪机汽油、机油、磨刀片用的工具及易损配件的准备。具体数量根据使用机械的台数确定。

（二）实施修剪

1. 定型修剪

目标茶园是幼龄茶园的情况下，根据调查情况，如是符合第一次定型修剪的条件，则用整枝剪离地面20cm左右处剪去主枝，侧枝不剪，剪时注意选留1～2个较强分枝；如是符合第二次定型修剪的条件，用整枝剪离地面40cm左右剪去主枝和高出主枝的侧枝；如是符合第三次定型修剪的条件，则用单人修剪机离地50cm左右，剪去高出部分主侧枝，大部分修剪成平面或是弧形；如果是经过3次定型修剪，树高和树幅未达到标准，则应进行第四次定型修剪，用单人修剪机在上一次剪口的基础上提高10cm修剪。修剪时间为3～4月、10～11月都可以，气候寒冷的地区建议3～4月修剪。

2. 轻修剪

目标茶园是长势良好的生产茶园，可采用单人或者双人修剪机进行轻修剪，如果是以生产名优茶为主的茶园，一般采取春茶后修剪，剪去高出蓬面的春茶新梢，秋茶结束后，再剪去高出蓬面的徒长枝；如果是春、夏、秋三季正常生产的茶园，一般采取秋茶后修剪，以剪去蓬面当年生高出部分为度，时间为10～11月，气候寒冷的地区建议初春修剪。注意修剪蓬面的过程中同时修边亮行，保持行间距，利于管理和通风。

3. 深修剪

目标茶园是成年生产茶园，经过3年以上轻修剪后，蓬面结节、鸡爪枝、枯枝率较多的情况下，应该用单人或者双人修剪机进行深修剪，剪去蓬面细弱枝、枯枝、鸡爪枝，为15～25cm。以春茶后修剪为最佳。注意修剪蓬面的过程中同时修边亮行，如茶树枝条太粗壮，使用修边机进行修边，保持行间距，利于管理和通风。

4. 重修剪

目标茶园是因管理跟不上或是受灾造成的未老先衰茶园，应该用单人或者双人修剪机进行重修剪，找出园中大多数茶树的细弱枝、枯死枝部位，确定大多数茶树的留桩高度标准，一般是留下 30 ~ 45cm 的主枝分枝高度，剪去上部分。以春茶后修剪最好。注意蓬面修剪结束后，使用修边机进行修边亮行，保持行间距，利于管理和通风。

5. 台刈

树势自然衰老，采用重修剪方法不能恢复树势的茶园，用锋利的弯刀斜劈或手锯锯割，也可选用圆盘式割灌机采取离地面高度 5 ~ 10cm 处剪去全部枝干。最佳时间以早春为好，尽量避免树桩被撕裂，以防止切口感染病虫，而且破裂部分会有较多雨水滞留，影响潜伏芽的萌发。

定型修剪、轻修剪、深修剪的枝条，病虫不严重的情况下让其自然散落行间回田，使其腐烂；重修剪、台刈的枝条必须清出茶园，枝条太粗，不容易腐烂，不利于茶园管理，并且容易划伤采摘及管理人员。

（三）修剪后施肥

修剪后要开沟施较多的有机肥和磷钾肥，待新枝发芽时，及时追施催芽肥。尤其对重修剪和台刈的茶园，应进行一次全面深翻施肥，使茶树树势较快地得到复壮。在生产实践中得出“无肥不改树”的经验。具体肥料施用多少根据土壤条件及肥料种类确定。肥料实施方法参考项目二的“工作任务三　茶园施肥”。

四、任务总结

通过任务实施过程，总结茶园修剪过程中的关键技术要点，经验及注意事项。分析总结通过该项任务的实施有何收获和体会。

五、任务评价

训练过程评价见表 1 – 10。

表 1 – 10　茶树修剪训练过程评价

评价内容	分值	评价标准	得分
目标茶园调查	20	能根据茶园长势、树龄、管理水平、品种特征等选择合适的修剪方式及修剪标准为优秀（18 ~ 20 分），选择修剪方式正确，修剪标准较合适为良好（16 ~ 17.9 分），基本正确为合格（12 ~ 15.9 分），修剪方式或修剪标准选择不正确，为不合格（0 ~ 11.9 分）	

续表

评价内容		分值	评价标准	得分
任务实施	工具及材料准备	10	能根据修剪方式、技术要求标准、企业经营情况等合理准备工具为优秀（9～10分）；工具及材料准备较合理为良好（8～8.9分）；基本合适，质量一般为合格（6～7.9分），缺核心用具，质量不符合标准，致使该工作任务完成不好或者无法完成为不合格（0～5.9分）	
	茶园修剪	40	能根据茶园实际面貌，合理把握修剪标准，高矮兼顾，蓬面整齐为优秀，（36～40分）；能较好把握修剪标准，蓬面整齐为良好（32～35.9分）；基本能把握修剪标准，蓬面基本整齐为合格（24～31.9分）；修剪标准把握不当，修剪质量较差为不合格（0～23.9分）	
	修剪后施肥	10	能根据不同的修剪方式和茶园土壤条件合理施肥为优秀（9～10分）；较合理为良好（8～8.9分）；基本合理为合格（6～7.9分）；不合理为不合格（0～5.9分）	
任务总结		20	各项工作内容技术要点及注意事项总结全面、正确为优秀（18～20分）；较全面、正确为良好（16～17.9分）；基本正确为合格（12～15.9分）；抓不住要点进行分析总结为不合格（0～11.9分）	
备注		90～100分为优秀；80～89分为良好；60～79分为合格；0～59分为不合格		

评价人：　　　　　　　　　　　　　　　　　　评价时间：

项目三　茶树安全防护

工作任务一　主要食叶类害虫防治

一、任务目标

通过任务实施了解茶园主要食叶类害虫种类；学会识别茶园主要食叶类害虫的为害症状；掌握发生规律及防治时期；掌握茶园主要食叶类害虫综合防治的方法。

二、任务知识

（一）茶园主要食叶类害虫类别及发生为害特点

1. 尺蠖类

（1）主要类别　为害茶树的尺蠖类害虫有10多种。国内主要有茶尺蠖（图1-1）、油桐尺蠖、木撩尺蠖、茶银尺蠖、灰尺蠖、灰茶尺蠖、茶用克尺蠖和云尺蠖等，贵州省为害严重的主要是茶尺蠖、灰茶尺蠖。

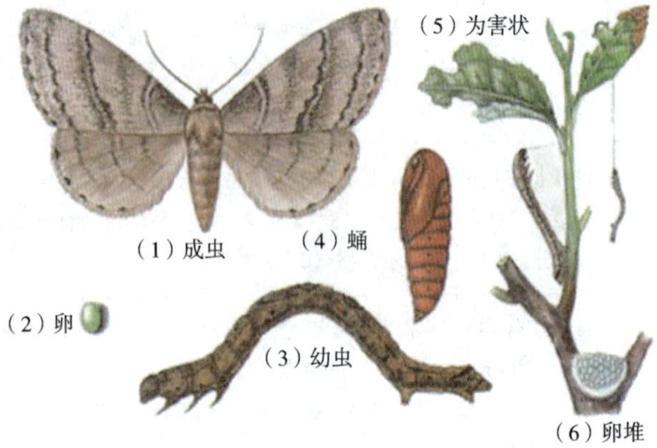

图1-1　茶尺蠖

（2）为害症状（图1-2）　低龄幼虫喜停栖于叶片边缘，咬食叶片边缘呈网状半透明膜斑，高龄幼虫常自叶缘咬食叶片呈光滑的“C”形缺刻，甚至蚕食整张叶片。严重时造成枝梗光秃，状如火烧。

图1-2　茶尺蠖为害状

（3）发生规律　浙江、安徽、江苏一年发生 5 ~ 6 代，以蛹在树冠下表土中越冬。翌年 2 月下旬至 3 月上中、旬开始羽化出土，4 月初第一代幼虫始发，为害春茶。浙江杭州 1 年发生 1 ~ 6 代，发生期分别为 4 月上中旬至 5 月上旬、5 月下旬至 6 月上旬、6 月下旬至 7 月下旬、7 月下旬至 8 月下旬、8 月下旬至 9 月下旬、9 月中旬至 11 月上旬，第二代后世代重叠，全年主害代第四代。7 ~ 9 月为害夏茶。

2. 毒蛾类

（1）主要类别　为害茶树的毒蛾类害虫很多，茶园常见的种类有茶毛虫、茶黑毒蛾（图 1 - 3）、茶白毒蛾、肾毒蛾、蔚茸毒蛾、皱茸毒蛾。以茶毛虫和茶黑毒蛾为害最严重。

图 1 - 3　茶黑毒蛾幼虫

（2）为害症状　幼虫有群集性。初孵幼虫常群聚在卵块附近的叶片背面，取食下表皮呈现嫩黄色半透明膜（稍久即变灰白色）；3 龄后即分群向中、上部茶丛为害，咬食嫩梢芽叶成缺刻、光秆，有明显的为害中心。有些种类在茶丛间吐丝结稀网，并黏结茶叶碎屑及大量粪便。

（3）发生规律　浙江、安徽、福建一年发生 4 ~ 5 代，以卵在茶树叶背、细枝或枯草上越冬，在杭州以翌年 3 月下旬至 4 月上旬孵化。第一代至四代幼虫分别发生在 3 月下旬至 5 月上旬、5 月上旬至 7 月上旬、7 月中旬至 8 月中旬、8 月下旬至 10 月中旬。

3. 刺蛾类

（1）主要类别　国内各茶区主要种有扁刺蛾、茶刺蛾、丽绿刺蛾（图 1 - 4）、黄刺蛾、淡黄刺蛾、白痣姹刺蛾、红点龟形小刺蛾和褐刺蛾等。

（2）为害症状　幼虫栖居叶背取食。幼龄幼虫取食下表皮和叶肉，留下枯黄半透膜；中龄以后咬食叶片成缺刻，常从叶尖向叶基锯食，留下平直如刀切的半截叶片。为害严重时，叶片蚕食殆尽，仅剩叶柄和枝条。

（3）发生规律　扁刺蛾在长江中、下游地区一般一年发生 2 代，在江西、广东等偏南茶区少数可发生 3 代，均以老熟幼虫在根际表土中结茧越冬。翌年 4

（1）为害状 （2）幼虫 （3）成虫

图1－4 丽绿刺蛾

月开始化蛹，5月开始羽化。1代、2代幼虫分别于6月及8～10月发生为害。丽绿刺蛾在浙江、湖南等地年发生2代，广州2～3代，以老熟幼虫在茧内越冬。翌年5月上旬化蛹，5月中旬至6月上旬成虫羽化产卵。一代幼虫危害期为6月中旬至7月下旬，二代为8月中旬至9月下旬。黄刺蛾在江、浙、皖一带一年发生2代。以老熟幼虫在树枝上的茧内越冬。越冬幼虫5～6月化蛹、6月上中旬羽化，幼虫为害期分别在6月下旬至7月，8月下旬至9月下旬，9月底陆续结茧越冬。

4. 其他食叶类害虫

茶园中以上几种食叶类害虫为害较普遍、严重外，其他种类多在某些地区较重或某些年份暴发成灾。其中如蓑蛾类、卷叶蛾类、食叶性甲虫类，在此不详细介绍。

（二）田间调查取样

1. 田间调查取样步骤

田间调查取样步骤见图1－5。

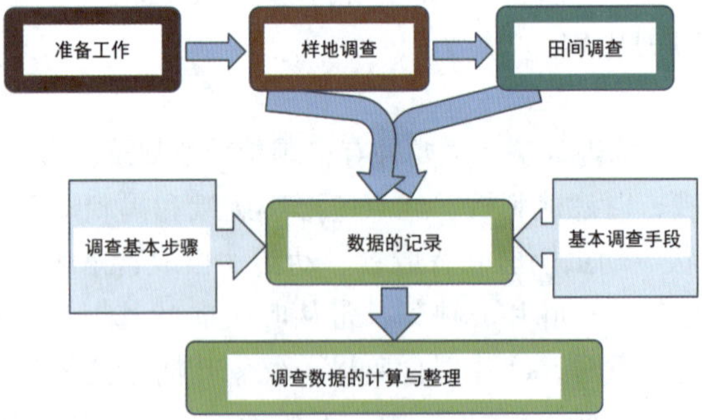

图1－5 田间调查取样步骤

2. 田间调查取样的方法

（1）五点式取样（图1-6）　茶园病虫害常用调查方法，可按一定面积、一定长度或一定植株数量选取5个样点，如以$1m^2$茶蓬作为1个样点。

图1-6　五点取样法

（2）对角线式取样（图1-7）　分单对角线和双对角线两种。

（1）单对角线取样法　　（2）双对角线取样法

图1-7　对角线取样法

（3）棋盘式取样（图1-8）　将茶园划成等距离、等面积的方格，每隔一个方格在中央取一个样点，相邻行的样点交错分布，适宜于调查随机分布的病虫害的取样方法。

图1-8　棋盘式取样法

（4）平行线式取样（图1－9） 适宜于成行的作物和核心分布的病虫害的取样。

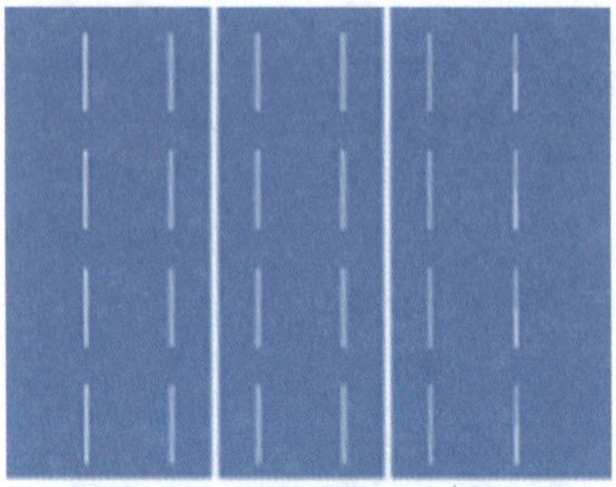

图1－9 平行线式取样法

（5）“Z”形取样（图1－10） 适宜于聚集分布的病虫害取样。

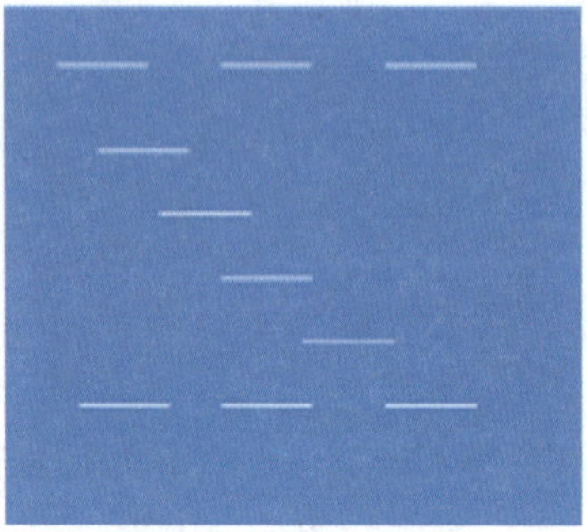

图1－10 “Z”形取样法

三、任务实施

（一）准备工作

1. 资料准备

参照GH/T 1076—2011《茶叶生产技术规程》的内容调查了解茶园基本环境条件、园地的虫害发生基本情况、茶园区域历史及实时气象资料，并制作相关调查表格和实施防治等过程记录表格（表格示例参考模块三项目二的“工作任务二 茶叶生产管理档案”中的表3－2、表3－3）。

2. 调查工具

橡胶手套、卷尺、塑料盆、工作服、工作鞋、安全帽、药品箱、照相机、铅笔、资料夹、车辆等。

3. 防治器械

LED 杀虫灯，用于物理防治；船型性诱诱捕器，用于生物防治；背负式机动（或手动）喷雾器，用于药剂防治。各器械具体准备哪些规格型号、台套数等，根据企业经济实力及茶园面积确定。

4. 防治药剂

根据具体防治对象及茶园类型进行准备。

（二）防治工作

1. 制定防治措施

制定主要食叶类害虫防治措施主要包括以下几方面内容。

（1）调查虫口密度，确定最佳防止时期　根据了解的茶园基本情况及虫害发生规律，在虫害发生的季节及时开展调查，调查方法参照表 1－11，由于各地区气候特点不同，害虫发生时期也有差异，应结合当地实际合理调查，以防错过最佳防治时间，一旦发现虫害达到防治指标，应结合企业的经济情况及产品安全要求，即刻制定防治措施。

表 1－11　主要食叶类害虫防治指标和防治适期

虫名	田间虫口调查方法	防治指标	防治适期
茶尺蠖	从各代卵始盛期开始，每 5d 查一次，采用平行跳跃式取样 30 个点，每样点间隔不得小于 0.5m 茶行，检查各样点 $1m^2$ 茶丛上幼虫数量	成龄投产茶园：幼虫量 7 头/m^2	茶尺蠖病毒制剂 1～2 龄幼虫期 农药或植物农药 3 龄前幼虫期
茶黑毒蛾	每 7d 查一次，采用平行跳跃式取样 30 个点，每样点间隔不得小于 0.5m 茶行，检查各样点 $1m^2$ 茶丛上幼虫数量。具体操作为早晨露水干后，在茶丛下铺垫 $1m^2$ 的塑料布，通过拍打茶丛，使幼虫振落到塑料布上后统计	第一代幼虫量 4 头/m^2 第二代幼虫量 7 头/m^2	3 龄前幼虫期
茶丽纹象甲	在成虫发生期 5～7 月，采用振落法调查虫口密度。7d 调查一次，5 点取样，每样点调查 3 小点。将长宽各 1m 的塑料薄膜铺在茶树行间，两人用力摇晃茶枝（向铺薄膜一侧）4～5 下，快速收起薄膜，将振落物集于中央，统计虫口数量	成龄投产茶园，虫数在 15 头/m^2	成虫出土盛末期

续表

虫名	田间虫口调查方法	防治指标	防治适期
茶毛虫	采用平行跳跃式取样 100 个点，每样点 1m 茶行或丛植茶树 1 丛，检查茶丛上、中、下部叶背卵块数	每百丛茶树有卵块 5 个	3 龄前幼虫期
茶小卷叶蛾	3 月中旬开始，一般每 7d 调查一次，采用棋盘式取样 10 个点，每样点检查 1m 行长茶丛的幼虫数量	1、2 代，茶丛幼虫数 8 头/m^2；3～4 代，茶丛幼虫数 15 头/m^2	1、2 龄幼虫期
茶刺蛾	采用平行跳跃式取样 30 个点，每样点间隔不得小于 0.5m 茶行，检查各样点 1m^2 茶丛上幼虫数量	每平方米幼虫数：幼龄茶园 10 头/m^2、成龄茶园 15 头/m^2	2、3 龄幼虫期

（2）采取综合防治措施

①深耕灭蛹，摘除卵块、虫囊。

②灯光（图 1－11）、性诱剂（图 1－12）诱杀成虫；

图 1－11　杀虫灯诱杀效果

图 1－12　性外激素诱杀效果

③保护利用天敌（蜘蛛、瓢虫、茧蜂、寄生蜂等）；

④药剂防治：要注意虫情测报、防治指标和适期、安全间隔等。

a. 无公害茶园常用药剂。阿立卡（22% 噻虫·高氯氟微囊悬浮－悬浮剂）、凯恩、溴氰菊酯、氯氰菊酯、联苯菊酯等。

b. 有机茶园常用药剂。选用生物源农药如清源保、印楝素、鱼藤酮、茶尺蠖核型多角体病毒（NPV）、茶毛虫核型多角体病毒（NPV）、苏云金杆菌制剂（Bt）、白僵菌等（部分植物源农药见图 1－13）。

图1－13　部分植物源农药商品

2. 实施防治

按照制定的防治措施及时开展防治，具体做法如下。

（1）农业防治　加强茶园管理。抓住越冬期及时清除园内枯枝落叶和杂草，结合翻挖茶园和施底肥，深埋地下，根际培土，消灭越冬虫源。

（2）物理防治　安装太阳能 LED 杀虫灯诱杀成虫。如计划中需要安装 LED 杀虫灯，在春季气温回升时即可安装，可有效的监测田间虫口发生动态并有效控制虫口增长。太阳能频振式杀虫灯单灯控制面积 4 ~5 亩，风吸式杀虫灯单灯控制面积 15 ~20 亩，不同厂家生产的性能不同，具体按照杀虫灯使用说明进行安装。

（3）生物防治

①性诱杀：即利用雌成虫的性激素引诱雄成虫捕杀。目前茶尺蠖、茶毛虫的性引诱剂（诱芯）市面上均有销售，可购买诱芯结合船型诱捕器捕杀成虫。结合田间虫口调查情况，当田间虫量达到防治指标时，按照棋盘式在茶园布置诱捕器，每个诱捕器间隔 15 ~20m，并保证高于茶蓬 20cm，进行物理防治。

②以菌治虫：施用茶尺蠖核型多角体病毒（NPV）、茶毛虫核型多角体病毒（NPV）、苏云金杆菌制剂（Bt）、白僵菌等来控制害虫，用量参照附录二。

（4）药剂防治　根据茶园类型以及虫害发生情况可参照附录二选择恰当的药剂，施药方式以低容量蓬面扫喷为宜。按照“选择药剂→计算农药稀释浓度及用量→配制农药→施用农药”的步骤实施。

3. 防治效果调查

（1）在实施成虫防治后，调查田间防治效果。结合调查田间幼虫实际发生的情况，比较防治前后田间幼虫虫口变化，分析防治效果，若田间发生仍较严重，应继续采取药剂防治。

（2）在实施幼虫防治时，分别调查施药前及施药后 1、3、7d 田间虫口，分析防治效果，参照下式计算。

$$虫口减退率=\frac{施药前虫数-施药后虫数}{施药前虫数}\times 100\%$$

$$防治效果=\frac{处理区虫口减退率\pm 空白对照区虫口减退率}{1\pm 空白对照区虫口减退率}\times 100\%$$

注：对照区虫口较以前增加时，式中用“+”号，减少时用“-”号。下同。

四、任务总结

根据以上茶园虫害防治实施的各个环节，结合田间防治效果，参照 GB 2763—2016《食品安全国家标准　食品中农药最大残留限量》标准，进行分析与总结，掌握茶园中食叶类虫害的综合防治方法，总结收获与经验。

五、任务评价

训练过程评价见表 1-12。

表 1-12　主要食叶类害虫防治过程评价

评价内容		分值	评价标准	得分
准备工作		10	资料、用具准备充分为优秀（9~10 分）；较充分，为良好（8~8.9 分）；调查用具齐全、器械勉强能完成工作任务为合格（6~7.9 分）；缺核心用具，致使该工作任务完成不好或者无法完成为不合格（0~5.9 分）	
防治工作	茶园基本环境条件调查	5	茶园基本环境条件调查全面且分析科学全面为优秀（4.5~5 分）；调查和分析较全面为良好（4~4.4 分）；调查和分析基本合理为合格（3~3.9 分）；缺少必要信息内容为不合格（0-2.9 分）	
	田间虫害发生情况调查	20	茶园虫害专项调查细致深入、调查取样方法正确为优秀（18~20 分）；茶园虫害专项调查全面、调查取样方法正确为良好（16~17.9 分）；调查结果分析合理，符合田间实际情况为合格（12~15.9 分）；调查结果不全或与实际不符，为不合格（0~11.9 分）	
	制定防治措施	20	制定防治措施具有针对性，科学可行，选用的防治器械或防治药剂及用量符合茶园标准，为优秀（18~20 分）；制定恰当防治措施，选用的防治器械或防治药剂及用量符合茶园标准，为良好（16~17.9 分）；制定防治措施基本合理，符合田间实际情况为合格（12~15.9 分）；防治措施无针对性或防治药剂选择不符茶园标准为不合格（0~11.9 分）	

续表

评价内容		分值	评价标准	得分
防治工作	实施防治	25	防治实施遵循茶园实际要求，杀虫灯、诱捕器安装科学合理，药剂配制及使用方法正确，防治效果调查全面，且防治效果好为优秀（22.5～25 分）；防治效果调查全面，且防治效果较好为良好（20～22.4 分）；防治方法基本合理，具有一定防治效果为合格（15～19.9 分）；杀虫灯、诱捕器安装不正确、药剂配制不合理，防治效果不好为不合格（0～14.9 分）	
总结与结论		20	各项指标数据分析透彻，准确，综合结论正确为优秀（18～20 分）；较好为良好（16～17.9 分）；基本正确为合格（12～15.9 分）；核心指标分析不正确为不合格（0－11.9 分）	
备注		90～100 分为优秀；80～89 分为良好；60～79 分为合格；0～59 分为不合格		

评价人： 评价时间：

工作任务二 主要刺吸式害虫防治

一、任务目标

通过任务实施了解茶园主要刺吸式害虫种类；学会识别茶园主要刺吸式害虫的为害症状；掌握发生规律及防治适时期；掌握茶园主要刺吸式害虫综合防治的方法。

二、任务知识

（一）叶蝉类发生为害特点

1. 主要类别

为害茶树的叶蝉种类较多，且常混合发生。主要有假眼小绿叶蝉、小绿叶蝉、烟翅小绿叶蝉、箭纹小绿叶蝉、棉叶蝉、颜点斑叶蝉、黑尾叶蝉和绿脉二室叶蝉共 8 种，其中以茶小绿叶蝉（图 1－14）发生最为普遍。

图 1－14　茶小绿叶蝉

2. 为害症状

成、若虫均刺吸茶树嫩梢或芽叶汁液，雌成虫且在嫩梢内产卵，导致输导组织受损，养分丧失，水分供应不足。芽叶受害后表现凋萎，叶缘泛黄，叶脉变红，进而叶缘叶尖萎缩枯焦，生长停止，芽叶脱落。

3. 发生规律

在长江流域年发生 9～11 代，福建 11～12 代，广东 12～13 代，广西 13 代，海南多达 15 代左右。以成虫在茶丛内叶背、冬作豆类、绿肥、杂草或其他植物上越冬。在华南一带越冬现象不明显，甚至冬季也有卵及若虫存在。在长江流域，越冬成虫一般于 3 月间气温升至 10℃以上时，即活动取食，并逐渐孕卵繁殖，4 月上中旬第 1 代若虫盛发。此后每半月至 1 个月发生 1 代，直至 11 月停止繁殖。由于代数多，且成虫产卵期长（越冬成虫产卵期长达 1 个月），致使世代发生极为重叠。

（二）粉虱类发生为害特点

1. 主要类别

茶树上的粉虱主要有黑刺粉虱（图 1－15）、柑橘粉虱等，尤以黑刺粉虱在我国局部茶区严重成灾。

2. 为害症状

以若虫定居于茶叶背面刺吸汁液，并大量排泄“蜜露”于下层叶面上，招致烟煤菌的寄生，严重时造成烟煤病的流行，茶园一片乌黑，阻碍光合作用，致使树势衰弱，无茶可采，甚至枯枝死树。

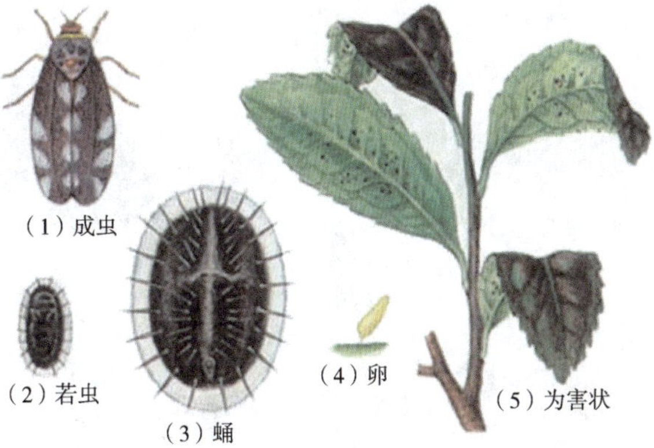

图 1－15　黑刺粉虱

3. 发生规律

黑刺粉虱在长江中、下游地区一年 4 代，广东部分地区 1 年 5 代。以老熟幼虫在茶树叶背越冬。翌年 3 月化蛹，4 月中旬成虫羽化，卵产在叶背面。杭州 1 ~4 代幼虫的发生盛期分别在 4 月中旬至 6 月下旬、6 月上旬至 8 月上旬、8 月下旬至 10 月上旬、10 月中旬至越冬，其幼虫见图 1－16。

图 1－16　黑刺粉虱幼虫

（三）蚧类发生为害特点

1. 主要类别

茶树上的介壳虫已记载多达 60 多种。重要种类有蜡蚧科的红蜡蚧、日本龟蜡蚧、角蜡蚧（图 1－18）；盾蚧科的长白蚧（图 1－17）、椰圆蚧、蛇眼蚧、茶梨蚧、茶牡蛎蚧等。

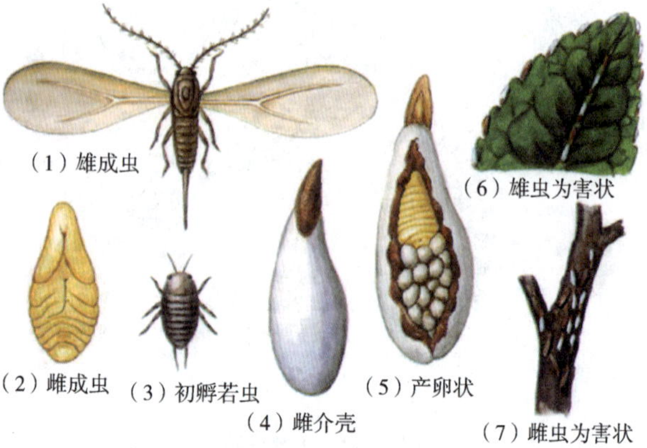

图1-17　长白蚧

图1-18　角蜡蚧和日本蜡蚧

2. 为害症状

若虫和雌成虫定居于枝、叶或根部，刺吸汁液。发生初期，因数量少、为害隐蔽，被害状不明显。在适宜的环境条件下，种群数量增长积累，引起树势衰退、枝梢枯死，甚至整丛整片茶树死亡。许多种类能排泄大量“蜜露”，引起烟煤病的发生，容易发现和识别。

3. 发生规律

长白蚧在浙江、湖南茶区一年发生3代，以老熟雌若虫和雄虫前蛹在茶树枝干上越冬，翌年3月下旬至4月下旬雌成虫羽化，4月中下旬雌成虫开始产卵，第1～3代若虫孵化盛期分别在5月中下旬、7月中下旬、9月上旬至10月上旬。椭圆蚧在长江中下游茶区一年发生3代，以受精雌若虫越冬，第1～3代若虫孵化盛期分别在5月中旬、7月中下旬、9月中旬至10月上旬。茶牡蛎蚧在贵州、四川一年发生2代，以卵在茶树枝干上的介壳内越冬。密闭茶园一般发生较多，形成为害中心。

（四）蝽类发生为害特点

1. 主要类别

在我国茶园发生的主要有茶网蝽、绿盲蝽（图1－19）、茶角盲蝽、油茶宽盾蝽。

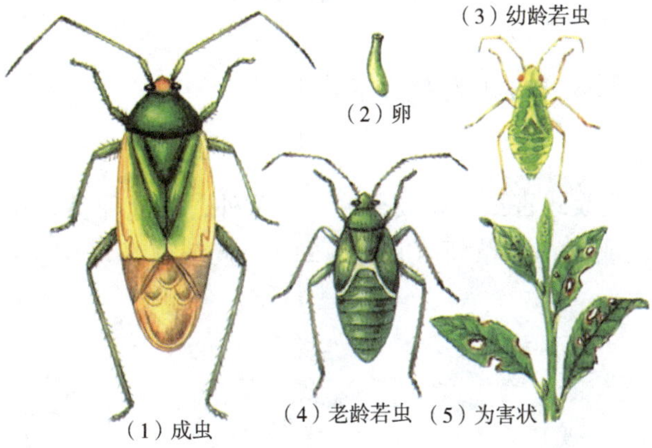

图1－19　绿盲蝽

2. 为害症状

主要以成、若虫刺吸幼嫩芽叶，受害后芽面呈现红点，2～3d后变为红褐或黑色枯死斑点，芽梢弯曲，继之随芽叶伸展，叶面形成不规则的孔洞或破烂，边缘略厚、褐色，叶片粗老，严重时芽叶伸展停滞，甚至牙尖焦枯死去（图1－20）。被害芽叶采制的干茶，条索粗松，碎末多，香味淡且涩，影响茶叶品质。

3. 发生规律

绿盲蝽象在长江流域一年约发生4～5代，以卵在冬作豆类、绿肥、茶树等茎梢内过冬。越冬卵于4月上旬，当平均气温升至11～13℃，相对湿度80%～90%，茶树一轮芽萌发生长时开始孵化，4月中旬气温达15～16.5℃时，若虫盛发。

图 1－20　绿盲蝽为害状

（五）其他刺吸式害虫发生为害特点

1. 主要类别

除以上几种刺吸式害虫为害较普遍、严重外，其他种类多在某些地区较重或某些年份暴发成灾，如茶蚜（图 1－21）、茶黄蓟马（图 1－22）、茶棍蓟马等。

图 1－21　茶蚜

2. 为害症状

成、若虫群集在芽梢和嫩叶背面刺吸茶树汁液，致使新梢发育不良，芽叶细弱、卷缩，并排泄“蜜露”诱致烟霉病，茶黄蓟马为害状见图 1－23。

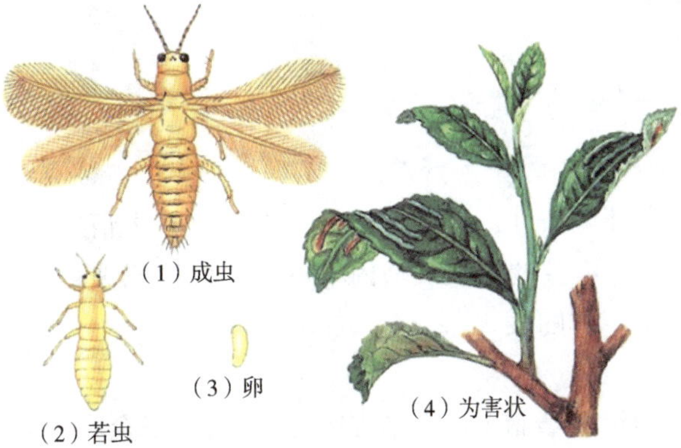

图1-22　茶黄蓟马

图1-23　茶黄蓟马为害状

3. 发生规律

茶蚜一年发生20多代，以卵或无翅若蚜在茶树中下部芽梢腋叶间越冬。3月上旬出现第1代若虫，4月上中旬为发生高峰，严重为害第一批春茶。5月上旬以后，随着气温升高、天敌增多，虫口数量逐渐下降。夏季高温天气，除高山茶园外，很少大发生。9月以后随着气温下降，虫口数量又有回升，但远不及春茶发生严重。茶黄蓟马、茶棍蓟马在贵州年发生8~9代，世代重叠，5~6月完成一代需18~25d，10~11月需35~40d。

三、任务实施

（一）准备工作

1. 资料准备

了解茶园基本环境条件，了解园地的虫害发生基本情况，了解茶园区域历史及实时气象资料，涉及的相关表格内容可参照模块三项目二的“工作任务二 茶叶生产管理档案”中的表3－2、表3－3。

2. 调查工具

橡胶手套、卷尺、塑料盆、工作服、工作鞋、安全帽、药品箱、照相机、铅笔、资料夹、车辆等。

3. 防治器械

数字化色板、黑光灯用于物理防治；背负式机动（或手动）喷雾器用于药剂防治。各器械具体准备规格型号、台套数等根据企业经济实力及茶园面积确定。

4. 防治药剂

根据具体防治措施及茶园类型进行准备。

（二）实施工作

1. 制定防治措施

主要刺吸式害虫防治措施主要包括以下几方面内容。

（1）调查虫口密度，确定最佳防治时期　根据了解的茶园基本情况及虫害发生规律，在虫害发生的季节开展调查，调查方法参照表1－13，适时防治。

表1－13　主要刺吸式害虫防治指标和防治适期

虫名	田间虫口调查方法	防治指标	防治适期
小绿叶蝉	采用5点取样法。在晨露未干前，在选定的调查点上，查看茶丛中、上部嫩叶叶面上的成、若虫数，再轻轻翻转叶片，检查叶片反面虫口，每样点至少调查100张叶片，调查时动作要轻、快，防止虫子逃脱，避免重、漏数	第一峰百叶虫量超过6头，第二峰百叶虫量超过12头	入峰后（高峰前期），若虫占总虫量的80%以上

续表

虫名	田间虫口调查方法	防治指标	防治适期
黑刺粉虱	利用成虫喜群集在芽稍嫩叶、芽下三、四叶和中下部老叶背面的习性，从初见成虫日开始观察。每天上午7～8时，轻翻芽下三、四叶及中下部老叶各100片的成虫数量并统计	成虫羽化始盛期小叶种2～3头（大叶种4～7头）/百叶	黄板诱杀，4月上中旬卵孵化盛末期
茶黄蓟马	夏季初期，当发现新稍叶片呈微卷、叶色暗淡时开始调查，每7d调查一次，5点取样，每个样方调查3个样点，每样点调查50片新叶（1芽2叶或同等嫩度对夹叶），统计成、若虫数	幼龄茶园虫梢率>30%；成龄茶园虫梢率>40%	9月盛发期
茶蚜	在茶树春梢生长且大量出现一个芽有2～3片真叶时，每5d调查一次，按平行线取样，每样应均匀调查20丛，在蓬面中央取0.33m^2，调查一芽2～3片真叶上的有蚜稍数。再在每样方内，随机检查有蚜芽稍5个，共100个，记载总蚜数，芽下第2叶蚜虫数	有蚜芽梢率4%～5%，芽下2叶有蚜，叶上平均虫口20头	发生高峰期

（2）主要综合防治措施

①农业措施：及时采摘，重施基肥，有机肥与无机肥相结合；

②物理措施：采用数字化色板（图1－24）诱杀粉虱、叶蝉；

图1－24　茶园中黄板诱杀

③保护利用天敌（瓢虫、蜘蛛、寄生蜂、寄生菌等）；

④加强虫情测报，掌握若虫期、卵盛孵期施药。

无公害茶园药剂选择。虫螨腈、吡虫啉、茚虫威等。

有机茶园药剂选择。生物农药（鱼藤酮、Bt 制剂、粉虱真菌制剂），石硫合剂（非采摘期）等。

2. 实施防治

（1）农业防治　加强茶园管理，及时清除杂草。分批多次及时采摘，可除去大量在嫩梢内的卵粒。

（2）物理防治　在茶园中安装黑光灯可诱杀绿盲蝽，减少虫口数量。可利用黄板（20～25 张/亩）诱杀黑刺粉虱，使虫口密度下降 65%～78%，黄板诱杀使茶小绿叶蝉虫口密度下降 42%～66%。

（3）药剂防治　根据茶园类型以及虫害发生情况选择恰当的药剂，施药方式以低容量蓬面扫喷为宜。

①茶小绿叶蝉：可选择喷施白僵菌、苏云金杆菌制剂、10% 溴虫腈悬浮剂、15% 茚虫威、联苯菊酯乳油等；

②黑刺粉虱：可选用韦伯虫座孢菌、联苯菊酯乳油等；

③绿芒蝽：可喷施鱼藤酮、苦参碱、联苯菊酯乳油等；

④茶蓟马：施用白僵菌，苏云金杆菌制剂、10% 溴虫腈悬浮剂、15% 茚虫威乳剂、10% 联苯菊酯乳等；

⑤茶蚜：可喷施 2.5% 鱼藤酮乳油、0.6% 清源保乳油。

3. 防治效果调查

（1）在实施农业或物理防治后，观察黑光灯、色板诱集的虫口，调查田间幼虫实际发生的情况，比较防治前后田间幼虫虫口变化，分析防治效果，若田间发生仍较严重，应继续采取药剂防治。

（2）在实施药剂防治时，分别调查药前及药后 1，3，7d 田间虫口，分析防治效果，参照下式计算。

$$\text{虫口减退率} = \frac{\text{施药前虫数} - \text{施药后虫数}}{\text{施药前虫数}} \times 100\%$$

$$\text{防治效果} = \frac{\text{处理区虫口减退率} \pm \text{空白对照区虫口减退率}}{1 \pm \text{空白对照区虫口减退率}} \times 100\%$$

四、任务总结

根据以上茶园虫害防治实施的各个环节，结合田间防治效果，参照 GB 2763—2016《食品安全国家标准　食品中农药最大残留限量》标准，进行分析与总结，掌握茶园中主要刺吸式害虫的防治方法，总结收获与经验。

五、任务评价

训练过程评价见表1－14。

表1－14　主要刺吸式害虫防治训练过程评价

评价内容		分值	评价标准	得分
准备工作		10	资料、用具准备充分为优秀（9～10分）；较充分，为良好（8～8.9分）；调查用具齐全、器械勉强能完成工作任务为合格（6～7.9分）；缺核心用具，致使该工作任务完成不好或者无法完成为不合格（0～5.9分）	
防治工作	茶园基本环境条件调查	5	茶园基本环境条件调查全面且分析科学全面为优秀（4.5～5.0分）；调查和分析较全面为良好（4～4.4分）；调查和分析基本合理为合格（3～3.9分）；缺少必要信息内容为不合格（0～2.9分）	
	田间虫害发生情况调查	20	茶园虫害鉴别准确、发生为害情况调查详细且准确为优秀（18～20分）；茶园虫害鉴别准确、发生为害情况调查较详细为良好（16～17.9分）；调查结果分析合理，基本符合田间实际情况为合格（12～15.9分）；调查结果不全或与实际不符，为不合格（0～11.9分）	
	制定防治措施	20	制定防治措施具有针对性，科学可行，选用的防治器械或防治药剂及用量符合茶园标准，为优秀（18～20分）；制定恰当防治措施，选用的防治器械或防治药剂及用量符合茶园标准，为良好（16～17.9分）；制定防治措施基本合理，符合田间实际情况为合格（12～15.9分）；防治措施无针对性或防治药剂选择不符茶园标准为不合格（0～11.9分）	
	实施防治	25	防治器械如杀虫灯、数字化色板安装科学合理，药剂配制及使用方法正确，防治效果调查全面，且防治效果好为优秀（22.5～25分）；防治效果较好为良好（20～22.4分）；防治方法基本合理，具有一定防治效果为合格（15～19.9分）；杀虫灯、数字化色板安装不正确、药剂配制不合理，防治效果不好为不合格（0～14.9分）	
总结与结论		20	各项指标数据分析透彻，准确，综合结论正确为优秀（18～20分）；较好为良好（16～17.9分）；基本正确为合格（12～15.9分）；核心指标分析不正确为不合格（0～11.9分）	
备注		90～100分为优秀；80～89分为良好；60～79分为合格；0～59分为不合格		

评价人：　　　　　　　　　　　　　　　　评价时间：

工作任务三　主要钻蛀性、地下害虫及螨类防治

一、任务目标

通过任务实施了解茶园主要钻蛀性、地下害虫及螨类种类；学会识别其为害症状；掌握其发生规律及防治适时期；掌握茶园主要钻蛀性、地下害虫及螨类综合防治的方法。

二、任务知识

（一）钻蛀性害虫

1. 主要类别

全国常见的局部发生较重的钻蛀性主要有茶枝镰蛾（图1－25）、茶红颈天牛（图1－26）、茶枝小蠹虫、茶梢蛾、堆沙蛀蛾、咖啡木蠹蛾（图1－27）、茶天牛、茶籽象甲（图1－28），茶丽纹象甲成虫（图1－29）等。

2. 为害症状

此类害虫主要钻蛀茶树枝梢、枝干、根部和茶果，致茶枝中空、枝梢萎凋，日久干枯，大枝也常整枝枯死或折断；严重影响产量、质量；或致使被害处受刺激形成疣状结节，水分、营养素输送受阻，长势衰退，芽叶瘦小，叶色黄化，甚至枯死；或形成环状坑道，影响养分运输，使树势削弱，降低产量和品质。

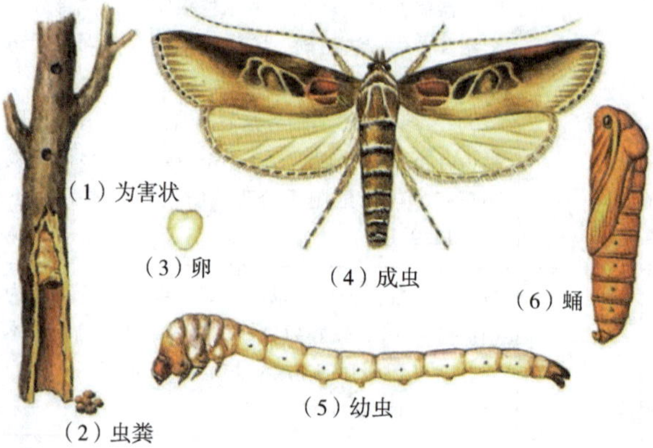

图1－25　茶枝镰蛾

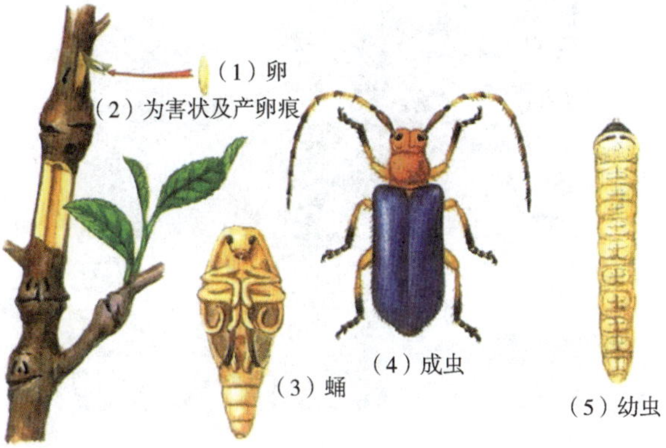

图1－26　茶红颈天牛

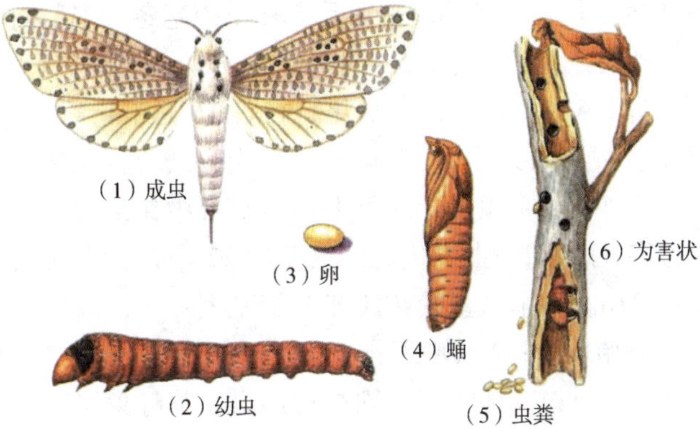

图1－27　咖啡木蠹蛾

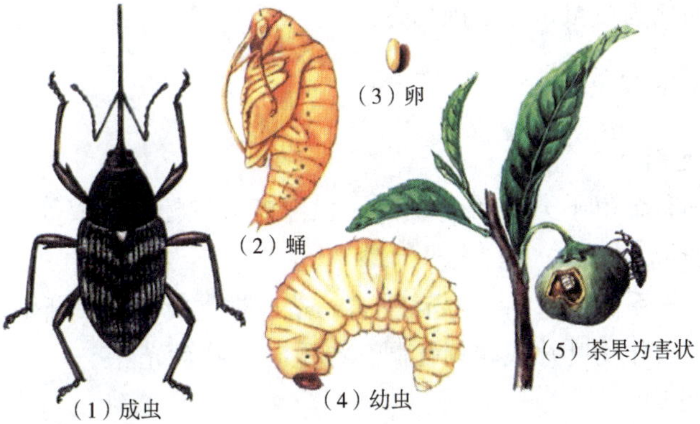

图1－28　茶籽象甲

图1－29 茶丽纹象甲成虫

3. 发生规律

茶枝镰蛾年生一代，以老熟幼虫在受害枝干中越冬。安徽南部及湖南长沙越冬幼虫于翌年4月下旬后化蛹，5月上中旬进入化蛹盛期，5月下旬至7月成虫羽化后交尾产卵，6月上中旬进入羽化高峰期，6月下旬幼虫盛发，8月上旬后开始见到枯梢。茶红颈天牛1～2年发生一代。以幼虫在枝干内越冬。越冬幼虫于4月上旬至5月中旬化蛹，5月上旬至6月中旬出现成虫。成虫期超过20d。6月中旬至7月中旬幼虫孵化。幼虫期约22个月，生活到第3年5月才化蛹。蛹期18～27d。咖啡木蠹蛾在江苏1年发生一代，以幼虫在被害枝条处越冬，翌年3月开始取食；4月中下旬至6月中、下旬化蛹；5月中旬可见成虫羽化；5月底至6月上旬，林间可见到初孵幼虫。茶籽象甲2年发生一代，以当年幼虫和先年新羽化的成虫在土内越冬。越冬成虫于翌年4月下旬陆续出土，5月中旬至6月中旬成虫盛发并产卵于幼果内。幼虫在果内孵化即取食果仁，9～10月间陆续出果入土越冬。越冬幼虫在土中直至第2年10月化蛹，蛹经30d左右羽化为成虫留在土内越冬。

（二）地下害虫

1. 主要类别

主要类别有金龟子类（图1－30）、大蟋蟀、黑翅土白蚁等。

2. 为害症状

幼虫咬断根系，1～2年生茶苗受害，造成枯立死苗；咬断嫩茎，造成缺蔸断行。成虫取食作物叶片成缺刻孔洞，严重时全叶食光。

3. 发生规律

金龟甲类害虫各地均一年发生一代。以幼虫或成虫在土中越冬（其中铜绿金龟甲以幼虫在土中越冬），化蛹、羽化的时间各地不一。一般5～7月为成虫

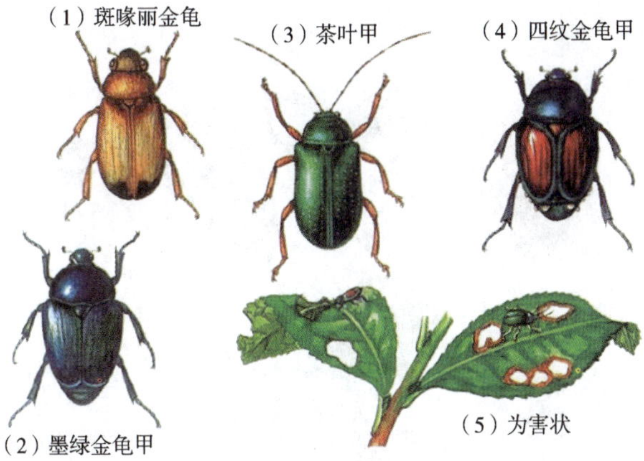

图1-30　金龟甲类（成虫为害）

盛发期。大蟋蟀一年发生四代。以若虫在土穴中越冬。据福建资料，越冬若虫于3月开始活动，6月中旬开始出现成虫，7月下旬开始产卵，9~10月出现新若虫，11月下旬进入越冬状态。

（三）螨类

1. 主要类别

在我国为害茶树的螨类主要是茶橙瘿螨（图1-31）、茶叶瘿螨（图1-31）、侧多食跗线蹒（图1-32）、卵形短须螨（图1-33）、咖啡小爪螨。害螨种类和为害程度因茶区而异。其中茶橙瘿螨和茶叶瘿螨发生较普遍，侧多食跗线螨在四川茶区较严重。

图1-31　茶叶瘿螨和茶橙瘿螨

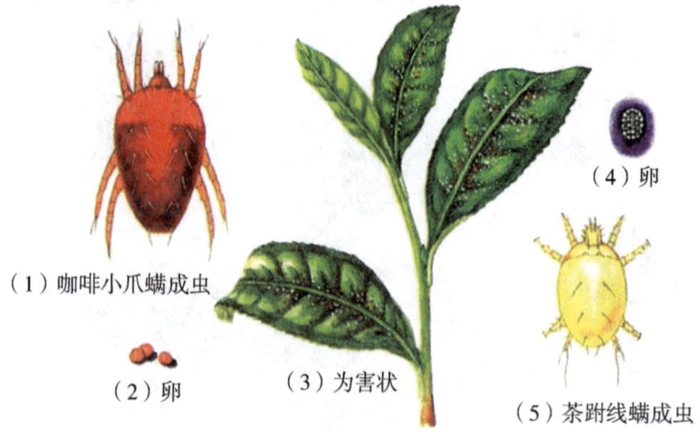

图 1-32　茶跗线螨

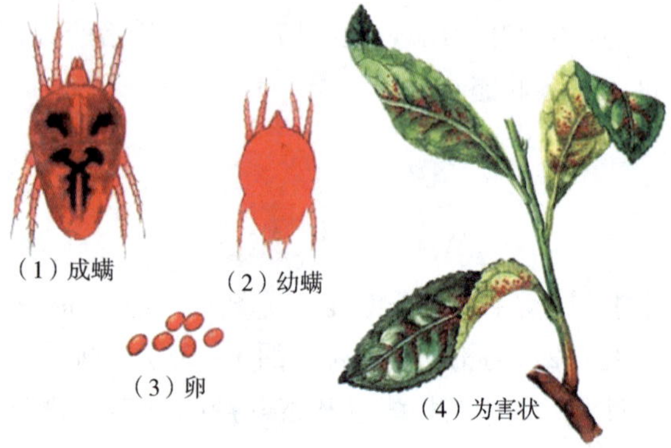

图 1-33　茶短须螨

2. 为害症状

成、若螨刺吸茶树嫩梢芽叶汁液，致使芽叶色泽变褐，叶质硬脆增厚、萎缩多皱、生长缓慢甚至停滞，产量锐减，品质下降等。

3. 发生规律

多系两性生殖，也有单性生殖。单性生殖包括产雄单性生殖、产雌单性生殖和产两性单性生殖。少数种类有卵胎生现象。一年最少 2～3 代，多的 20～30 代。螨类一般以雌成螨越冬，也有雄成螨、若螨或卵越冬的。有些螨有滞育现象，以卵或雌成螨滞育。

三、任务实施

（一）准备工作

1. 资料准备

了解茶园基本环境条件，了解园地的虫害发生基本情况，了解茶园区域历史及实时气象资料，涉及的相关表格内容可参照模块三项目二的“工作任务二 茶叶生产管理档案”中的表3－2、表3－3。

2. 调查工具

橡胶手套、卷尺、工作服、工作鞋、安全帽、药品箱、照相机、铅笔、资料夹、车辆等。

3. 防治器械

LED杀虫灯用于物理防治；背负式机动（或手动）喷雾器用于药剂防治。

4. 防治药剂

根据具体防治对及茶园类型进行准备。

（二）防治工作

1. 制定防治措施

螨类的主要防治措施包括以下几个方面。

（1）及时调查虫口密度，确定最佳防治时期　根据了解的茶园基本情况及虫害发生规律，在虫害发生的季节开展虫口密度调查，调查方法参照表1－15，结合气候特点及企业的经济情况及产品安全要求，合理制定防治措施。

表1－15　部分螨类防治指标和防治适期

虫名	田间虫口调查方法	防治指标	防治适期
茶跗线螨	分散随机选取一批（不少于100张嫩叶）新嫩芽叶（1芽2、3叶），带回室内镜检查虫。	平均每叶螨卵数>5头，有螨芽叶率>30%	始盛期前，6~9月
茶橙瘿螨	采用平行跳跃多点取样（一般取10个，每样地取100片嫩叶），每点取10片叶（内、外层叶各五片），带回室内镜检查虫。	叶面积螨口3~4头/cm^2，或指数值6~8	发生高峰前期，7~9月

（2）采取综合防治措施

①钻蛀性害虫：

a. 以农业技术为主，加强引种茶苗检疫，及时剪除凋萎虫枝，控制蔓延为害；茶树根茎部涂白或客土，防治天牛产卵。

b. 灯光诱杀成虫。

c. 药剂防治。堆砂蛀蛾幼虫、茶梢蛾幼虫潜叶期参照食叶类目害虫用药防治。

②地下害虫：

a. 毒饵诱杀（谷壳、米糠、麦麸干饵炒香，混入少量农药）。诱杀蟋蟀、地老虎（糖醋毒饵诱杀成虫）；毒土施入可毒杀蛴螬幼虫。

b. 灯光诱杀蛴螬成虫。

c. 用甘蔗渣混入少量农药诱杀白蚁。

③螨类：

a. 以农业技术为主，加强肥水管理，增强树势；加强引种茶苗检疫；及时剪除凋萎虫枝，控制蔓延为害；对茶跗线螨及时分批采摘，可抑制其大量发生。

b. 药剂防治。喷施藜芦碱、石硫合剂（非生产季节使用）等。

2. 实施防治

（1）农业防治　加强茶园管理，及时清除杂草。分批多次及时采摘，可大量降低螨类数量。

（2）物理防治　在茶园中安装 LED 杀虫灯可诱杀钻蛀性害虫成虫，减少虫口数量。

（3）药剂防治　根据茶园类型以及虫害发生情况选择恰当的药剂。可采用拌种、撒施毒土、灌药液等办法防治地下害虫，其余可采用药剂均匀喷施茶树叶正反面，施药方式以低容量蓬面扫喷为宜。

3. 防治效果调查

在实施防治后，观察杀虫灯诱集的成虫，结合调查田间幼虫实际发生的情况，成龄茶园观察树体恢复情况，幼龄茶园观察茶苗成活情况，分析防治效果。药剂防治效果评价方法参照本项目“工作任务一　主要食叶类害虫防治”。

四、任务总结

根据以上茶园虫害防治的实施的各个环节，结合田间防治效果，参照 GB 2763—2016《食品安全国家标准　食品中农药最大残留限量》标准，进行分析与总结，掌握田间茶园主要钻蛀性、地下害虫及螨类的防治方法，总结收获与经验。

五、任务评价

训练过程评价见表 1－16。

表 1-16　主要钻蛀性、地下害虫及螨类防治训练过程评价

评价内容		分值	评价标准	得分
准备工作		10	资料、用具准备充分为优秀（9～10 分）；较充分为良好（8～8.9 分）；调查用具齐全、器械科学勉强能完成工作任务为合格（6～7.9 分）；缺核心用具，致使该工作任务完成不好或者无法完成为不合格（0～5.9 分）	
任务实施	茶园基本环境条件调查	5	茶园基本环境条件调查全面且分析科学全面为优秀（4.5～5 分）；调查和分析较全面为良好（4～4.4 分）；调查和分析基本合理为合格（3～3.9 分）；缺少必要信息内容为不合格（0～2.9 分）	
	茶园害虫为害情况调查	20	茶园主要钻蛀性、地下害虫及螨类调查细致深入、调查取样方法正确为优秀（18～20 分）；调查较深入、全面为良好（16～17.9 分）；调查结果分析合理，符合田间实际情况为合格（12～15.9 分）；调查结果不全或与实际不符，为不合格（0～11.9 分）	
	制定防治措施	20	制定防治措施具有针对性，遵循该类虫害的防治特点，选用的防治器械或防治药剂及用量符合茶园标准为优秀（18～20 分）；防治措施合理，较全面为良好（16～17.9 分）；防治措施基本合理为合格（12～15.9 分）；防治措施无针对性或防治药剂选择不符茶园标准为不合格（0～11.9 分）	
	实施防治	25	杀虫灯、色板安装科学合理，拌种、撒施毒土、灌药液等方法正确，且防治效果好为优秀（22.5～25 分）；器械安装合理，药物防治方法合理为良好（20～22.4 分）；器械安装基本合理，药物防治基本方法合理为合格（15～19.9 分）；防治器械安装不合理或施药方法不正确，防治效果不好为不合格（0～14.9 分）	
总结与结论		20	害虫防治效果较好，各项任务指标完成较好，数据分析透彻，准确，综合结论正确，收获及体会较透彻为优秀（18～20 分）；任务完成质量较好，有较多收获为良好（16～17.9 分）；能基本完成任务，有一定收获为合格（12～15.9 分）；核心指标分析不正确为不合格（0～11.9 分）	

评价人：　　　　　　　　　　　　　　　　　　　　评价时间：

工作任务四　主要叶芽部病害防治

一、任务目标

通过任务实施了解茶园叶芽部病害种类；学会识别茶园主要叶芽部病害为

害症状；掌握其发生规律、防治适时期及综合防治的方法。

二、任务知识

（一）茶园主要叶芽部病害类别

茶树是常绿植物，叶部病害种类多，它们对茶叶产量和品质的影响最大。从发病部位来看，可分为嫩芽、嫩叶病害，如茶饼病、茶白星病和茶芽枯病等；成叶、老叶病害，如茶云纹叶枯病、茶轮斑病和茶赤叶斑病等。因病原物生物学特性的差异，这些病害发生在茶树生长季节的不同时期。嫩芽、嫩叶病害一般属低温高湿型，早春季节或高海拔地区发生较重；成叶、老叶病害大多属高温高湿型，一般流行在夏季和秋季。

（二）茶园主要叶芽部病害症状

1. 茶饼病症状

叶片发病时（图1－34），正面初呈淡黄色半透明小点，以后逐渐扩大成直径为2～10mm的病斑。并在叶片正面向下凹陷，而在叶背凸起呈饼状，其上生灰白色粉状物。病斑边缘黑褐色，病、健部分界明显。发病严重时，病部肿胀，卷曲畸形，新梢枯死。

图1－34　茶饼病

2. 茶芽枯病症状

此病（图1－35）主要为害幼嫩芽叶。受害部位初期出现褐色或黄褐色的斑点，芽叶边缘逐渐枯焦，颜色变深，病斑沿叶缘扩大，病健分界不明显；后期受害芽叶扭曲、卷缩、质脆，叶缘破碎，严重时整个嫩梢枯死。病斑上散生许多黑色的小粒点，是病菌的分生孢子器。

图 1－35　茶芽枯病

3. 茶白星病症状

此病（图 1－36）主要危害嫩叶和新梢，尤以芽叶和新叶最多。叶片受害后先呈淡褐色湿润状小点，后逐渐扩大成圆形灰白色小斑，中央凹陷，其上有小黑点，边缘具褐色略隆起的纹线，病健交界处明显。病斑直径 0.8～2.0mm，多时可相互愈合成不规则形大斑。嫩梢及叶柄发病时，病斑呈暗褐色，后逐渐变为灰白色圆形病斑。严重时，病部以上组织全部枯死。

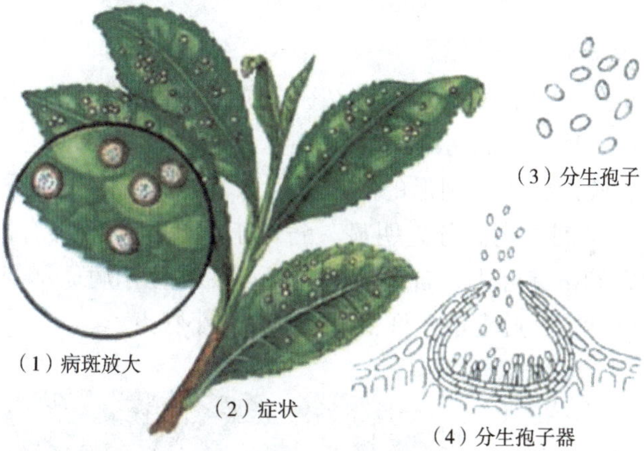

图 1－36　茶白星病

4. 茶炭疽病症状

茶炭疽病（图 1－37）发生于当年生的成叶上。一般从叶片的边缘或叶尖开始，初期为浅绿色病斑，水渍状，迎光看病斑呈现半透明状，后水渍状逐渐扩大，仅边缘半透明，且范围逐渐减少，直至消失。颜色渐转黄褐色，最后变为灰白色，病健分界明显。成形的病斑常以叶片中脉为界，后期在病斑正面散生许多细小的黑色粒点，这是病菌的分生孢子盘。早春在老叶上可见到黄褐色的病斑，其上有黑色小粒点，这是越冬的后期病斑。还可见到表面水渍状正在扩展中的中期病斑。茶园中残留的两种病叶均是初侵染源。发病严重的茶园可引起大量落叶。

图1－37 茶炭疽病症状

5. 茶轮斑病症状

主要发生于当年生的成叶或老叶（图1－38）。病害常从叶尖或叶缘开始，逐渐向其他部位扩展。发病初期病斑黄褐色，渐变褐色，最后呈褐色、灰白色相间的半圆形、圆形或不规则形的病斑。病斑上常呈现有较明显的同心轮纹，边缘有一褐色的晕圈。病健分界明显。病斑正面轮生或散生有许多黑色小粒点。如果发生在幼嫩芽叶上，自叶尖向叶缘渐变褐色，病斑不规则，严重时，罹病芽叶呈焦枯状，芽叶上散生许多扁平状黑色小粒点。

图1－38 茶轮斑病症状

6. 茶云纹叶枯病症状

主要加害叶片，但茶树其他部位，如新梢、枝条和果实也可被感染（图1-39）。成叶和老叶上的病斑多在叶缘或叶尖发生，初呈黄褐色，水渍状半圆形或淡绿色的圆形病斑，逐渐呈散射状扩展。色泽呈暗褐色或赤褐色，一周后病斑由里向外变灰白色，组织枯死，边缘黄绿色，形成灰色、暗褐色和赤褐色相间的不规则斑块，形似云纹状波纹，故名云纹叶枯病。

图1-39　茶云纹叶枯病症状

7. 茶赤叶斑病症状

茶赤叶斑病（图1-40）主要为害当年生的成叶。病斑多从叶尖、叶缘开始，初为淡褐色，后颜色加深，呈红褐色至赤褐色，病部逐渐扩大，呈不规则形，边缘有深褐色隆起线，病健分界明显，病部颜色一致。后期病斑上生许多黑色小粒点，叶背病斑呈淡黄褐色，较叶面色浅。叶上病斑多时可愈合形成不规则形病斑，但色泽略有不同。

图1-40　茶赤叶斑病症状

8. 茶藻斑病症状

此病（图1-41）在叶片正反面均可表现症状，但以正面为主。病叶初生针尖状黄褐色的小圆点，开始近乎十字形，病斑后期成放射状，向四周扩展蔓延，形成圆形或不规则形病斑，大小0.5~10mm，灰绿色至黄褐色；病斑突起，表面有细条状的毛毡状物，边缘不整齐，后期转呈暗褐色，表面平滑。

图1-41 茶藻斑病症状

9. 茶煤病症状

发病初期在叶表面发生近圆形或不规则形的黑色煤层斑，逐渐扩大，以致覆盖整片叶，后期在黑色烟煤上产生短刺毛状物，色泽深黑，煤层厚而疏松，严重时，茶园呈现一片暗黑色，影响茶树正常的光合作用，使芽叶生长受阻（图1-42）。

图1-42 茶煤病症状

（三）茶园主要叶芽部病害发病规律

1. 茶饼病发病规律

茶饼病菌主要以菌丝体潜伏于活的病叶组织中越冬、越夏，越冬、越夏的病菌在平均气温为15～20℃、相对湿度为85%以上时即可产生担孢子，阴雨多湿的条件有利于发病，一般春茶期3～5月和秋茶期9～10月间发生严重。丘陵、平地的郁蔽茶园，多雨情况下发病重，多雾的高山、高湿凹地茶园发病重。

2. 茶芽枯病发病规律

茶芽枯病以菌丝体或分生孢子器在老病芽叶或越冬芽叶中越冬。于翌年春茶萌芽期（3月底至4月初）开始发病，春茶盛采期（4月中旬至5月上旬）气温在15～25℃、湿度大时发病较重。萌芽早的品种发病重。

3. 茶白星病发病规律

病菌以菌丝体或分生孢子器在病叶或落叶组织中越冬，翌年春季当气温在10℃以上、在有水湿条件下形成分生孢子，成为病害的初次侵染源，借风雨传播。土壤瘠薄、偏施氮肥、管理不当等易引发病害，每年4～5月发生最重。

4. 茶炭疽病发病规律

茶炭疽病菌主要以菌丝体或分生孢子盘在病叶组织中越冬，翌春气温上升到达20℃以上，在有雨的情况下或相对湿度大于80%以上，病斑上形成分生孢子，借风雨传播蔓延。温度25～27℃、高湿条件下有利于发病。全年以梅雨季节和秋雨季节发生最重。

5. 茶轮斑病发病规律

以菌丝体或分生孢子盘在病组织中越冬。翌年春季在适温高湿条件下产生分生孢子，从叶片伤口或表皮侵入茶树组织产生新病斑，并产生分生孢子，随风雨传播，进行再浸染。高温高湿的夏秋季发病较多，全年以秋季发生较重。

6. 茶云纹叶枯病发病规律

以菌丝体或分生孢子盘在树上病组织或土表落叶中越冬，成为翌春的初次侵染源。翌年春季，在潮湿条件下病斑上形成分生孢子，由于分生孢子产生于粘质的分生孢子盘中，主要依靠雨水传播，高温高湿发病重，以6月和8月下旬至9月上旬发生最多。

7. 茶赤叶斑病发病规律

病菌的菌丝体和分生孢子器在病叶组织中越冬。翌年5月在适宜条件下产生分生孢子，借风雨及水滴溅射传播。该病属于高温高湿型病害，每年5～6月开始发生，7～9月发病最盛。凡6～8月持续高温，降水量少，茶树易受日灼伤的最易发病。

8. 茶藻斑病发病规律

病原藻以营养体在病叶上越冬，翌春温湿度等环境条件适宜时，产生孢子囊和游动孢子，游动孢子借风雨传播，落到健康叶片的表面，在表皮细胞间蔓延发展，形成新的病斑，新病斑上又形成孢子囊和游动孢子，实现新一轮的再侵染。

9. 茶煤病发病规律

病原菌以菌丝体、分生孢子器或子囊果在病叶中越冬。翌春环境条件适宜时，产生分生孢子或子囊孢子，随风雨传播，落到粉虱、蚜虫和蚧类的分泌物上，吸取养料生长繁殖，再次产生各种孢子，又随风雨或昆虫传播，引起再侵染。

三、任务实施

（一）准备工作

1. 资料准备

了解茶园基本环境条件，了解园地的病害发生基本情况，了解茶园区域历史及实时气象资料，涉及的相关表格内容可参照模块三项目二的“工作任务二 茶叶生产管理档案”中的表3－2、表3－3。

2. 调查工具

橡胶手套、卷尺、工作服、工作鞋、安全帽、药品箱、照相机、铅笔、资料夹、车辆等。

3. 防治器械

修剪机，用于农业防治；背负式机动（或手动）喷雾器，用于药剂防治；各器械具体准备规格型号，台套数等根据企业经济实力及茶园面积确定。

4. 防治药剂

根据具体防治对及茶园类型进行准备。

（二）实施工作

1. 制定防治措施

根据了解的茶园基本情况及病害发生规律，在病害发生的季节按照表1－17的方法及时开展调查，确保未错过最佳防治时间，一旦发现达到防治指标，结合当地的气候特点，合理制定防治措施。

（1）部分芽叶部病害防治指标和防治适期

表1-17　部分芽叶部病害防治指标和防治适期

病名	田间病害调查方法	防治指标	防治适期
茶饼病	对角线取样点10个，每点取0.5m行长内所有芽稍，调查总叶片数和病叶数	芽稍罹患率35%	在春、秋季发病期内，5d中有3d上午日照＜3h，或降雨量≥2.5～5mm
茶白星病	发病流行期，每7d调查一次，5点取样，每样点取样100个芽叶，检查发病情况	芽稍罹患率6%	早治，芽稍罹患率小于6%
茶芽枯病	3月下旬至6月下旬，每7d调查一次，5点取样，每样点取样100个芽稍，检查发病情况	芽叶罹患率4%～6%	早治，芽稍罹患率小于4%
茶云纹叶枯病	从春茶芽叶萌动期至秋茶采摘结束，每7d调查一次。取样时，去除边行5行及行头、行尾5m，每隔10行取一行，定距10步或20步，从左右行随机各取一枝茶枝，计数总叶片数和病叶数	成叶罹患率10%～15%	当新叶发病率达10%时预报，达15%立即组织防治
茶红锈藻病	以5点取样法或行间左右取样，按不同部位方向或一定行距、步距均匀取30丛，计算发病率和病情指数	越冬期病枝率＞30%	大田调查中，若发病率＞30%，病情指数＞25%或发病率达50%左右、病情指数在20%以下，当春天气温上升到26℃左右且相对湿度达85%左右，为防治适期

（2）采取综合防治措施

①农业措施：增施磷钾肥，增强树势抗病性，选用抗性品种；

②加强测报，发病初期喷施百菌清、甲基托布津等杀菌剂；

③茶饼病可用25%三唑酮或硫酸铜液进行防治；

④非采摘期喷施波尔多液可减轻来年叶部病害的发生；秋季结束后喷施石硫合剂，可有效抑制病害的蔓延和浸染。

2. 防治工作

（1）农业防治　除草以利通风透光，减少荫蔽程度，降低湿度；合理施肥，适当增施磷钾肥，以增强树势，提高茶树抗病力；分批多次采摘，尽量少留嫩梢、嫩叶，以减少侵染的机会；摘除病叶，彻底摘除病叶和有病的新梢，减少再次侵染的菌源。

（2）药剂防治　施用多抗霉素、吡唑醚菌酯、苯醚甲环唑、75%百菌清、80%代森锌等。

3. 防治效果调查

在实施药剂防治时，分别在药后7、10、15d调查田间病情，分析防治效果，参照下式计算。

$$\text{相对防治效果}=\frac{\text{对照区病情指数}-\text{处理区病情指数}}{\text{对照区病情指数}}\times 100\%$$

$$\text{校正绝对防治效果}=\frac{\text{防治区病情指数下降率}\pm\text{对照区病情指数下降率}}{1\pm\text{空白对照区病情指数下降率}}\times 100\%$$

四、任务总结

根据以上茶园病害防治实施的各个环节，结合田间防治效果，参照GB 2763—2016《食品安全国家标准　食品中农药最大残留限量》标准，进行分析与总结，掌握茶园中主要叶芽部病害防治方法，总结收获与经验。

五、任务评价

训练过程评价见表1-18。

表1-18　主要叶芽部病害防治训练过程评价

评价内容		分值	评价标准	得分
准备工作		10	茶园历史资料如茶园的茶树品种，树龄、往年发生的病害情况等、调查及防治用具准备充分为优秀（9~10分）；较充分，为良好（7~8.9分）；基本齐全为合格（5~6.9分）；缺核心用具，致使该工作任务完成不好或者无法完成为不合格（0~4.9分）	
防治工作	茶园基本情况调查	5	茶园基本情况如茶园面貌，周边环境条件等，调查全面且分析科学合理优秀（4.5~5分）；较全面为良好（4~4.4分）；基本齐全为合格（3~3.9分）；缺少必要信息内容为不合格（0~2.9分）	
	茶园叶芽部病害重点调查	20	叶芽部病害调查细致深入，病害发生类别判断正确，调查结果可信为优秀（18~20分）；调查结果分析合理，符合田间实际情况为良好（16~17.9分）；调查分析基本合理为合格（12~15.9分）调查结果不全或与实际不符，为不合格（0~11.9分）	

续表

评价内容		分值	评价标准	得分
防治工作	制定防治措施	20	根据茶园病害发生程度选用恰当的防治方法，选用的防治器械或防治药剂及用量符合该病害的防治特点以及茶园卫生要求，为优秀（18～20分）；防治方法较恰当为良好（16～17.9分）；防治措施基本合理（12～15.9分）；防治措施无针对性或防治药剂选择不符茶园标准为不合格（0～11.9分）	
	实施防治	25	除草、施肥、摘除病叶等方法正确且防治效果好，药剂配置及使用方法正确为优秀（22.5～25分）；防治效果较好为良好（20～22.4分）；防治措施基本合理且具有一定防治效果为合格（15～19.9分）；肥水管理或药剂配制使用不合理，防治效果不好为不合格（0～14.9分）	
总结与结论		20	叶芽部病害防治效果较好，各项任务指标完成较好，数据分析透彻，准确，综合结论正确，收获及体会较透彻为优秀（18～20分）；任务完成质量较好，有较多收获为良好（16～17.9分）；能基本完成任务，有一定收获为合格（12～15.9分）；核心指标分析不正确为不合格（0～11.9分）	
备注		90～100分为优秀；80～89分为良好；60～79分为合格；0～59分为不合格		

评价人：　　　　　　　　　　　　　　　　评价时间：

工作任务五　主要根部病害防治

一、任务目标

通过任务实施了解茶园根部病害种类；学会识别茶园主要根部病害为害症状；掌握其发生规律、防治适时期及综合防治的方法。

二、任务知识

（一）茶园主要根部病害类别

根部病害也是茶树病害的重要类型，其中茶根癌病、茶根结线虫病和茶白绢病都发生在苗期，全国各大茶区均有发生，常引起茶苗的大量死亡；茶紫纹羽病在我国长江以北及长江以南茶区小叶种茶树上发生较重。

（二）茶园主要根部病害症状

1. 茶苗根结线虫病症状

此病（图1-43）是由一种很小的线虫引起，当线虫侵入茶根后，使根部形成肿瘤，形似黄豆、菜籽等，且大小不一，受害根系无须根，畸形，有时根系末端比前端粗，病株地上部分生长不良，植株矮小，生长衰弱，叶片发黄，干旱季节叶片易大量脱落而枯死。

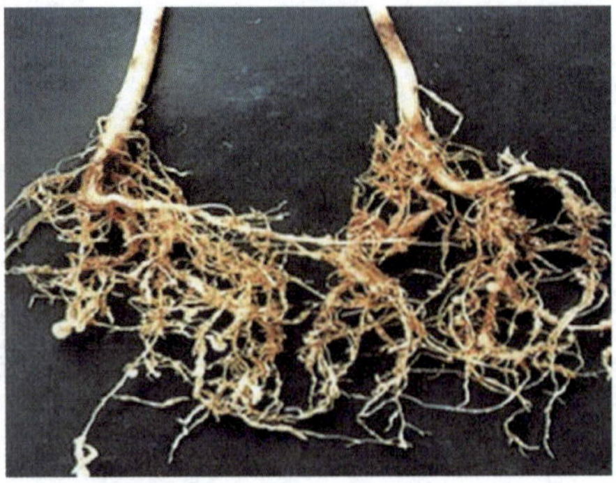

图1-43　茶苗根结线虫病

2. 茶苗白绢病症状

发生在根颈部（图1-44），病部初呈褐色斑，表面生白色棉毛状物，扩展后绕根颈一圈，形或白色绢丝状菌膜，可向土面扩展。后期在病部形成油菜籽状菌核，由白色转黄褐色至黑褐色。由于病菌的致病作用，病株皮层腐烂，水分、养分运输受阻，叶片枯萎、脱落，最后全株死亡。

图1-44　茶苗白绢病

3. 茶根癌病症状

以扦插苗圃中常见，主侧根均可受害（图1－45）。病菌从扦插苗剪口或根部伤口侵入，初期产生淡褐色球形突起，以后逐渐扩大呈瘤状，小的似粟粒，大的像豌豆，多个瘤常相互愈合成不规则的大瘤。瘤状物褐色，木质化而坚硬，表面粗糙。茶苗受害后须根减少，地上部生长不良或枯死。

图1－45　茶根癌病

4. 茶紫纹羽病症状

为害根部或根颈部（图1－46），先是须根腐烂，然后蔓延到侧根，腐烂后呈紫褐色，病斑表面布满紫褐色丝状物，病根表面上有半球形的颗粒状菌核，茎基部常被紫红色的苗丝包围，质地柔软；易剥落，根部皮层也易剥落，严重时地上部分萎蔫，新梢发芽减少，病株枯死。

图1－46　茶紫纹羽病

（三）茶园主要根部病害发病规律

1. 茶苗根结线虫病发病规律

借助流水、农具等传播，从根尖侵入，刺激根部形成虫瘿。根结线虫是喜高温干燥的好气性生物，1年发生多代，当土温达20～30℃，土壤湿度为40%～

70%时，完成一代为20~30d。生长最适土温为25~30℃，高于40℃或低于5℃时，线虫很少活动。

2. 茶苗白绢病发病规律

病菌主要以菌核遗留于土壤内或附着于病组织上越冬。来年当环境适宜时，菌核萌发产生菌丝体在土表蔓延伸展，遇寄主进行侵染。菌核耐干旱，在土壤中可存活5~6年。病株上的菌丝亦可在土表延伸到邻近茶苗为害。病菌可借雨水、流水传播，也可通过农事活动、苗木调运扩大传播。

3. 茶根癌病发病规律

茶根癌细菌在病株周围的土壤中或病组织中越冬。该菌是一种土壤习居菌，在土壤或枯枝落叶中可以以腐生状态存活多年。春季当环境条件适宜时，病菌借雨水、灌溉水、地下害虫以及农事活动等近距离传播。远距离传播主要是苗木的调运。

4. 茶紫纹羽病发病规律

以菌丝体、根状菌索和菌核在土壤中越冬。其中菌核在土壤中可以存活3~5年。病菌可通过流水、农事活动和病健根接触侵染为害，且以病健株接触传染为主。籽实层上的担孢子可借风雨传播，但在病害循环中作用不大。远距离传播主要是带菌苗木的调运。

三、任务实施

（一）准备工作

1. 资料准备

了解园地的病害发生流行基本情况，了解茶园区域历史及实时气象资料。

2. 调查工具

橡胶手套、卷尺、工作服、工作鞋、安全帽、药品箱、照相机、铅笔、资料夹、车辆等。

3. 防治器械

锄头、背负式机动喷雾器、浇灌器械等，具体准备规格型号等根据企业经济实力及茶园面积确定。

（二）实施工作

1. 制定防治措施

根据了解的茶园基本情况及病害发生规律，在病害发生的季节按照调查方法开展调查，结合当地的气候特点，企业的经济情况及产品安全要求，即刻制定防治措施。

（1）栽培管理 选用无菌健苗，发现病苗及时挖除烧毁；注意茶园排水，改良土壤，促进苗木健壮，增强抗病力；适当增施磷钾肥等。

（2）药剂防治 用福尔马林30倍稀释液浇灌土壤，发病初期用高锰酸钾或多菌灵1000倍稀释液浇灌根颈部。

2. 实施防治

（1）农业防治 参照本任务防治措施中的栽培管理方法。

（2）药剂防治 茶苗白绢病发现病株拔除后周围换新土并施入杀菌剂，如0.5%硫酸铜溶液或70%甲基托布津可湿性粉剂1000倍液，消毒后再补苗，感病茶园喷施70%甲基硫菌灵可湿性粉剂1000倍液，连喷3次，喷匀喷透，严重时用其涂抹病株；茶紫纹羽病局部发病的茶园，挖除病株及根部残余物在其周围挖40cm深沟，用40%福尔马林20~40倍稀释液浇灌土壤，处理后覆土并用塑料布覆盖24h，各10d在浇灌一次，也可用50%甲基硫菌灵可湿性粉剂500倍液灌根。

3. 防治效果调查

在实施防治后，分别在药后7、10、15d调查田间病情，分析防治效果，参照下式计算。

$$相对防治效果=\frac{对照区病情指数-处理区病情指数}{对照区病情指数}\times 100\%$$

$$校正绝对防治效果=\frac{防治区病情指数下降率\pm 对照区病情指数下降率}{1\pm 空白对照区病情指数下降率}\times 100\%$$

四、任务总结

根据以上茶园病害防治的实施的各个环节，结合田间防治效果，参照GB 2763—2016《食品安全国家标准 食品中农药最大残留限量》标准，进行分析与总结，掌握茶园中根部病害的综合防治方法，总结收获与经验。

五、任务评价

训练过程评价见表1-19。

表1-19 主要根部病害防治训练过程评价

评价内容	分值	评价标准	得分
准备工作	10	茶园历史资料如茶园的茶树品种，树龄、往年发生的病害情况等、调查及防治用具准备充分为优秀（9~10分）；较充分，为良好（8~8.9分）；基本齐全为合格（6~7.9分）；缺核心用具，致使该工作任务完成不好或者无法完成为不合格（0~5.9分）	

续表

评价内容		分值	评价标准	得分
任务实施	茶园基本情况调查	5	茶园基本情况如茶园面貌，周边环境条件等，调查全面且分析科学合理优秀（4.5～5分）；较全面为良好（4～4.4分）；基本齐全为合格（3～3.9分）；缺少必要信息内容为不合格（0～2.9分）	
	茶园叶芽部病害重点调查	20	根部病害调查细致深入，病害鉴别准确为优秀（18～20分）；调查结果分析合理，符合田间实际情况为良好（16～17.9分）；调查分析基本合理为合格（12～15.9分）；调查结果不全或与实际不符，为不合格（0～11.9分）	
	制定防治措施	20	选用恰当的防治方法，选用的防治器械或防治药剂及用量符合该病害的防治特点以及茶园卫生要求，为优秀（18～20分）；防治方法较恰当为良好（16～17.9分）；防治措施基本合理（12～15.9分）；防治措施无针对性或防治药剂选择不符茶园标准为不合格（0～11.9分）	
	实施防治	25	栽培管理措施正确且防治效果好，药剂如高锰酸钾、福尔马林等配制及使用合理为优秀（22.5～25分）；防治效果较好为良好（20～22.4分）；防治措施基本合理且具有一定防治效果为合格（15～19.9分）；肥水管理或药剂配制使用不合理，防治效果不好为不合格（0～14.9分）	
总结与结论		20	根部病害防治效果较好，各项任务指标完成较好，数据分析透彻，准确，综合结论正确，收获及体会较透彻为优秀（18～20分）；任务完成质量较好，有较多收获为良好（16～17.9分）；能基本完成任务，有一定收获为合格（12～16.9分）；核心指标分析不正确为不合格（0～11.9分）	
备注		90～100分为优秀；80～89分为良好；60～79分为合格；0～59分为不合格		

评价人：　　　　　　　　　　　　　　　　评价时间：

工作任务六　气象性灾害防护

一、任务目标

了解茶园气象性灾害种类，掌握茶园中常见气象灾害的防护知识、方法和技能。

二、任务知识

（一）茶园旱热害症状

茶树遭遇长时间的高温、干旱和强光照后，出现叶片变色，枯焦、脱落，枝条干枯直至整株茶树死亡。按照不同受害程度将受害茶园分为轻度、中度和重度受害茶园。

（二）茶树雪灾冻害症状

茶树雪灾冻害后，出现茶树枝条折断、叶片变色干枯、枝干枯死等不同程度的危害症状。

三、任务实施

（一）资料准备和用具准备

（1）向当地气象部门索取气象资料。

（2）了解园地的基本情况，如茶树树龄、茶园面貌等。

（3）调查工具：卷尺、铅笔、资料夹、工作服、工作鞋、安全帽、药品箱、车辆等。

（4）防护材料：修枝剪、肥料、遮阳网等。

（二）任务实施

1. 灾情调查

带上准备好的用具前往受灾茶园进行调查，调查旱灾、冻害的受灾程度，受灾面积等。

2. 制定防护措施

根据调查结果，按照茶园受灾情况，选择恰当的防护措施，制定防护方案。

（1）高温干旱期间茶园减灾技术措施　高温干旱期间不要进行采摘、修剪、施肥、喷药、耕作和除草等农事操作，应采用早晚喷灌灌溉、遮阴覆盖、田间铺草等减灾技术措施。

（2）高温干旱期间茶园恢复措施

①茶树轻度或中度受害：可不修剪，留枝养蓬；茶树重度受害，应适当修剪（在枯死部位以下1~2cm处修剪）。

②加强肥培管理：高温干旱缓解，茶树恢复生长，新芽萌发至1~2叶后，成龄茶园亩施10~20kg复合肥，幼龄茶园亩施5~10kg复合肥，茶树长势恢复之前不宜过多施用肥料。

③做好秋茶留养：受旱茶园无论是否修剪，秋茶均应留养，以复壮树冠。秋末茶树停止生长后，茶芽尚嫩绿的宜进行一次打顶或轻修剪。

（3）茶园雪灾冻害防护措施

①地面覆盖：可用塑料薄膜进行地面覆盖，也可就地取材，利用稻草或其他秸秆或山茅草铺盖行间及根部，覆盖厚度5cm左右。

②喷灌保温：在有喷灌设施的茶园，开启喷灌系统，提高树温和地温，对度过严寒冰冻有重要作用。

③培土保温：有劳力的地方可以考虑培土保温，培土可保护茶树根系和根颈安全越冬，培土厚度为30~50cm。

④搭棚保温：在特别低温的情况下，必须应用设施栽培技术，可以根据实际情况建设搭棚，也可以在茶行上搭小棚，是度寒防冻的保险措施。值得注意的是，有些茶园布置了防霜扇，对冬季防寒的作用有限，不可盲目使用。

⑤适时轻修剪：对于受冻茶园，冬季寒冷时不要修剪，待气温回暖后，及时进行轻修剪，清除枯枝、冻伤枝，以促发新梢。

⑥加强土壤管理：春季气温回升后，要做好土壤管理工作，根据实际情况开沟排水、中耕除草，促进根系活动。

⑦注重施肥：为尽快恢复受冻落叶后的树势，必须注重施肥。在春季气温回升后，可以按每亩约30kg复合肥的量施足追肥，条件允许时可增加喷施叶面肥，叶面肥可用0.5%尿素和0.2%磷酸二氢钾混施，促进恢复树势。

3. 调查防护效果

分别在实施防护前后，调查茶园受害程度，分析防护效果。茶园受害程度可根据以下分级标准（表1-20）进行评价。

表 1－20　冻害和旱害的分级标准

害性分级	受害程度	代表数值
第一级	完全不受害	0
第二级	受害叶片在5%以内	1
第三级	受害叶片在5%～25%	2
第四级	受害叶片在25%～50%	3
第五级	受害叶片在51%～70%	4
第六级	受害叶片在76%～100%	5

四、任务总结

根据以上茶园气象性灾害防护实施的各个环节，结合田间防护效果，进行分析与总结。

五、任务评价

训练过程评价见表1－21。

表 1－21　气象性灾害防护训练过程评价

评价内容		分值	评价标准	得分
准备工作		20	资料、用具准备充分为优秀（18～20分）；较充分，为良好（16～17.9分）；调查用具如修枝剪、肥料、遮阳网齐全、器械科学勉强能完成工作任务为合格（12～15.9分）；缺核心用具，致使该工作任务完成不好或者无法完成为不合格（0～11.9分）	
任务实施	茶园受灾情况调查	15	茶园受灾情况调查全面且分析科学合理，为优秀（13.5～15分）；调查结果分析合理，符合田间实际情况为良好（12～13.4分）；调查分析基本合理为合格（9～11.9分）；调查结果不全或与实际不符，为不合格（0～8.9分）	
	制定防护措施	20	能根据茶园受灾程度选择恰当的防护措施，具有针对性且科学可行，防护方案详细且符合茶园要求为优秀（18～20分）；能选择恰当的防护措施，防护方案合理为良好（16～17.9分）；防护措施、防护方案基本合理为合格（12～15.9分）防治措施无针对性或防治药剂选择不符合茶园标准为不合格（0～11.9分）	

续表

评价内容		分值	评价标准	得分
任务实施	实施防护	25	茶园的肥水管理、灾后防护措施实施遵循茶园实际要求，防护方法正确，防护效果好，为优秀（22.5～25分）；茶园灾后防护措施较好，为良好（20～22.4分）；防护措施基本合理，为合格（15～19.9分）；防护措施不当，防护效果不好为不合格（0～14.9分）	
总结与结论		20	茶园灾害防护方案制定合理，防护效果好，各项指标数据分析透彻，准确，综合结论正确，经验积累较多，收获大为优秀（18～20分）；能较好地完成该工作任务，有一定的收获为良好（16～17.9分）；基本能完成工作任务为合格（12～15.9分）；工作任务完成质量不高，无法解决核心问题，总结不全面为不合格（0～11.9分）	
备注		90～100分为优秀；80～89分为良好；60～79分为合格；0～59分为不合格		

评价人：　　　　　　　　　　　　　　　　评价时间：

项目四　茶鲜叶采收及茶青管理

工作任务一　茶叶采摘

一、任务目标

通过任务实施学会制定茶叶采摘计划；学会组织及管理采茶工人；学会如何培训采茶工人，使其采得又快又好；掌握茶叶采摘的关键技术环节及经验。

二、任务知识

（一）采摘标准

茶叶的采摘标准应包括采摘与留养两方面的标准，目前生产上的采摘标准基本上是考虑生产的茶类、茶树的生育状况、生育特点等方面因素，归纳为依茶类、树龄、树势的采摘标准，具体标准如下。

1. 依茶类不同的采摘标准

分为细嫩采、适中采、成熟采、特种采四种采摘标准。

（1）细嫩采　采用这种采摘标准采制的茶叶，主要用来制作高级名茶。一般是采摘茶芽和一芽一叶以及一芽二叶初展的新梢。

（2）适中采　采用这种采摘标准采制的茶叶，主要用来制作大宗茶类。一般以采一芽二叶为主，兼采一芽三叶和幼嫩的对夹叶。

（3）成熟采　采用这种采摘标准采制的茶叶，主要用来制作边销茶，一般采摘一芽四、五叶和对夹三、四叶。

（4）特种采　这种采摘标准，主要用来制作一些传统的特种茶，如乌龙茶（铁观音）等。采摘标准是等新梢长到顶芽停止生长，顶叶尚未“开面”时采下二至四叶比较适宜，俗称“开面采”。

2. 依树龄、树势的采摘标准

（1）幼年茶树的采摘　采摘原则：以养为主，以采为辅。幼年茶树生长势良好的，可以在2足龄（第1次定型修剪后）时养好春、夏茶，到秋季树冠高度超过60cm时分批打顶采至茶季结束；3足龄茶树春茶末时打顶采摘，夏茶留二、三叶采摘，秋茶留鱼叶采摘。

（2）成年茶树的采摘　采摘原则：以采为主，以养为辅，多采少留，采养结合，以延长丰产年限。一般全年应有一季留真叶采摘，通常采用夏留一叶采摘。

（3）更新茶树的采摘　以养为主，采养结合。深修剪茶树在修剪当年春、秋茶留鱼叶采摘；第2年轻修剪后，即可按成年茶树正常采摘。重修剪茶树当年夏茶留养不采摘，秋茶末期可打头采；第2年春茶末期打头采摘，夏茶留二叶采摘，秋茶留鱼叶采摘；第3年春留一、二叶采摘，夏留一叶采摘，秋留鱼叶采摘，以后即正常留叶采摘。台刈茶树当年夏茶留养不采摘，秋茶末期打头采摘；第2年春、夏茶末期分别打头采摘，秋茶留鱼叶采摘；第3年春茶留二、三叶采摘，夏茶留一、二叶采摘，秋茶留鱼叶采摘；第4年正常留叶采摘。

（二）采摘适时期

1. 手采适时期

茶园人工采摘受劳动力的多少、气候及采摘标准等多方面的限制，采摘适时期的确定较为灵活。在正常情况下，名优茶采摘，100亩以下的茶园，一般当园地里10%左右的新梢生长到所需采摘的质量标准时；100亩以上的茶园，5%左右的新梢生长到所需采摘的质量标准时，即可开采。大众茶采摘，一般当园地里15%左右的新梢生长到所需采摘的质量标准时，即可开采。

2. 机采适时期

目前成熟的机采方式为中低档茶的采摘，一般质量标准为一芽二、三、四叶，一般春茶机采，当园地里60%左右的新梢生长到所需采摘的质量标准，夏秋茶80%左右的新梢生长到所需采摘的质量标准，即可开采。

三、任务实施

（一）准备工作

1. 制定采摘计划

每年年初，根据茶园面积、茶园长势、茶树品种特征、上一年产量、收购茶鲜叶的加工企业的产品结构要求等因素，制定年度采摘计划。计划主要内容为：春、夏、秋茶采摘的质量标准、等级计划数量、采摘方式（手采、机采）、采摘工来源，采摘预算经费等。

2. 采摘工具及材料准备

（1）鲜叶盛装工具　有竹篮、竹篓、背篓。给没有采摘工具或采摘工具不规范，携带塑料袋、金属盆等用具的采摘工临时备用。可避免茶青因不透气闷坏，尤其是名优茶青。数量根据实际情况确定。

（2）采茶机　有单人采茶机、双人采茶机，具体购买型号可根据采摘质量要求确定。如果质量标准要求以一芽二、三叶为主的，一般采用单人采茶机，质量要求粗老一些的，用双人采茶机。具体台套数根据茶园面积、计划采摘数量、采茶机的台时产量等因素确定。

（3）运输工具　如果是机械采摘，由于茶青量大，需要运输车辆将鲜叶运回茶场交付验收，一般租赁农用车。

（4）辅料及配件准备　采茶机用的汽油、机油、磨刀片的工具及易损配件的准备。具体数量根据使用机械的台数确定。

3. 采摘工准备

人工采摘需要大量的采工，开采前，必须预组织采茶工，以防茶青不能及时下树。采茶工人主要来源三个方面，一是来源当地老百姓，开采前几天，必须安排专人走访临近的村寨，宣传开采相关事宜，同时通过询问往年当地采工数量，估算日均采工数量；二是来源往年外来熟练采工，开采前10d左右，安排专人联系上一年外来熟练采工，估算今年到位人数；三是通过劳务公司招聘新的采茶工人，至少在开采前1个月左右和劳务公司洽谈，商议招聘采茶工相关事宜，并签订劳务输出协议。

4. 采摘工食宿准备

根据采工准备情况，预判食宿在茶场的外来采工人数，必须提前安排好食宿，给采工一个相对舒适的环境，让其安心采茶，这也是留住外来采茶工的重要条件之一。

5. 采摘时间的确定

根据茶园长势情况、当地的气候情况、往年开采期、以及茶叶采摘标准，至少提前 1 周确定开采时间，并通知采茶工。

（二）实施采摘

1. 手工采摘

（1）采茶工培训　由于采茶工自由度大，很难统一培训和管理。具体培训分三方面进行，一是对食宿在茶场的采茶工、当地有威望的，能长期进行采摘的茶农采取集中培训的方式，让其带动左邻右舍，培训的内容主要有采摘标准、采摘方法、采摘注意事项、纪律安全要求、采摘费支付方式（为了留住采工、同时保障采工的资金安全，一般采取定期支付的方式，具体间隔期与采工协商）等；二是对当地自由采茶工采取茶园分散现场培训的方式，开采后的一周时间里，技术人员每天清晨和午饭后，应深入茶园对采茶工相对集中的地方进行现场培训；三是收青的时候，技术人员针对有代表性的采摘鲜叶进行现场培训。

（2）名优茶采摘　当茶园的新梢达到名优茶所要求的采摘标准后，进行开采，尽量分片采摘，先采发芽较好的茶园，采摘过程中指导采工用左手接住枝条，右手的食指和拇指夹住细嫩新梢的芽尖和一、二片细嫩叶，轻轻地用力将芽叶折断采下。注意不能用指甲掐采或者带蒂掰下，不能采病虫叶、受伤叶，不带老叶、鱼叶、鳞片及其他杂物，一定要用透气性较好的竹篮、竹篓盛装。

（3）大宗茶采摘　当茶园的新梢达到所要求的采摘标准后，进行开采，一般要求双手采摘，两手掌靠近于采面上，两手相互配合，交替进行，掌心向下或向上，用拇指、食指配合中指，夹住新梢把符合标准的芽叶采下投入茶篮中。要求用透气性较好的竹背篓盛装，保持松抛，不能踩压，防止发烧红变。

2. 机械采摘

当茶园的新梢达到所要求的机械采摘标准后，立即进行机采。机采前最好选择熟悉采茶机的熟练操作手，如是生手，必须事前培训。双人采茶机，每台机子需配备 4 ~ 5 名采茶工，其中 2 名操作采茶机、1 名拉装茶布袋，1 ~ 2 名装运茶青。单人采茶机每台机子需配备 3 ~ 4 名采茶工，其中 1 名操作采茶机、1 名拉装茶布袋、1 ~ 2 名装运茶青。采摘过程中要求采集茶青标准尽量一致，切忌一刀切。同时一定要按照采茶机的操作手册进行操作，保证安全。

四、任务总结

通过任务实施过程，总结采摘过程中如何组织及培训采茶工，如何因树、因时、因产品结构合理实施采摘等关键技术要点。分析总结通过该项任务的实施有何收获和体会。

五、任务评价

训练过程评价见表1－22。

表1－22　茶叶采摘训练过程评价表

<table>
<tr><th colspan="2">评价内容</th><th>分值</th><th>评价标准</th><th>得分</th></tr>
<tr><td colspan="2">制定采摘计划</td><td>10</td><td>根据茶园面积、茶园长势、上一年产量、收购茶鲜叶的加工企业的产品结构要求等因素制定合理的采摘计划为优秀（9～10分）；采摘计划等级、数量等关键要素正确，可操作性强为良好（8～8.9分）；采摘计划基本合理，有一定操作性为合格（6～7.9分）；采摘计划关键指标不合理，为不合格（0～5.9分）</td><td></td></tr>
<tr><td rowspan="3">任务实施</td><td>工具及材料准备</td><td>10</td><td>能根据采摘方式、鲜叶质量标准、企业经营情况等合理准备工具为优秀（9～10分）；工具及材料准备较合理为良好（8～8.9分）；基本合适，质量一般为合格（6～7.9分）；缺核心用具，质量不符合标准，致使该工作任务完成不好或者无法完成为不合格（0～5.9分）</td><td></td></tr>
<tr><td>采茶工准备</td><td>20</td><td>组织渠道广、组织措施得力，能组织充足的采茶工确保当季茶叶下树率达90%以上为优秀（18～20分）；组织的采茶工确保当季茶叶下树率达80%以上为良好（16～17.9分）；组织的采茶工确保当季茶叶下树率达60%以上为合格（12～15.9分）；组织的采茶工使当季茶叶下树率达60%以下为不合格（0～11.9分）</td><td></td></tr>
<tr><td>其他准备工作</td><td>10</td><td>能合理安排好采茶工人的食宿，服务好采茶工人，工人流失率低，并能合理确定采摘适时期，及时开采为优秀（9～10分）；较好为良好（8～8.9分）；基本符合要求为合格（6～7.9分）；对采茶工后勤保障差、流失严重或者采期确定不合理为不合格（0～5.9分）</td><td></td></tr>
</table>

续表

评价内容		分值	评价标准	得分
任务实施	茶叶采摘	40	能采取多种方式对采茶工开展有效培训，管理到位，使采茶工采得又快又好，采摘的茶叶90%以上达到所需质量标准为优秀（36～40分）；使采摘的茶叶80%以上达到所需质量标准、采摘数量一般为良好（32～35.9分）；使采摘的茶叶60%以上达到所需质量标准为合格（24～31.9分）；使采摘的茶叶60%以下达到所需质量标准为不合格（0～23.9分）	
任务总结		10	各项工作内容技术要点及注意事项总结全面、正确为优秀（9～10分）；较全面、正确为良好（8～8.9分）；基本正确为合格（6～7.9分）；抓不住要点进行分析总结为不合格（0～5.9分）	
备注		90～100分为优秀；80～89分为良好；60～79分为合格；0～59分为不合格		

评价人：　　　　　　　　　　　　　　　　　　评价时间：

工作任务二　鲜叶（茶青）验收及储运管理

一、任务目标

通过任务实施掌握鲜叶验收的主要因子、分级标准；学会根据验收标准准确评定鲜叶等级；学会正确化解与采茶工之间因鲜叶质量标准分歧而产生的矛盾；学会正确储运管理茶青。

二、任务知识

（一）鲜叶验收主要因子

收青技术员验收茶青时主要看茶青的嫩度、匀度、净度、鲜度四个因素。

1. 嫩度

嫩度是鲜叶（茶青）分级验收的主要依据。根据茶类对鲜叶的要求，依芽叶的多少、长短、大小、嫩梢上叶片数和开展程度，以及叶质的软硬、叶色的深浅等评定等级。

2. 匀度

匀度是指同批鲜叶的物理性状要求基本一致。凡品种各异，老嫩大小不一致，雨、露水叶与无表面水叶混杂的均影响制茶品质，评定时应根据均匀程度适当考虑升降等级。

3. 净度

净度指鲜叶中夹杂物的含量。凡鲜叶中混杂有茶花茶果、老叶老梗、鳞片鱼叶，以及非茶类的虫体、虫卵、杂草、砂石、竹片等物的均属不净，轻则应适当降低等级，重则应予剔除后才予验收，以免影响品质。

4. 鲜度

鲜度指鲜叶的光润程度。叶色光润是新鲜的象征。凡鲜叶发热红变，有异味、不卫生以及有其他劣变者应拒收，或视情况降级评收。

（二）茶鲜叶分级标准

由于我国茶类繁多，鲜叶分级还没有一套较完整的标准，一般各茶叶加工企业是根据季节、产品类别、茶树品种特征等因素自行确定，归纳起来，鲜叶分级标准主要是以芽叶的嫩度为核心指标，根据产品类别进行分级。比如 DB 52/T629—2010《贵州茶叶鲜叶分级》分为：名优绿茶鲜叶分级质量要求、名优工夫红茶鲜叶分级质量要求、大众茶鲜叶分级质量要求。具体要求见表 1－23～表 1－25。

表 1－23　名优绿茶鲜叶分级质量要求

级别	项目			
	嫩度	匀度	新鲜度	净度
1 级	一芽一叶初展 长度≤2.0cm	尚匀齐	鲜活 无机械损伤和红变芽叶	无夹杂物
2 级	一芽一叶 长度≤2.5cm	尚匀齐	新鲜 无红变芽叶	茶类夹杂物＜1%， 无非茶类夹杂物
3 级	一芽二叶初展 长度≤3.0cm	欠匀齐	新鲜 无红变芽叶	茶类夹杂物＜1.5%， 无非茶类夹杂物
单芽	长度≤1.5cm	匀齐	新鲜、有活力 无机械损伤和红变芽	无夹杂物

表 1-24　名优工夫红茶鲜叶分级质量要求

级别	项目			
	嫩度	匀度	新鲜度	净度
1 级	一芽一叶初展 长度≤2.5cm	尚匀齐	鲜活 无机械损伤和红变芽叶	无夹杂物
单芽	长度≤2.0cm	匀齐	新鲜、有活力 无机械损伤和红变芽	无夹杂物

表 1-25　大宗茶鲜叶分级质量要求

级别	项目			
	嫩度	匀度	新鲜度	净度
1 级	一芽一、二叶，单片叶≤8%，叶质柔软	均匀	鲜活，无机械损伤和红变芽叶	茶类夹杂物≤1% 无非茶类夹杂物
2 级	一芽二、三叶，对夹叶及单片叶≤10%，嫩度相当于同批芽叶第三片叶	尚匀	鲜活，机械损伤叶≤3%，无红变芽叶	茶类夹杂物≤3% 无非茶类夹杂物
3 级	一芽二、三叶，对夹叶及单片叶≤15%	尚匀	新鲜，机械损伤芽叶≤5%，无红变芽叶	茶类夹杂物≤5% 无非茶类夹杂物
4 级	一芽二、三叶，对夹叶及单片叶≤20%	欠匀	尚新鲜，机械损伤芽叶≤7%，无红变芽叶	茶类夹杂物≤7% 无非茶类夹杂物

（三）茶鲜叶储运条件要求

1. 储运工具

茶鲜叶装盛器具以竹编网眼篓筐最为理想，既通气又轻便，一般每篓装鲜叶 25～30kg，盛装时切忌挤压过紧，严禁利用不透气的布袋或塑料袋装运鲜叶。

2. 储藏场地条件

鲜叶应贮放在低温高湿通风的场所，适于贮放的理想温度为 15℃以下，相对湿度为 90%～95%。春茶摊放鲜叶一般要求叶温不超过 25℃，夏秋茶不超过 30℃。鲜叶在贮放期间应经常检查叶温，如有发热应立即翻拌散热，翻拌动作要轻，以免鲜叶受伤红变。摊放工具有竹席、竹匾、摊青槽等。

3. 鲜叶摊放厚度

一般鲜叶贮放的厚度，春茶以 15～20cm 为宜；夏秋茶以 10～15cm 为宜。根据气温高低、鲜叶老嫩、干湿程度灵活掌握。气温高要薄摊，气温低时可略厚些；嫩叶摊叶宜薄，老叶摊叶略厚；雨天叶摊叶宜薄，晴天叶摊叶略厚。

三、任务实施

（一）准备工作

1. 工具及材料准备

（1）秤　用于验收茶青时称量，一般使用电子秤，为了方便，至少准备30kg、100kg两种规格型号，小的用于称量名优茶，大的用于称量大众茶。具体台套数，根据采茶工人数确定，300人以内一般准备一台套即可。

（2）摊青房　按照茶青的储藏场地条件要求，必须准备专门的摊青房，用于存放鲜叶，摊青房要求与初制加工车间相连，便于生产，具体面积根据茶青量确定。

（3）篓、筐　用于盛装收购的茶青，一般使用竹编网眼篓筐，具体数量根据茶青量、篓筐大小及是否需要运输确定，一般准备5kg、10kg、20kg、30kg几种规格，方便选择使用。

（4）竹匾，竹席　用于摊放名优茶青，具体数量视茶青量确定。

（5）摊青槽　一般茶青数量较大时，需使用摊青槽摊放茶青，防止茶青红变，具体面积根据茶青量准备。

（6）运输车辆　如果茶园或者是茶青交易市场离加工厂较远，为了节约采茶工来回交茶青的时间，茶场会安排技术人员去茶山现场收青。然后用车运回，一般为农用车。

（7）收青单　收购茶青时，收青人员需开具收青单据（表1-26），作为支付采摘费、统计产量等记账凭证。收青单一般为二联单，一联给采茶工，作为支付采摘费的凭证，一联存根，用于统计产量。有的也使用三联单。收青单需茶场自行设计，印制。

（8）辅助工具　笔、本子、手套、拖把、扫把等。

表1-26　×××茶青收购单

日期：　　年　　月　　日

项目 序号	等级	数量/kg	单价/（元/kg）	金额/元	备注
1					
2					
3					
4					

收青人：　　　　　　　　　　　　　　　　　　　　开票人：

2. 采摘费准备

为了提高采茶工的积极性，尽量采取当天采摘，当天付款的方式，每天必须根据采摘量的多少，准备好充足的资金，及时支付。支付方式可根据实际情况，采取电子支付或者现金支付。

3. 摊青场地和用具清扫

为了保证卫生，在收青前1～2d，必须对收青、摊青所需要的用具、场地及环境卫生清理打扫干净备用。

（二）鲜叶收购

1. 收青等级、价格确定

采摘和收青是两个相互关联的工作任务，茶叶加工企业根据季节和企业的产品结构，确定收购茶青的标准等级。收青价格根据茶园基地的属性和市场价格确定，如果茶园基地属于加工企业，则只支付采摘费，如果基地不属于自有，则相当于购买茶青，价格会比采摘费高50%左右。价格、等级确定后，通过走村串户张贴通知或者口头宣传的方式通知广大采茶工。

2. 鲜叶样品采集

为了在收青过程中不与采茶工发生过多的等级标准上的争执，最好采集当天的茶青样品用于采茶工自行比对。样品可以安排专人采摘，也可以在已经收集的茶青中选择符合要求的茶青作为样品。

3. 茶青收购

茶青现场收购，一个收青点在茶青较多的情况下，最少需配备3名收青工作人员，一名等级评定技术员兼称量员、一名开票员、一名茶青摊放人员。验收的过程中，按照嫩度、匀度、净度、鲜度四个因素，结合确定的等级标准，综合评定每位采茶工采摘的鲜叶符合哪一个等级。具体做法是：首先从采茶工盛装茶青的茶篓中轻轻从底部抓一把鲜叶进行目测，初步判断等级，如果基本符合要求；再将整框茶青倒在准备好的统一称量筐里，轻轻从底部抓一把鲜叶看看，同时看看整框茶叶，综合评定等级，并告知采茶工。如果采工无异议，然后进行称量，告知开票员等级及数量，开具茶青收购单（一联交给采工去财务那里支取采摘费，财务付款后收回收购单，作为记账凭证；一联开票员作为存根，用于统计当天的收购量，作为核定加工企业鲜干比以及对账凭证）。茶青称量好后，由摊青人员将鲜叶运至摊青的地方进行保管。

（三）茶青储运管理

茶青收购到一定数量时，需及时转运到加工厂的摊青房进行管理。如果收青地点离茶叶加工厂较远，用竹编网眼篓筐每篓装鲜叶25～30kg，放置运输车上，运至摊青房，盛装时切忌挤压过紧，严禁使用不透气的布袋或塑料袋装运鲜叶。茶青运至准备好的摊青房后，根据摊青工具、茶青嫩度、气候条件等，按技术要求进行摊青及管理，防止茶青变质。

四、任务总结

通过任务实施过程，总结茶青收购过程中，如何公平公正把握质量标准，与采工发生等级争执时如何沟通，如何保管茶青等关键技术要点。分析总结通过该项任务的实施有何收获和体会。

五、任务评价

训练过程评价见表 1－27。

表 1－27 鲜叶（茶青）验收及储运管理训练过程评价表

<table>
<tr><th colspan="2">评价内容</th><th>分值</th><th>评价标准</th><th>得分</th></tr>
<tr><td colspan="2">准备工作</td><td>20</td><td>工具准备充分、茶青收购计划合理、摊青场地、工具卫生整洁为优秀（18～20 分）；工具准备充分、茶青收购计划合理、摊青场地、工具卫生较整洁为良好（16～17.9 分）；各项准备工作基本能保证收青为合格（12～15.9 分）；准备不充分，致使该工作任务完成不好或者无法完成为不合格（0～11.9 分）</td><td></td></tr>
<tr><td rowspan="2">任务实施</td><td>茶青收购</td><td>40</td><td>茶青等级、价格制定合理，收青质量把握准确，公平、公正，和采工矛盾纠纷少为优秀（36～40 分）；茶青等级、价格制定合理，收青质量把握较准确，公平、公正，和采工矛盾纠纷较少为良好（32～35.9 分）；基本能够按照茶青质量要求进行收青为合格（24～31.9 分）；收青质量标准把握不好，与采工矛盾纠纷多为不合格（0～23.9 分）</td><td></td></tr>
<tr><td>茶青储运管理</td><td>20</td><td>茶青储运方法正确，保管方法得当，使茶青能够完全满足加工产品的要求为优秀（18～20 分）；茶青储运方法较正确，保管方法较好为良好（16～17.9 分）；储运保管的茶青基本能保证质量要求为合格（12～15.9 分）；储运保管方法不当，使茶青变质为不合格（0～11.9 分）</td><td></td></tr>
<tr><td colspan="2">任务总结</td><td>20 分</td><td>各项工作内容技术要点及注意事项总结全面、正确为优秀（18～20 分）；较全面、正确为良好（16～17.9 分）；基本正确为合格（12～15.9 分）；抓不住要点进行分析总结为不合格（0－11.9 分）</td><td></td></tr>
<tr><td colspan="2">备注</td><td colspan="3">90～100 分为优秀；80～89 分为良好；60～79 分为合格；0～59 分为不合格</td></tr>
</table>

评价人：　　　　　　　　　　　　　　　　评价时间：

模块二　茶叶初制加工岗位能力训练

项目一　加工设备的选配与使用

工作任务　加工设备的配置、使用及维护

一、任务目标

了解茶叶初制加工的主要设备种类；熟悉各种茶机设备的基本结构、工作原理、使用与维护等内容；掌握茶叶加工设备选配的主要原则，能够独立制定合理的选配方案。

二、任务知识

（一）茶叶加工机械设备选配原则

1. 茶叶初制加工设备的配置

应因地制宜进行选配。根据厂房的大小、产品结构、原料最高日产量、台时产量以及企业的经济能力综合平衡配置茶叶加工设备。

2. 根据制茶要求选好茶机型号

一种茶机有多种型号，结合不同茶机能源、传动方式进行选择。

（二）相关概念

1. 最高日产量

最高日产量指茶叶采摘高峰期（春茶高峰期）每天加工的毛茶数量；茶叶

最高日产量的确定，大宗茶加工一般以全年茶叶产量的3%～5%或春茶产量的8%～10%作为计算依据，也可用春茶高峰期中10d日平均产量作为依据，名优茶则可用高峰期3～5d日平均产量作为最高茶叶日产量的计算依据。

2. 台时产量

台时产量指每台茶机每小时所能加工的在制品数量。

三、任务实施

（一）任务准备

1. 加工能力调研

调研现有厂房的规模、结构布局、鲜叶来源、企业经济实力、生产成本与目标计划、产品工艺等。

2. 设备性价调研

通过网络、实地以及向使用企业或茶机生产厂家开展调研，了解茶叶生产加工机械设备的型号、规格、价格、售后服务等。

综合以上两项调研结果，形成调研报告；同时通过实地勘察完成任务实施准备工作。

（二）加工设备选配方案制定

（1）根据设备选配原则结合调查结果，进行加工设备选配方案的制定。

年产干毛茶50t以上的大型茶场应选用大型茶机为主，适当配置中型茶机；年产25～50t的中型茶厂应选配中型茶机为主，适当配置小型茶机；年产25t以下的小型初制茶厂，以配备小型茶机为主，适当配置中型茶机；这样配备有利于发挥茶叶加工机械的效能，又能节约厂房和劳动力。一般的小作坊宜采取单机作业，大型加工厂可根据企业经济实力灵活选择单机或配置生产流水线，大多数经济实力雄厚的龙头企业，配置清洁化、连续化、自动化及智能化的生产流水线。

（2）综合茶机性能及生产产品质量要求优化方案。

（三）设备的选购及茶机数量确定

根据各类茶叶的加工工艺需求和有关茶叶机械性能，按全年茶叶最高日产量法计算主要设备配备数量，在此基础上确定各类辅助和控制设备的型号和数量，最终组成生产线。

1. 鲜叶摊青设备

鲜叶摊青设备主要用于绿茶、黑茶初制生产加工，中、小型茶叶加工厂常见摊青设备有槽式摊青、分层摊青、地面摊青等，大型茶叶加工厂常常采用多层式或多组式茶叶自动摊青机；其摊青时间和程度应根据鲜叶原料品种、嫩度、采摘时间、加工季节、温度、湿度等操作条件来确定。

（1）槽式摊青 主要有沟槽、通风板、风机等基本结构。沟槽一般长10m，宽为0.9m，高0.8～1.1m，进口倾斜15°，槽体倾斜2.5°，以轴流风机供给25～35℃的新鲜气流；通风板为覆盖在沟槽上的金属冲孔板（网），孔径为2mm；风机设置在沟槽前端，空气通过弯形沟道和沟槽，透过通风板均匀地通向叶层，风机功率根据槽的长短来选用。

（2）分层摊青 由摊青架、摊青匾或水筛等基本结构。摊青架由木材或金属材料制成，可放置多层摊青匾。

（3）地上摊青 是中小型茶叶加工企业常见的摊青的方式，一般采用竹垫、竹席等作为摊青辅助设施。

（4）自动摊青机 由鲜叶斜输送带、匀叶输送、平输、摊青主机、传动机构、下料拔叶机构、水箱管道系统、控制系统等组成；有大、中、小型三种成型鲜叶自动摊青机，鲜叶贮藏量分别能达到8000kg、4000kg和400kg，分别适用于不同批量茶叶自动生产线配置。

2. 鲜叶萎凋设备

鲜叶萎凋设备主要用于红茶、青茶、白茶、黄茶初制加工生产，常用的鲜叶萎凋设备主要有日光萎凋和萎凋槽、萎凋机等热风萎凋设备，分别适用于中小型、大中型茶叶加工企业不同批量茶叶初制加工。

（1）日光萎凋设施 由晒青场、围墙、棚架、遮阳系统、晒青布或竹席等组成。

（2）槽式热风萎凋设备 包括萎凋槽、萎凋帘架、热源、轴流通风机和排湿装置组成；操作方便、结构简单、造价低廉，但热能消耗较大，为传统的萎凋方式。

（3）多层连续化热风萎凋设备 适用于大中小型茶叶加工厂，其设备类似于自动链板式茶叶烘干机，机械化、自动化程度高，热效率和生产率都较高；由上叶输送带、萎凋箱、传动机构、风机、加热装置及电气控制箱等部分组成。

（4）多层红外线连续萎凋机 该机由连续输送带、无级变速器、红外加热装置、通风排湿装置、电气控制系统等组成。

3. 茶叶杀青设备

（1）锅式杀青机 主要由炒叶机构、传动机构、机架及炉灶等部分组成，其中炒叶机构又由炒叶锅、炒叶腔、炒叶器组成。由于锅式杀青机的杀青作业时劳动强度大，生产率较低，杀青品质参差不齐，现已逐渐淘汰。

（2）滚筒杀青机 是现在使用较普遍的杀青机械，根据其杀青工序是否连续分为连续式滚筒杀青机和间歇式滚筒杀青机；主要由上叶输送装置、传动机构、筒体、排湿装置、加热装置部件等构成，适合各类茶厂茶叶生产，大直径滚筒杀青机对中低档鲜叶杀青效果较好，小直径滚筒杀青机更适用于名优茶杀青，是我国目前茶叶加工过程中使用最普遍的杀青机械。

(3) 微波杀青机　是我国近年来开发的杀青机械，具有升温快、节约能源、杀青均匀等特点，主要用于杀青、第二次杀青与初干、干燥灭菌等工序。因生产厂家不同、型号各异，包括微波箱、电器控制箱、进料口、茶叶输送装置和机架等部分。

(4) 热风杀青机　是近几年研发的新机型，使用较为普遍，由上叶输送装置、热风发生炉、杀青主机、杀青叶冷却输送装置、传动机构和机架组成，分为杀青段和冷却干燥段两个功能区。

(5) 蒸汽杀青机　主要指纯蒸汽杀青机，根据其结构分为网带式和和网筒式两种，是名优绿茶杀青工序独创的新机种。

(6) 汽热混合型杀青机　由进料装置、传动装置、输叶装置、蒸汽杀青装置、热风脱水装置、冷却装置构成。在常压下汽热发生器可产生120～180℃的蒸汽和130～160℃的高热空气，可实现杀青、脱水和冷却流水作业，功效提高。该杀青机可克服杀青叶青张多、附水率高、有团块和烟焦味的技术问题。

4. 茶叶揉捻设备

(1) 桶式揉捻机　常见的有单动式和双动式两种类型，目前只有大型的揉捻机采用双动式，其余均为单动式；由揉盘与机架、揉桶与加压装置构成。

(2) 青茶揉捻机　青茶揉捻工序常用的有揉盘式、望月式（台湾）两种类型。

(3) 青茶速包机　主要用于颗粒性青茶的揉捻，由立辊、托板、加压手柄、电器控制及传动机构组成。

(4) 青茶包揉机　主要用于颗粒性青茶的包揉工序，主要指平板式包揉机，由电器控制箱、上下揉盘与传动机构、立柱、棱骨、机架等构成。

5. 茶叶做青设备

(1) 竹笼式摇青机　主要用于青茶加工过程中的摇青工序，该机由摇笼、传动装置、机架等部件组成。

(2) 滚筒式做青机　该机具有萎凋、摇青、晾青等多种功能，由滚筒、电磁调速电动机、通风管、风机、加热装置、机架等组成。

6. 茶叶发酵设备

(1) 槽式发酵设备　这种设备类似贮青槽，槽的一端装有通风机和喷雾器，槽上放置发酵框，框底为金属编织网，将茶叶放入框内。

(2) 车式发酵设备　由发酵车、低压离心式风机、矩形风管、湿气发酵装置、发酵小车等组成。

（3）床式发酵设备 这种发酵设备包括透气发酵床、匀叶器、清叶器、风室、通风管道及气流调节阀等。

（4）封闭式发酵机 这种发酵机类似茶叶烘干机，机身为封闭式；包括空调器调节、微型喷雾泵、排风扇、减速调节机构、盛叶装置等；但该机生产率不高，适用于小型茶厂。

7. 茶叶整形干燥设备

（1）长板式扁形茶炒制机 该机由长形半圆炒叶锅、长形炒叶板及翻板、传动机构、加热系统控温仪表、机架组成等结构组成，适用于扁形、针形名优绿茶的做型工序。

（2）往复式多功能理条机 该机是根据龙井等扁形茶青锅理条工序设计的，主要由传动结构、振床、加压棒、加热机构、机架等组成；主要用于扁片形、针形茶叶初制加工。

（3）双锅曲毫炒干机 主要用于卷曲形、颗粒形名优茶的生产，由炒锅、炉灶、炒手、传动机构、机架等组成，常见的有电加热式、液化气加热式和煤柴加热式三种。

（4）百页烘干机 该机主要用于茶叶干燥工序，常用的有手拉百页式烘干机和百页式半自动烘干机两种，是小型茶叶加工企业使用较普遍的茶叶烘干设备。

（5）自动链板式烘干机 该机由上叶输送装置、烘箱及变速装置、热风发生装置、风管等部件构成，是目前茶叶加工企业使用较普遍的茶叶烘干设备。

（6）沸腾式烘干机 该机由喂料斗、沸腾床、除尘器、卸料器、加热装置、风机等部件构成，主要适用于红碎茶加工的干燥工序。

（7）盘式烘干机 该机由热风发生炉、风管、烘床、料斗等部件构成，主要用于毛峰茶、卷曲形茶、针形茶等的干燥与整形工序。

（8）瓶式炒干机 该机由筒体、排湿风扇、传动机构、炉灶、机架等部分组成，是目前茶叶加工企业使用较普遍的茶叶炒干设备。

（9）滚筒炒干机 该机由筒体、排湿风扇、传动机构与机架、热风发生装置等部分组成，常用的有间歇式和连续式两种类型，是目前茶叶加工企业使用较普遍的茶叶炒干设备。

（10）茶叶提香机 该机由微电脑控制器、烘箱、电机、盛叶装置、排湿装置、脚轮等部件构成，是目前使用较普遍的箱式茶叶烘干设备。

8. 其他设备

在各类茶叶初制加工过程中还需要一些辅助设备，如竹筐、竹筛、竹匾等；一些特殊茶类的茶叶加工过程中，也需要部分设备，如鲜叶处理设备、揉切机械、解块筛分机械、松包筛末机械等；同时因茶机加工企业较多，各厂家所生产的茶机设备型号、规格等也不尽相同，目前很多茶厂通过对茶机企业生产流水线进行合理配置，抑或选择部分作业机械通过柔性组合，形成多组多功能生产线，实现流水线的多功能化生产。

（四）设备的安装调试

现场监督指挥茶机企业开展设备安装调试，对照安装图纸，了解茶机结构特点和安装要求，根据车间平面及机器总装和安装图要求，进行定位和划线，自下而上，先做基础，固定机器底座，然后安装及装配机器的主机部分。

（五）建立设备台账

设备选购结束后，应建立设备台账，记录设备名称、台套数、规格型号、生产厂家等信息，记录参考表2－1。

表2－1　茶叶加工设备登记表

<table>
<tr><td colspan="7">茶叶机械设备选购清单</td></tr>
<tr><td>茶厂规模</td><td colspan="2"></td><td colspan="2">产品名称</td><td colspan="2"></td></tr>
<tr><td rowspan="2">生产茶类（名称）</td><td colspan="2"></td><td colspan="2" rowspan="2">工艺流程</td><td colspan="2"></td></tr>
<tr><td colspan="2"></td><td colspan="2"></td></tr>
<tr><td colspan="7">茶机配备</td></tr>
<tr><td>工序项目</td><td>设备名称</td><td>茶机型号</td><td>产品规格</td><td>台时产量</td><td>茶机台数</td><td>生产厂家</td></tr>
<tr><td rowspan="2">鲜叶处理设备</td><td></td><td></td><td></td><td></td><td></td><td></td></tr>
<tr><td></td><td></td><td></td><td></td><td></td><td></td></tr>
<tr><td rowspan="2">杀青设备</td><td></td><td></td><td></td><td></td><td></td><td></td></tr>
<tr><td></td><td></td><td></td><td></td><td></td><td></td></tr>
<tr><td rowspan="2">揉捻设备</td><td></td><td></td><td></td><td></td><td></td><td></td></tr>
<tr><td></td><td></td><td></td><td></td><td></td><td></td></tr>
<tr><td rowspan="2">做青设备</td><td></td><td></td><td></td><td></td><td></td><td></td></tr>
<tr><td></td><td></td><td></td><td></td><td></td><td></td></tr>
<tr><td rowspan="2">发酵设备</td><td></td><td></td><td></td><td></td><td></td><td></td></tr>
<tr><td></td><td></td><td></td><td></td><td></td><td></td></tr>
<tr><td rowspan="2">整形干燥设备</td><td></td><td></td><td></td><td></td><td></td><td></td></tr>
<tr><td></td><td></td><td></td><td></td><td></td><td></td></tr>
<tr><td rowspan="2">其他设备</td><td></td><td></td><td></td><td></td><td></td><td></td></tr>
<tr><td></td><td></td><td></td><td></td><td></td><td></td></tr>
</table>

注：①根据企业加工具体茶类确定工艺流程；②结合茶机性能选购各工序设备名称，对照其型号、规格，确定茶机台数；③根据情况酌情增加各工序设备。

四、任务总结

根据任务实施过程，对照茶叶茶叶加工厂建厂要求进行总结分析，确保加工厂各功能区规划合理、布局协调。

五、任务评价

训练评价见表 2－2。

表 2－2　加工设备的配置的选配与使用训练评价表

评价内容		分值	评价标准	得分
任务准备		10	调研报告内容翔实条理清楚，方法得当资料准备充分为优秀（9～10 分）；较充分为良好（8～8.9 分）；准备勉强能完成工作任务为合格（6～7.9 分）；缺核心用具，致使该工作任务完成不好或者无法完成为不合格（0～5.9 分）	
任务实施	加工设备选配及方案制定	30	方案制定完善，条理清晰，设备配备合理为优秀（27～30 分）；较完善基本合理为良好（24～26.9 分）；基本合理能完成配置为合格（18～23.9 分）；方案结构较差内容空洞、不能完成配置为不合格（0～17.9 分）	
	设备的选购与茶机数量	30	选购合理数量准确为优秀（27～30 分）；较合理基本准确为良好（24～26.9 分）；基本合理能完成配置为合格（18～23.9 分）；选购不合理无法完成配置为不合格（0～17.9 分）	
	设备安装调试	20	布局合理调试效果好为优秀（18～20 分）；较合理调试较好为良好（16～17.9 分）；有布局能完成调试为合格（12～15.9 分）；布局较差无法完成调试为不合格（0～11.9 分）	
任务总结		10	总结全面，方案具备可行性为优秀（9～10 分）；总结较全面，方案较具备可行性（8～8.9 分）；方案基本完整（6～7.9 分）；不全面完全不可实施为不合格（0～5.9 分）	
备注		90～100 分为优秀；80～89 分为良好；60～79 分为合格；0～59 分为不合格		

评价人：　　　　　　　　　　　　　　　　评价时间：

项目二　茶叶初制加工

工作任务一　绿茶初制加工

一、任务目标

掌握不同绿茶产品加工工艺流程、熟悉各工序参数与技术要点；学会看茶做茶，能独立完成加工过程；能对茶叶在制品的优缺点进行分析，优化加工工艺参数。

二、任务知识

（一）绿茶共性品质特征

绿茶的共性特征表现为：外形色泽绿、汤色绿、叶底绿（俗称三绿），香气高爽、滋味鲜醇，但不同品种花色，品质上仍有各自特色。

1. 炒青绿茶要求

外形条索紧结匀整，色泽绿润；内质香高持久，汤色黄绿明亮，滋味醇厚爽口，叶底黄绿明亮。

2. 烘青绿茶要求

外形条索完整紧直，显锋毫，色泽深绿油润；内质香气清高，滋味鲜醇，汤色清澈明亮，叶底匀整、嫩绿明亮。

3. 蒸青绿茶要求

干茶色泽深绿，茶汤浅绿明亮，叶底青绿，香气鲜爽，滋味甘醇。颗粒绿茶要求：外形呈砂形颗粒，色绿有光泽，滋味浓爽，汤色绿亮，叶底绿亮。

4. 晒青绿茶

外形条索粗壮肥硕，白毫显露，色泽深绿油润，香味浓醇，极具收敛性，耐冲泡，汤色黄绿、明亮，叶底肥厚。

（二）绿茶初制主要工序

绿茶初加工的基本工艺流程如下。

摊放（摊青）→杀青→揉捻（做形）→干燥

1. 鲜叶摊放（摊青）

鲜叶采后一般不能立即进行加工，需摊放一段时间，这道工序就是鲜叶的摊放，有的称摊青。鲜叶摊放能够提高绿茶品质，节约能源，降低成本，它是茶叶加工尤其是名优绿茶加工首要的处理环节。鲜叶进厂验收后，应按品种、产地、采摘时间、鲜叶级别等要求及时归类摊放，以保证原料质量。

2. 杀青

杀青是绿茶的关键工序。杀青工艺要求"杀得快、杀得匀、杀得透"，这就必须控制杀青温度、投叶量和杀青时间。名优绿茶鲜叶含水量较高，杀青要老杀。

3. 揉捻（做形）

绿茶外形有许多种类型。有杀青结合做形，炒干结合做形，还有理条做形、揉切做形等。揉捻是许多绿茶的基本工序，是杀青叶成条做形的重要技术条件。

揉捻和做形工艺根据所生产绿茶产品形状而定。其揉捻（做形）方式主要有手工揉捻（做形）、机械揉捻（做形）两种，手工揉捻主要在竹制软口簸箕上完成，机械揉捻在揉捻机上完成。

4. 干燥

干燥是绿茶初制加工的最后工序，也是绿茶品质风味形成的关键工序之一。茶叶干燥的作用在于整理条索、固定毛茶外形，发展香气、增进茶汤滋味，蒸发部分水分、达到足干、便于贮存。

干燥主要有晒干、烘干、炒干三种方式，一般情况下采用分次干燥，通过干燥与摊凉相交替进行；控制供热强度、投叶量和干燥时间，观察叶温与含水量变化情况，达到干燥适度要求。

（三）名优绿茶的主要类型

我国现有名优绿茶外形千姿百态，根据其造型方法和外形特点的不同，可将名优绿茶分为下列几种类型。

1. 扁形茶

外形光滑、扁平、挺直、尖削。如西湖龙井、梵净山翠峰茶、翠芽等。

2. 条形茶

外形呈条索状，条索松紧一致，现有卷条形和直条形两种。如各种毛峰等。

3. 卷曲形茶

外形卷曲如螺，白毫显露。如碧螺春等。

4. 针形茶

茶条紧细圆直，呈松针形。如雨花茶、安化松针、恩施玉露等。

5. 珠形茶

形如珍珠或呈腰圆状，如绿宝石、涌溪火青、泉岗辉白等。

6. 芽形茶

单芽加工而成的名优绿茶，多为直条微扁形，泡饮时芽叶直立，如竹叶青、巴山雀舌、广安松芽、巴山银芽等。

7. 其他形状名优绿茶

外形稍扁，自然舒展的尖形茶。如太平猴魁等；由数十个芽叶捆扎成束。如霍山菊花茶。

（四）名优绿茶加工的共性技术

虽然名优绿茶各具独特的品质特点，加工技术也独特，各有千秋，但从鲜叶采摘到茶叶加工过程，在某些工序和技术要求等方面仍然存有共性。

1. 鲜叶采摘要符合标准

（1）鲜叶嫩度要求高　加工名优绿茶，鲜叶要求嫩度高，具体的芽叶组成由不同类型名优绿茶的特点而定。

（2）鲜叶匀度要好　不论何种名优绿茶，都要求鲜叶的匀度好，即芽叶外形一致，大小匀齐，色泽一致，甚至对茶芽长度和茶梗长度都有严格要求。因此，高档名优绿茶的采摘十分精细。

（3）鲜叶无杂净度好　同时，名优绿茶对鲜叶净度要求很高，不仅要求鲜叶中无茶果、老梗、老叶及非茶类夹杂物，而且要求鲜叶中不含冻害叶、病虫叶、紫色芽叶、生长不正常的芽叶等。不同品种的鲜叶原料不能混合采摘。

（4）鲜叶鲜活要新鲜　名优绿茶都要求鲜叶新鲜，色泽鲜绿有活力，其味清鲜，芽叶舒展，含水率不低于72%。

因此，名优绿茶鲜叶采摘与管理非常精细，采摘过程中及贮运阶段，要防止芽叶机械损伤。尽量保持鲜叶原有的理化特性。忌芽叶失水过度，鲜叶萎缩、色暗不活，发热红变、产生不良气味等。

2. 鲜叶一定要进行摊放

名优绿茶加工，在鲜叶采摘后进厂要有一定时间的摊放，待鲜叶失去光泽，叶质柔软，含水率达70%左右，方可投入加工。

（1）摊放方法　名优茶对摊放环境的要求比较高。按标准采回的鲜叶（茶青）需摊放于清洁、卫生、设施完好的贮青间或贮青槽、篾质簸盘，不允许直接摊放在地面。摊叶厚度为1~5cm。摊放时间为4~6h，最长不超过12h。

（2）摊放原则　嫩叶薄摊、长摊，中档叶短摊，低档叶少摊。分开摊叶，不同品种鲜叶、晴天叶与雨水叶，不同产地、不同采摘时间、不同等级鲜叶要及时归类，分开摊放。雨水叶、露水叶可用脱水机减少表面水后薄摊，通微风，加快水分蒸发。

（3）摊放适度指标　具体的摊放指标根据环境、气候条件灵活掌握。最终的摊放程度以摊放叶含水量降至65%～70%，芽叶萎软、色泽暗绿、略显清香为适度。摊放后嫩叶含水量相对少些，老叶含水量相对略多。

3. 名优绿茶杀青应适当偏重

名优绿茶由于鲜叶嫩度高、含水量高，杀青一般需“老杀”，也就是杀青偏重。最终要实现杀青程度的要求：叶色转为暗绿、叶质柔软略有黏性，青草气消失，含水率以58%～60%为适度。

4. 名优绿茶揉捻要适当偏轻

名优绿茶加工鲜叶嫩度高，揉捻时叶组织细胞容易破碎，茶条易断碎，因此，在揉捻造型时，压力适当偏轻，时间不宜过长，以免茶汁过多外溢，茶叶断碎，影响名优绿茶的品质。一般名优绿茶的揉捻采用无压或轻压，时间一般以8～10min为宜。

5. 名优绿茶做形要正确掌握加工叶含水率

对于名优绿茶来说，其独特的外形特征，是在做形工序实现的。在做形时要严格掌握好温度与水分的变化。一般要求当加工叶含水率在30%～45%，即茶叶不粘手、手握成团、松手即散时，芽叶柔软性和可塑性最好，最适宜做形。

6. 名优绿茶干燥方式选择应适当，干燥要均匀充分

干燥方式有炒干、烘干、烘炒结合、焙干以及新型的微波、远红外干燥等，应根据茶类的具体要求进行选择。

成茶干燥程度要求含水率达到6%左右，即手捻茶条成粉末。

三、任务实施

（一）任务准备

（1）材料准备按照各类茶叶工艺流程准备相关记录表格，详细记录各工序的技术参数（在制叶含水率、温度、湿度、转速、投叶量等）及处置加工过程的注意事项、在制叶叶相变化情况等。

（2）了解鲜叶开采期开采期是指茶树年生长周期中，第一批鲜叶的采摘日期；通过实地查看茶树发芽情况及采摘标准确定茶园开采期。

（3）设备检修维护在茶季开始之前，完成加工设备的检修，查看茶机性能是否完好，同时做好调试维护工作。

①认真检查各设备的使用电源、电压与选用的电器电压是否相符，并接好地线和触电保护器，以保障人身与设备的安全。

②检查所有的传动部件和紧固件，使其处于完好状态，加足各润滑点的润

滑油。

③接通电源在不加热状态下开机试运行，检查传动机构运转是否正常，有无卡阻、碰撞和异常声响现象。

(4) 车间卫生清理在头茶上机之前，及时清理设备上的焦叶、残叶等夹杂物，并清理机械工作面铁锈和作业环境，保持车间卫生清洁。

(5) 加工辅助工具准备根据加工流程准备其他制茶辅助用具设备，如撮箕、簸箕、格筛等。

(6) 加工人员培训　根据茶叶加工工艺对茶园管理员、加工技术员、审评质检员等进行技术培训。

(二) 绿茶机械加工

1. 扁形名优绿茶机械加工

以贵州省扁形名优绿茶“湄潭翠芽”“梵净山翠峰茶”等产品为代表。其品质特征为“外形扁平挺直匀整、汤色嫩绿明亮、香气持久、滋味鲜爽、叶底黄绿明亮”。

工艺流程：鲜叶摊放→杀青→埋条做形→辉锅整形→脱毫→提香

(1) 鲜叶摊放　将采摘芽头壮实、饱满、完整、匀净、新鲜和洁净的独芽或一芽一叶初展鲜叶原料，根据气温和鲜叶含水量高低，在清洁、阴凉、透气、避免阳光直射的摊青间等指定场所进行鲜叶摊放；在摊放过程中不能直接摊放在地面上，可以根据加工企业具体情况选用篾质簸箕、摊青槽、摊青机等，要求摊青间温度控制在20～25℃、相对湿度70%左右，不同品种、等级、批次的鲜叶必须分开摊放。

摊放过程中可以采用除湿、通风的相关设备控制摊青条件，待鲜叶含水量降至80%，青草气散失，叶色变暗，芽叶柔软，出现清香（愉快的生苹果香气）为适度。

(2) 杀青　启动杀青机，使滚筒转动，接通供热电源，设定加热温度为300℃，并调至自动加热档位置，让滚筒均匀受热，待滚筒温度升至270℃，上叶口的气温达100℃，用手背伸入杀青机进叶端有灼热感时开始投叶。

开始投叶时可适当增加投叶量，然后根据出叶端杀青叶的质量调节投叶量和投叶速度，杀青叶程度均匀一致，以“高温杀青，先高后低，杀匀杀熟、杀透杀香”为原则，不出现生青叶、红梗红叶、焦边焦叶、爆点，且芽叶完整，青草气消失，杀青叶色泽由鲜绿转为暗绿，叶质变软，折梗不断，清香显露、手捏不黏、茶青叶含水量降至60%即为杀青适度。

在杀青过程中待杀青叶适度时，可以适当调节杀青机平衡，严格控制杀青机温度、投叶量和杀青时间，用手将芽头轻拿、均匀抖散放入滚筒内，有微微爆炸声为宜；投叶工作可以采用斜输机控制鲜叶流量。

杀青叶下机后要及时摊凉，快速冷却至室温，冷透后堆放至水分重新分布均匀，避免部分杀青叶温度较高导致芽叶渥黄现象，影响品质。

（3）理条做形　接通电源，加热锅槽，设定多功能机温度120～150℃，当锅温开始上升时启动机器，使设备作慢速往复式运转，待U形锅槽温度上升至100℃时（用手背放在锅槽上方有灼热感）开始投入摊凉后的适度杀青叶，要求每槽的投叶应均匀等量，投叶后适当调快多功能机往复振动速度，以能清晰看清U形槽底部的连接线成一条完整的直线为宜。投叶伊始，可以根据在制叶水汽情况，适时启动辅助吹风装置进行排湿。

待锅槽内的在制叶均匀受热至不粘手、有轻微刺手感时放入加压棒，加棒后调节多功能机振动频率，以棒滚压芽叶，看棒不跳动和撞击槽壁（听锅槽内棒茶滚压接触的声音为唰唰的清脆声响，若没有声响则说明振动较慢，若为较刺耳的梆梆声响则说明振动较快）为适度。

压棒后的在制叶外形基本伸直略扁平，要求无焦边、爆点、破皮、芽尖断碎现象为加压适度，压棒期间可以分次加压至适度后下棒。

下棒后的在制叶继续炒制1～2min下锅，筛出碎末，微风冷却，冷透后摊凉至水分重新分布均匀，即可进行下一步工序。

（4）辉锅整形　辉锅整形工序主要在名茶多功能机上完成，是将压棒后简单筛分的在制叶分批付制，要求多功能机温度控制在120～150℃，时间控制在5～8min，全程勤翻快炒，芽叶失水均匀；在制叶炒制至手捏有刺手感，芽毫显露、芽叶扁平挺直、茶香显露、含水量在10%左右为适度；在制叶下锅后微风冷却，冷透后摊凉至室温、水分重新分布均匀，再进行筛分。

在炒制过程中，多功能机的使用与理条做形工序一致，其振动速度控制在“慢、快、慢”、在制叶完全翻转不跳到锅槽外为宜；先慢理顺茶条，芽叶受热均匀，再快散失水分，后慢继续散失水分。

期间扁平度不够的在制叶可以在理顺茶条后快速轻轻压棒一次至芽叶扁平挺直，时间过长会导致在制叶机械损伤，增加下段茶含量。

（5）脱毫　扁形（芽形）名优绿茶初制加工的脱毫工序是茶叶干燥的前期工序，主要是使筛分后的辉锅整形叶通过摩擦力的作用脱去茶条身骨的绒毛，达到扁平、光滑、挺直的品质要求。可以在名茶多功能机或炒干机上完成，待在制叶炒制至茶条外形条索扁平挺直较光滑、含水量8%以下、手捏茶条即成粉末时下机，下机后及时筛分摊凉至室温，并将冷透后的在制叶堆放在一起，使同一批次在制叶的理化性状保持一致。

脱毫炒制过程中温度不宜大起大落，时间也不宜较长；如果长时间的低温炒制会导致茶条色泽较暗，长时间的高温炒制也会导致茶条颜色偏黄。

①多功能机脱毫：多功能机脱毫是将筛分后的辉锅整形叶在多功能机上均匀受热，通过茶与茶、锅壁与茶的摩擦力、茶叶本身重力等作用下脱去茶条身骨的绒毛。多功能机的使用及振动速度与“辉锅整形工序”一致。

要求锅温控制在80℃左右、时间控制在25min以内，期间可适时启动辅助吹风装置，助于散失水分和吹散茶毫。

②炒干机脱毫：炒干机脱毫是将筛分后的辉锅整形叶在滚筒内均匀受热，通过滚转跌落时的向心力、茶与茶、茶与锅壁之间的摩擦力、茶叶本身重力等作用下脱去茶条身骨的绒毛。

待滚筒温度上升到40℃时（手伸入滚筒进出叶端中心有灼热感）开始投叶，投叶后启动风机助于散失水分；炒制过程中温度控制在60℃左右、时间控制在30min以内，期间可以将手伸入滚筒内中心位置平放接住上抛下落时的茶坯以刚好烫手为宜，后期适时利用风机助于散失水分和吹散茶毫。

（6）提香　扁形（芽形）名优绿茶初制加工的提香工序是使脱毫后的在制叶进一步美观外形、增进茶香，可以在名茶多功能机、茶叶炒干机、茶叶提香机上完成；通过使茶条均匀受热、散失水分、破坏茶叶内含物质分子结构释放茶香，固定茶叶品质。

在制叶炒制至含水量6%以内、栗香显露、茶梗部位轻轻折断为宜；质量控制与前期脱毫工序一致。

①名茶多功能机提香：名茶多功能机提香是将筛分后的脱毫叶在多功能机上使茶条均匀受热、散失水分、增进茶香。多功能机的使用及振动速度与“辉锅整形工序”一致，温度控制在80～100℃、时间5min以内。

②茶叶炒干机提香：茶叶炒干机提香是在炒干机温度上升到80℃时开始投叶，炒干机的使用与前期“炒干机脱毫”工序一致，温度控制在80～100℃、时间5min以内。

③茶叶提香机提香：茶叶提香机提香是将筛分后的脱毫叶均匀摊放在提香机盛叶框内，然后在将摊叶后的盛叶框平放在机架上，关闭箱门，设定相关参数，温度在90℃、时间10min左右，其他参照茶叶提香机使用操作说明进行。

在大生产上，由于部分茶企产量较大，无法保证同一批次在制叶理化性状的一致程度，在使用茶叶提香机提香时，工作前期会在箱门门扣和手柄处留出一条缝，待烘箱内的在制叶含水量相对一致时才关闭箱门开始提香。

2. *卷曲形名优绿茶机械加工*

卷曲形名优绿茶多数采用多毫茶树品种作为初制加工原料。主要有毛尖茶和毛峰茶，其中毛峰茶包括直条毛峰和卷条毛峰，品质特征为“外形卷曲匀整、白毫显露、汤色绿亮、香气持久、滋味鲜爽、叶底嫩匀黄绿明亮”。

工艺流程：鲜叶摊放→杀青→揉捻→做形→搓团提毫→干燥提香

（1）摊放、杀青　卷曲形名优绿茶的鲜叶摊放要求同扁形名优绿茶加工。

卷曲形名优绿茶杀青，通常采用连续式滚筒杀青机、微波杀青机、蒸汽杀青机等。杀青技术因杀青机械不同而不同。杀青程度，要求青气消失，清香显露，紧捏叶子成团，松手可自动弹开，含水量55%左右。

（2）揉捻　卷曲形名优绿茶揉捻一般采用中小型揉捻机，如6CR—35、6CR—45、6CR—55型揉捻机，在揉捻过程中遵循“轻—重—轻”原则，时间根据茶叶成条而定，细胞破损率在30%左右，初步揉出茶汁，尽量不让白毫脱落，轻揉之后进行解块。

（3）做形　解块后的揉捻叶进行初烘，当烘至四五成干左右，投入曲毫机中进行初步炒干成形，锅温60~80℃，炒制20~30min，加工叶初步成卷便可出锅，进行手工搓团提毫。

（4）搓团提毫　在斗式烘干机上进行搓团提毫手工操作。斗式风口热风温度，用手背放置风口上方20cm左右处，以手背感觉有灼烫感为宜，将适当数量的加工叶握于两手掌心中，沿同一方向搓揉，以促进茶条卷曲，在搓团时手力根据茶叶的干度而定，干度越干手力越小，搓好团后放入烘盘中定形。待团适度定形后，解块抖散。反复操作，边搓边解块，边干燥。时间在15~30min，加工叶含水量降至15%左右，进入干燥阶段。

（5）干燥提香　锅温保持70℃左右，将加工叶薄摊在锅中，翻动数次，当手捻茶叶成粉末时，即可出锅。

3. 颗粒形名优绿茶机械加工

以贵州省现有“绿宝石”“梵净山珠茶”等产品为例：外形颗粒细圆、紧结重实、色泽绿润、汤色黄绿明亮，香气浓郁，滋味鲜爽醇厚，叶底柔软、芽叶完整。

工艺流程：摊青→杀青→摊晾回潮→揉捻→脱水→摊晾回潮→造型→干燥→复火→评审定级

（1）摊青　茶青摊放于清洁卫生、设施完好的摊青槽中，不得直接摊放在地面。按不同品种、长度分开摊放，倒入槽内后需将茶青抖散，使其呈疏松状态。摊放厚度为10~30cm，摊放时间根据天气及茶青情况灵活掌握。室温低于15℃时开启风机辅助排湿，室温高于15℃时自然摊放，叶温高于25℃时开启风机辅助降温。

摊青程度以芽叶萎软、色泽暗绿、无硬脆感、青草气消失、略显清香、摊青叶含水量降至70%左右为宜。

（2）杀青　杀青技术要点同其他名优绿茶杀青，杀青适度时叶色由鲜绿转为暗绿，叶质变软，手捏成团，稍有弹性，无生青、焦边、糊叶，清香显露，还要做到杀青“三不要”：不要红叶红梗、不要焦煳气味、不要水闷气味，含水量60%左右。

（3）摊晾回潮　杀青叶冷却后摊晾回潮至茶坯完全回软，手握茶坯柔软又有韧性时进行揉捻工序。

（4）揉捻　采取“轻揉、慢速、短揉”的揉捻方式。揉捻的量以装满揉筒并用手稍压紧为适度，将揉盖调到能接触揉捻叶，揉捻转速为33～35r/min，揉捻时间为15～20min，到揉捻叶成条率达95%以上停止揉捻，保持揉捻叶的完整。

（5）脱水　脱水要求高温快速，温度130～150℃，时间120～150s。脱水叶黏性降低，手握茶坯成团，松手后可散开，色泽深绿，没有黄变叶，茶坯含水量约为46%左右。

（6）摊晾回潮　脱水叶冷却后摊晾回潮至茶坯完全回软。

（7）造型　造型在曲毫机中进行，通过炒坯、第一次并锅和第二次并锅来完成造型。

①炒坯：将脱水并摊晾回潮后的茶坯投入预热至80℃左右的曲毫机中，启动曲毫机，调到大幅档位、设备运行速度约为110次/min，使茶坯在锅中能顺利翻转为宜，炒制时间约为30min。炒至芽叶卷曲状、色泽墨绿、稍显清香、含水量约35%时，迅速下锅，短暂摊晾，搓散团块，筛去碎末。

②第一次并锅：将经过炒坯并筛去碎末的茶坯6～7kg投入到预热至70℃左右的曲毫机中，将设备运转速度降至90次/min，根据茶坯在锅中的翻转情况设定为大幅或小幅档，炒制时间约为35min，至茶坯整体为墨绿色、清香明显、条索较结紧、茶坯含水量25%左右时，迅速下锅，短暂摊晾，筛去碎末。

③第二次并锅：将经过第一次并锅并筛去碎末的茶坯投入到预热至60℃左右的曲毫机中，投叶量为11～12kg，转速为60次/min左右，炒制时间约为45min，至颗粒紧结呈盘花状时，开启曲毫机热风机，至茶坯整体翠绿或墨绿油润、栗香显、含水量约为10%时下锅，摊晾，完成造型工序。

（8）干燥　干燥以烘为主。烘干温度为100～110℃，采用中速运行，茶叶在机内的运行时间为15min左右为宜。要求烘匀、烘透、保绿，含水量5%～6%。冷却后，装袋入库。

（9）复火　将入库茶叶分批筛去碎末后复火，复火后茶叶含水量3%～4%。

（10）评审定级　对复火后的茶叶进行评审，按分级标准进行拼样归堆，包装贮存。

4. 大宗绿茶初制加工（条形茶为例）

（1）原料验收　以一芽三、四叶或者一芽三四叶以上鲜叶为原料，注意不带伤青、病虫叶、夹杂物，品种必须单一，严禁品种混乱、质量等级不一致。

（2）摊凉　用摊青槽风机冷风摊凉，摊放1～2h就可以，让叶质变软、变暗、花香浓郁最佳。

（3）杀青　杀青选用滚筒80型或者100型杀青机，遵循老叶嫩杀、嫩叶老杀；高温杀青，先高后低的原理，杀青杀死、杀熟、杀透，不能有焦边爆点、生青味，杀青机温度420℃，转速45r/min，具体掌握看茶做茶。

（4）揉捻　揉捻分为热揉和冷揉，热揉60min左右，轻压15min，加压25min，松压20min；冷揉90min，轻压15min，加压25min，松压20min，复压10min，加压5min，松压15min。具体情况要遵循看茶做茶。

揉捻适度判断标准为茶叶成条，茶汁渗透，叶细胞破损率90%以上。

（5）打毛火　揉捻好的茶叶放在摊青槽吹冷解块30min，然后倒进杀青机打毛火，温度200℃、150℃、100℃、80℃，这样反复三次。

（6）做干提香　用150℃的温度，将茶叶放在炒干机干燥提香，水分在4%左右为适度。

（7）筛分入库　把摊凉冷却后的提香叶经过筛分、风选等简单的精制工序，分离出梗、片、朴、黄片等夹杂物后装箱入库，并详细记录生产过程、时间、数量等，记录表格参考表2-3。

表2-3　绿茶加工过程记录表

<table>
<tr><td colspan="8">鲜叶进厂日期：</td></tr>
<tr><td colspan="2">鲜叶数量</td><td colspan="2"></td><td colspan="2">含水量</td><td colspan="2"></td></tr>
<tr><td colspan="2" rowspan="2">加工茶类
（产品名称）</td><td colspan="2"></td><td colspan="2" rowspan="2">工艺
流程</td><td colspan="2"></td></tr>
<tr><td colspan="2"></td><td colspan="2"></td></tr>
<tr><td colspan="8">茶叶初制加工记录</td></tr>
<tr><td>初制工序</td><td>设备名称</td><td>温度</td><td>含水量</td><td>时间</td><td>其他</td><td>操作要点</td><td>备注</td></tr>
<tr><td rowspan="2">鲜叶处理
工序</td><td></td><td></td><td></td><td></td><td></td><td></td><td></td></tr>
<tr><td></td><td></td><td></td><td></td><td></td><td></td><td></td></tr>
<tr><td rowspan="2">杀青
工序</td><td></td><td></td><td></td><td></td><td></td><td></td><td></td></tr>
<tr><td></td><td></td><td></td><td></td><td></td><td></td><td></td></tr>
<tr><td rowspan="2">揉捻
工序</td><td></td><td></td><td></td><td></td><td></td><td></td><td></td></tr>
<tr><td></td><td></td><td></td><td></td><td></td><td></td><td></td></tr>
<tr><td rowspan="2">整形干燥
工序</td><td></td><td></td><td></td><td></td><td></td><td></td><td></td></tr>
<tr><td></td><td></td><td></td><td></td><td></td><td></td><td></td></tr>
</table>

注：①根据企业加工产品（或茶类）详细记录该产品工艺流程；②结合产品加工工艺记录各工序初制加工过程；③根据情况酌情增加各工序。

（三）产品质量评价

针对初制加工产品品质特征，结合相关标准进行感官审评和品质评价，此步骤可由企业质量检验员完成。

（四）包装入库

对品质合格产品进行验收入库，并注明产品名称、重量、生产日期等，此步骤可由企业库房管理员完成；不合格产品则需根据产品要求进行工艺优化。

四、任务总结

根据同学们的动手能力和实际操作情况，对各种名优绿茶初制加工工作开展任务总结，要求能够熟练掌握加工工艺流程、工艺技术参数、关键技术点的控制。

五、任务评价

训练评价见表 2－4。

表 2－4　绿茶初制加工训练评价表

<table>
<tr><th colspan="3">评价内容</th><th>分值</th><th>评价标准</th><th>得分</th></tr>
<tr><td colspan="3">任务准备</td><td>20</td><td>材料准备充分、设备正常启动、卫生整洁为优秀（18～20 分）；较充分为良好（16～17.9 分）；准备不够充分，勉强能完成工作任务为合格（12～15.9 分）；准备不够充分，缺核心用具，致使该工作任务完成不好或者无法完成为不合格（0～11.9 分）</td><td></td></tr>
<tr><td rowspan="4">任务实施</td><td rowspan="3">茶叶初制加工</td><td>杀青</td><td>20</td><td rowspan="3">达到适度要求，技术要点充分合理为优秀（18～20 分）；较合理为良好（16～17.9 分）；欠合理勉强能完成工作任务为合格（12～15.9 分）；不合理致使该工作完成较差或无法完成为不合格（0～11.9 分）</td><td></td></tr>
<tr><td>做型</td><td>20</td><td></td></tr>
<tr><td>干燥</td><td>20</td><td></td></tr>
<tr><td colspan="2">包装入库</td><td>10</td><td>标签记录完整为优秀（9～10 分）；较完整为良好（8～8.9 分）；欠完整为合格（6～7.9 分）；不完整为不合格（0～5.9 分）</td><td></td></tr>
</table>

续表

评价内容	分值	评价标准	得分
任务总结	10	过程完整、结论正确为优秀（9～10分）；过程完整、结论较合理为良好（8～8.9分）；欠合理勉强能完成工作任务为合格（6～7.9分）；不合理致使该工作完成较差或无法完成为不合格（0～5.9分）	
备注	90～100分为优秀；80～89分为良好；60～79分为合格；0～59分为不合格		

评价人：　　　　　　　　　　评价时间：

工作任务二　红茶初制加工

一、任务目标

让学生熟悉红茶的加工工艺流程、技术参数、掌握要求和操作要领；能进行工夫红茶的加工操作。

二、任务知识

红茶是中国生产和出口的主要茶类之一。红茶依其制法不同分红碎茶（又称切细红茶）、工夫红茶和小种红茶3种。

（一）红茶共性品质特征

红茶具有红叶红汤、香味甜醇的品质特征。红茶按外形有红条茶和红碎茶之分，红条茶要求醇厚带甜，发酵较充分，多酚类保留量不到50%；红碎茶要求浓、强、鲜，发酵程度偏轻，多酚类保留量为55%～65%。

1. 红条茶

红条茶按制茶方法不同分为小种红茶和工夫红茶两类。

（1）小种红茶　是我国福建省特产，初制工艺分为萎凋、揉捻、发酵、过红锅、复揉、熏焙等工序。由于采用了松木柴火加热萎凋和干燥，干茶带有浓烈的松烟香。小种红茶分为正山小种（星村小种、松香小种）、人工小种（外山小种）、假小种。“松烟香、桂圆汤”是小种红茶最基本的品质特征。

（2）工夫红茶　工夫红茶是我国独特的传统产品，因初制揉捻工序特别注意条索的紧结完整，精制时因费工夫而得名。外形条索细紧平伏匀称，色泽乌润；内质汤色、叶底红亮，香气馥郁，滋味甜醇。

2. 红碎茶

红碎茶具有香气高锐持久、滋味浓强鲜爽的品质特征。依揉切方法不同，分为传统红碎茶、CTC 红碎茶、转子红碎茶、LTP 红碎茶等。

（1）大叶种红碎茶　外形颗粒紧结重实，有金毫，色泽乌润或红棕；内质香气高锐，汤色红艳，滋味浓强鲜爽，叶底红匀。

（2）中小叶种红碎茶　外形颗粒紧卷，色泽乌润或棕褐；内质香气高鲜，汤色红亮，滋味欠浓强，叶底尚红匀。

3. 红茶新产品

（1）金毫茶　金毫茶是红茶中的珍品，属名优红茶，选用特殊的茶树品种鲜叶，按红茶加工工艺生产而成，生产过程中注重对茶叶茸毛进行保护，成品茶中带有较多的金黄色茸毛，称金毫，更加突显出优异的品质特征，故而称之为金毫茶。

外形条索圆紧、金毫满披、色泽金黄，香气毫香或花香高爽持久，汤色红亮，滋味鲜嫩浓爽甜润、叶底芽叶完整、肥嫩红亮。

（2）颗粒型红茶　颗粒红茶按照红茶的基本工艺进行加工，增加了独特的造型工序，其外形颗粒紧结重实。如贵州红宝石红茶。

（二）红茶共性加工工艺

1. 鲜叶萎凋

萎凋是形成红茶品质的重要工序。萎凋方式可以分为自然萎凋、萎凋槽萎凋和萎凋机萎凋三种方法。现在多采用为萎凋槽萎凋。

掌握萎凋适度是制好工夫红茶的关键。萎凋不足或过度，红茶品质都不好。

（1）萎凋不足　含水量高，化学变化不充分。揉捻时茶叶易断碎，条索不紧，茶汁大量流失，发酵困难，制成毛茶外形条索短碎，多片末，内质香味青涩淡薄，汤色浑浊，叶底花杂带青。

（2）萎凋过度　含水量偏少，化学变化过度。茶叶枯芽焦边，泛红。揉捻不易成条，发酵困难。制成毛茶外形条索短碎，多片末，内质香低味淡，汤色红暗，叶底乌暗。

（3）萎凋不匀　揉捻和发酵都困难，毛茶外形条索松紧不匀，叶底花杂。

萎凋程度应掌握“嫩叶重萎凋，老叶轻萎凋”的原则，做到萎凋适度。手捏柔软如棉，紧握成团，松手不弹散，嫩梗折而不断；眼观叶面光泽消失，叶色由鲜绿变为暗绿，无枯芽、焦边、泛红；鼻嗅青臭气消失，发出轻微的清新花香。

2. 揉捻

揉捻是塑造优美外形和形成内质的重要工序。红茶揉捻即发酵的开始。投叶量与机型及萎凋叶质量要协调；轻重轻揉捻原则不可少。

轻萎凋叶轻揉、重萎凋叶重揉；细胞破损率80%以上为最佳，成条率90%以上为极品；条索紧卷，紧握茶条，茶汁溢出不滴为好。

投叶量过多，叶子在揉桶内翻转困难，揉捻不均匀，扁条多，揉捻时间延长。投叶量过少，叶子在揉捻时翻转不规则，也易形成扁条，揉捻效果差。

3. 发酵

红茶发酵的目的在于人为的创造条件，以多酚类为中心的一系列化学变化过程。它是形成红茶特有色、香、味品质的关键工序。

①发酵叶温高于室温2~6℃，保持30℃最佳；

②间接影响发酵湿度的是空气，洒水喷雾盖湿布要常用；

③空气要流通，注意摊叶厚度；摊叶过厚可致进气不良；

④摊叶过薄难发酵，叶温不易保蓄；

⑤发酵时间3~5h为宜，掌握宁轻勿过要重视。

4. 过红锅

过红锅是小种红茶初制的特殊而重要的技术措施。它是利用高温迅速破坏酶的活性，适时地停止转色，散发青草气，增进茶香，使香气鲜纯。同时保持一部分可溶性多酚类化合物不受氧化，使茶汤鲜浓而甜醇，叶底红亮。

5. 干燥

干燥目的是终止酶活性，散发青臭气，发展茶香；干燥技术多数采用烘干机进行二次烘干方式。干燥初期发酵仍继续，毛火高温、足火低温最关键。温度过低，会造成发酵过度，温度过高，会造成外干内湿、条索不紧、叶底不展等缺点。

三、任务实施

（一）准备工作

1. 资料准备

按照各类茶叶工艺流程准备相关记录表格，详细记录各工序的技术参数（在制叶含水率、温度、湿度、转速、投叶量等）及处置加工过程的注意事项、在制叶叶相变化情况等。

2. 机械设备准备

（1）茶叶摊放设备　地面摊青、槽式摊青机、车式摊青机、摊青架，多层式鲜叶自动摊青机、多组式鲜叶摊放贮青机等。

（2）茶叶发酵设施　可根据茶厂情况，可采用发酵室、发酵机、发酵筐等。

（3）茶叶造型设备　主要是茶叶揉捻机，如果生产珠形、针形红茶，则需要曲毫机、多功能理条机。

（4）茶叶干燥设备　自动链板式烘干机、茶叶提香机等。

（5）其他制茶用具设备　如加工颗粒型红茶，可准备摇青设备。其他辅助用具撮箕、簸箕、格筛等。

3. 作业前检查

（1）认真检查各设备的使用电源、电压与选用的电器电压是否相符，并接好地线和触电保护器，以保障人身与设备的安全。

（2）检查所有的传动部件和紧固件，使其处于完好状态，加足各润滑点的润滑油。

（3）清理设备上的焦叶、残叶等残物，并清理机械工作面和作业环境，保持清洁。

（4）接通电源在不加热状态下开机试运行，检查传动机构运转是否正常，有无卡阻、碰撞和异常声响现象。

4. 原料准备

鲜叶进厂后，严格地对照鲜叶分级标准进行检验分级，分别加工付制。

（二）茶叶初制加工

1. 金毫茶加工技术

金毫茶的制作是选用适制红茶且茸毛多的大叶种茶树品种鲜叶。采摘肥壮芽叶，经精细加工制作而成。金毫茶采制工艺十分讲究，一般以春秋两季茶的品质最佳，夏茶品质略次。

工艺流程：萎凋→揉捻→发酵→初烘→整形提毫→烘焙足干

（1）鲜叶标准及管理　鲜叶为单芽或一芽一叶初展，要求芽叶完整，无病虫芽，不带鳞片鱼叶，无夹杂物，大小均匀，色泽鲜活。

（2）萎凋　根据加工条件选择合适的萎凋方式。鲜叶宜薄摊，厚度2cm为好，不超过3cm，并且要采取间断鼓风或吹风，萎凋时间一般掌握在12～16h，芽叶含水量达到56%～58%为宜。

（3）揉捻　揉捻机宜采用名茶揉捻机。揉捻原则掌握以轻压揉捻为主，先空揉10min，加压2min，松压8min，“加压—松压”交替进行4次，全程用时为50min左右。

（4）发酵　根据加工条件可以在发酵室发酵，也可以采用发酵机发酵。在正常温湿度条件下，时间为3.5～4.5h，一般春茶4.0～4.5h，夏茶3.5～4.5h，至叶色金黄、青草味消退、有清醇花果香止。

（5）初烘　采用薄摊快烘的方式，烘干温度为100℃，烘至七成干。

（6）整形提毫　整形提毫工序是形成金毫的关键工序。整形提毫是在烘干过程中完成的，烘干的温度适当稍低，以便于手工搓揉茶叶。在搓揉的过程中，掌握适当的力度和用力方向，常向一个方向搓揉搓团，紧缩茶叶条索，形成金毫披露的外形。

（7）烘焙足干　通常采用烘笼足干的方法。足火温度以80℃为宜，用低温慢焙发挥茶叶香气，保留毫香。干茶含水量低于6%，以手捻茶条成粉末为度。

2. 传统工夫红茶初制加工

高档工夫红茶以一芽二、三叶为主要原料，要求芽叶匀齐，新鲜，叶色黄绿，叶张狭长，节间较短，叶质柔软，多酚类和水浸出物含量要高，鲜叶进厂要分级验收、管理和付制。

工艺流程：萎凋→揉捻→发酵→干燥

（1）萎凋　一般采用萎凋槽萎凋。在使用萎凋槽萎凋时要掌握的主要技术措施是：温度、风量、厚度、翻抖和萎凋时间等。萎凋槽热空气一般控制在35℃左右，最高不能超过38℃，要求槽体两端温度尽可能一致。在萎凋过程中，需要进行翻抖，翻抖是达到鲜叶均匀萎凋的手段。一般每隔1h停鼓风机翻抖一次，翻抖时动作要轻，切忌损伤叶片。

萎调叶适度含水量掌握在58%～64%，春茶略低58%～61%，夏秋茶略高61%～64%。鲜叶减重率在30%～40%。

（2）揉捻　根据萎凋叶的情况掌握好投叶量、加压力度、揉捻次数和揉捻时间。大型揉捻机一般揉90min，嫩叶分3次揉，每次30min；中等嫩度叶片分2次揉，每次45min；较老叶片要延长揉捻时间，分3次揉，每次45min；中小型揉捻机一般揉捻60～70min，分2次揉，每次30～35min，老叶可适当延长揉捻时间。揉捻时掌握“轻、重、轻”的加压原则。揉捻至细胞损伤率80%以上、茶叶成条率90%以上，条索紧卷，茶汁充分外溢，用手紧握时，茶汁能从指间挤出。

（3）发酵　可以在发酵室进行，也可以采用发酵机发酵。发酵叶温保持在30℃以下为宜，气温控制在24～25℃为佳；发酵时间依叶质老嫩、揉捻程度、发酵条件不同而有差异，一般从揉捻开始起算，需2.5～3.5h。发酵叶由青绿、黄绿、黄、黄红、红、紫红到暗红色的变化过程，出现花香或果香时即为发酵适度。

（4）干燥　自动烘干机烘干毛火进风口温度110～120℃，不超过120℃，足火 85~95℃，不超过 100℃，毛火与足火之间摊晾 40min，不超过 1h，摊晾叶厚度 10cm。毛火时间 10~15min，足火 15~20min 为宜。

干燥至毛火叶含水量 20%~25%或叶条基本干硬，嫩梗稍软，手握既感刺手又感稍软，足火叶含水量 4%~5%或折梗即断、手捻茶条成粉末为适度。

3. 颗粒型工夫红茶初制加工

以贵州省红宝石红茶为例介绍。

红宝石红茶原料一般以一芽二、三叶为主要原料，要求芽叶匀齐，新鲜，无病变叶、虫伤叶，无明显红梗红叶和机械损伤叶。不得有单叶、鱼叶、对夹叶等，不得夹杂茶果、梗、花及其他非茶类物质。春茶前期芽叶长度 7~9cm，春茶中期芽叶长度 6~8cm，春茶后期和夏秋茶期芽叶长度 5~6cm。

工艺流程：萎凋→摇青→揉捻→发酵→脱水→做形（三次做形）→烘干

（1）萎凋　采用合适的萎凋设备，一般可采用萎凋槽、萎凋机组。茶青摊放厚度约为 10cm，最多不超过 20cm，必须厚薄均匀、松紧一致，以利于通风。温度为 25~35℃（环境温度为 25℃时，自然萎凋，低于此温度需热风萎凋，但不高于 35℃）。

以茶青萎凋程度控制萎凋时间，一般为 8~22h，在萎凋过程中设置萎凋机自动循环 1~2 次，保证萎凋均匀一致。

注意萎凋时必须按品种、等级进行分开摊放，萎凋标准为叶面失去光泽，叶色由深绿变为暗绿色，叶质柔软，折茎不断，青草气消失，显露清香。

（2）摇青　根据企业生产水平，可采用单机摇青，也可以采取一体化流水线作业。投叶量根据茶机情况及茶青情况而定。摇青机转速为 60~100r/min，摇青时间为 25~35min（投叶时开始计时）。

经摇青后的茶青叶面稍显黄棕色，柔软并带花香。

（3）揉捻　分两次揉捻。揉捻机转速为一揉 20~25r/min，二揉 15~25r/min。揉捻投叶量约为揉桶的 2/3，具体投叶量根据在制叶质量而灵活掌握。揉捻时间第一次揉捻 20~40min，第二次揉捻 60~90min。

揉至条索紧卷，茶汁充分揉出而不流失，叶片大部泛青黄，并发出较浓烈的清香，基本成条（约占 85%）。

（4）发酵　发酵室必须清洁，摊放厚度 10~15cm，厚薄均匀、疏松，不得有团块。发酵室温度控制在 32~35℃，相对湿度在 95%以上，保证通风。发酵时间为 3.5~4.5h。当叶象变成红黄色、花果香明显为发酵适度。

（5）脱水　采用滚筒炒干机脱水，滚筒内热风温度上升到 140~150℃时投叶，投叶为 35~40kg/筒，每次在机内运行 8~15min。脱水叶失去黏性，手握茶成团，松手后可散开。及时对脱水叶散热，摊凉回软后进行做形。

（6）做形　颗粒型红茶的做形是用双锅曲毫炒干机在炒锅中滚动，通过三次做形完成。

做形机械设备目前也有单机、流水线作业，具体参数根据设备选用情况而定。在做形过程中，观察做形茶叶形状及颜色变化来对照检查做形叶是否符合做形标准要求。下面以单机做形为例。

①一炒（炒坯）：将脱水并摊晾回潮后的茶坯投入预热至80℃左右的曲毫机中，启动曲毫机，调到大幅档位、设备运行速度约为110次/min，使茶坯在锅中能顺利翻转为宜，炒制时间约为30min。炒至芽叶卷曲成蝌蚪状、色泽棕红，略显花果香，含水量35%左右时，迅速下锅，短暂摊晾，搓散团块，筛去碎末。

②二炒（第一次并锅）：将经过炒坯并筛去碎末的茶坯6～7kg投入到预热至70℃左右的曲毫中，将设备运转速度降至90次/min，根据茶坯在锅中的翻转情况设定为大幅或小幅档，炒制时间约为35min，至茶条尚成盘花颗粒状，棕红或暗红，略显甜香，茶坯含水量25%左右时，迅速下锅，短暂摊晾，筛去碎末。

③三炒（第二次并锅）：将经过第一次并锅并筛去碎末的茶坯投入到预热至60℃左右的曲毫机中，投叶量为11～12kg，转速为60次/min左右，炒制时间约为45min，至颗粒紧结成盘花颗粒状，开启曲毫机热风机，至茶坯整体乌润、显金毫或隐毫，甜香显，含水量约为10%时下锅，摊晾，完成造型工序。

（7）烘干　烘干设备的根据企业情况，通常采用链板式连续烘干机，摊叶厚度为2cm。进风温度110～120℃，箱内温度100～105℃，时间为25～30min。烘干至水分约6%。

4. 小种红茶初制加工

小种红茶比工夫红茶粗老，一般采摘半开面三、四叶，由于嫩梢较成熟，芽尖很小，糖类含量较高，多酚类含量较少，有利于茶汤滋味的形成。春茶一般在5月上旬开采，6月下旬采夏茶，不采秋茶。

工艺流程：萎凋→揉捻→发酵（转色）→过红锅→复揉→烟干→复火

（1）萎凋　小种红茶的萎凋有室内加温萎凋和日光萎凋两种方式，主要产区福建省崇安县星村一带，4～5月间阴云多雨，因此以室内加温萎凋为主，日光萎凋为辅。

①室内加温萎凋（焙青）：焙青有专用的焙青间。加温的方法为在楼下地

面上每隔1～1.5m烧一堆松柏柴，加温时焙青间窗门关闭，保持室内温度在28～30℃。如果萎凋和烟烘作业同时进行，则要注意提高松柴燃烧发烟浓度，每隔15～30min翻拌一次，直到萎凋达到适度为止，一般需1.5～2h。

焙青间现改用萎凋槽，加热炉灶燃烧松柴，用鼓风机将炉内带有烟粒的热空气直接鼓入槽内进行萎凋。

②日光萎凋：在茶厂附近搭起高2.5m、宽4.0m的晒青架，架上面用厚竹片编成水平的顶棚，上铺竹席摊叶，摊叶厚度2.5～3.0cm，萎凋过程中翻拌1～2次，使萎凋均匀。萎凋时间长短根据日光强弱灵活掌握，日光强20～40min即可，日光较弱需1～2h。在鲜叶老嫩不一、日光较强的情况下，很难萎凋均匀，为达到均匀一致，在萎凋一段时间后，将叶子搬入室内进行晾青，再在室内摊开萎凋一段时间，当鲜叶失去原有色泽，叶脉光透明状态，叶梗萎软则完成萎凋过程。

（2）揉捻　揉捻加压遵循“轻—重—轻”“老叶长时重揉，嫩叶短时轻揉”的原则，一般嫩叶揉40min，中等叶揉60min，老叶90min，中间解块筛分一次，揉至茶汁溢出、叶卷成条即可。

（3）发酵（转色）　将揉捻叶装入箩筐中，厚30～40cm，中间挖一洞，以便通气，并稍加压紧，盖上湿布，保温保湿，为转色创造良好的条件。春季气温较低，可将箩筐搬到加温萎凋的青楼上，提高叶温，促进转色。经5～6h，有80%以上叶子转色呈红褐色，青臭气消失，发出愉快茶香，即可过红锅。

（4）过红锅　传统制法是用平锅过红锅。温度200℃左右，投叶量1～1.5kg，迅速翻炒2～3min，使叶子受热，叶质柔软，便可起锅复揉。现在已用仿浙一型杀青机过红锅。锅炉温80～90℃，投叶量4～5kg，约经3min。因锅温较低，投叶量较多，有促进转色的作用。因此，转色叶掌握偏轻程度，有80%叶转色即可过红锅，使其在锅中继续转色，经复揉后正好达转色程度。

（5）复揉　把过红锅的叶子趁热揉捻5～6min，使条索更为紧结，揉出更多的茶汁，以增加茶汤浓度。复揉后的叶子要及时解块、干燥，不可放置过长时间；否则转色可能过度，影响品质。

（6）烟干　将复揉叶分别薄摊于水筛上，每筛2～2.5kg，摊叶厚度3～5cm。水筛置于青楼楼下焙架上，地面用纯松柴燃烧，热烟穿透至水筛各部分。明火熏焙，开始火温要高，防止湿坯转色过度，至八成时，将火苗压小，降低温度，增大烟量，使温坯大量吸收松烟。熏焙时不翻拌，一次熏干，以免条索松散。熏焙8～12h。

（7）复火　毛茶出售前进行复火，达到8%以内的含水量。复火采用低温长时间熏焙，使其吸足烟量。

其加工任务单见表2-5。

表 2-5 红茶加工任务单

<table>
<tr><td colspan="2">鲜叶数量</td><td colspan="2"></td><td colspan="2">含水量</td><td colspan="2"></td></tr>
<tr><td colspan="2" rowspan="2">加工茶类
（产品名称）</td><td colspan="2"></td><td colspan="2" rowspan="2">工艺
流程</td><td colspan="2"></td></tr>
<tr><td colspan="2"></td><td colspan="2"></td></tr>
<tr><td colspan="8">茶叶初制加工记录</td></tr>
<tr><td>初制工序</td><td>设备名称</td><td>温度</td><td>含水量</td><td>时间</td><td>其他</td><td>操作要点</td><td>备注</td></tr>
<tr><td rowspan="2">鲜叶处理
工序</td><td></td><td></td><td></td><td></td><td></td><td></td><td></td></tr>
<tr><td></td><td></td><td></td><td></td><td></td><td></td><td></td></tr>
<tr><td rowspan="2">揉捻
工序</td><td></td><td></td><td></td><td></td><td></td><td></td><td></td></tr>
<tr><td></td><td></td><td></td><td></td><td></td><td></td><td></td></tr>
<tr><td rowspan="2">发酵
工序</td><td></td><td></td><td></td><td></td><td></td><td></td><td></td></tr>
<tr><td></td><td></td><td></td><td></td><td></td><td></td><td></td></tr>
<tr><td rowspan="2">干燥
工序</td><td></td><td></td><td></td><td></td><td></td><td></td><td></td></tr>
<tr><td></td><td></td><td></td><td></td><td></td><td></td><td></td></tr>
</table>

注：①根据企业加工产品（或茶类）详细记录该产品工艺流程；②结合产品加工工艺记录各工序初制加工过程；③根据情况酌情增加各工序。

（三）产品质量评价

针对红茶初制加工产品品质特征，结合相关标准进行感官审评和品质评价，此步骤可由企业质量检验员完成。

（四）包装入库

对品质合格产品进行验收入库，并注明产品名称、重量、生产日期等，此步骤可由企业库房管理员完成；不合格产品则需根据产品要求进行工艺优化。

四、任务总结

根据同学们的动手能力和实际操作情况，对各种红茶初制加工工作开展任务总结，要求能够熟练掌握加工工艺流程、工艺技术参数、关键技术点的控制。

五、任务评价

训练评价见表 2-6。

表 2－6 红茶初制加工训练评价表

<table>
<tr><th colspan="3">评价内容</th><th>分值</th><th>评价标准</th><th>得分</th></tr>
<tr><td colspan="3">任务准备</td><td>10</td><td>材料准备充分、设备正常启动、卫生整洁为优秀（9～10 分）；较充分为良好（8～8.9 分）；准备不够充分，勉强能完成工作任务为合格（6～7.9 分）；准备不够充分缺核心用具，致使该工作任务完成不好或者无法完成为不合格（0～5.9 分）</td><td></td></tr>
<tr><td rowspan="5">任务实施</td><td rowspan="4">茶叶初制加工</td><td>萎凋</td><td>20</td><td rowspan="4">达到适度要求，技术要点充分合理为优秀（18～20 分）；较合理为良好（16～17.9 分）；欠合理勉强能完成工作任务为合格（12～15.9 分）；不合理致使该工作完成较差或无法完成为不合格（0～11.9 分）</td><td></td></tr>
<tr><td>揉捻</td><td>20</td><td></td></tr>
<tr><td>发酵</td><td>20</td><td></td></tr>
<tr><td>干燥（包括造型）</td><td>20</td><td></td></tr>
<tr><td colspan="2">包装入库</td><td>5</td><td>标签记录完整为优秀（4.5～5 分）；较完整为良好（4～4.4 分）；欠完整为合格（3～3.9 分）；不完整为不合格（0～2.9 分）</td><td></td></tr>
<tr><td colspan="3">任务总结</td><td>5</td><td>过程完整、结论正确为优秀（4.5～5 分）；过程完整、结论较合理为良好（4～4.4 分）；欠合理勉强能完成工作任务为合格（3～3.9 分）；不合理致使该工作完成较差或无法完成为不合格（0～2.9 分）</td><td></td></tr>
<tr><td colspan="3">备注</td><td colspan="3">90～100 分为优秀；80～89 分为良好；60～79 分为合格；0～59 分为不合格</td></tr>
</table>

评价人：　　　　　　　　　　　　　　　　　　　　评价时间：

工作任务三　黑毛茶初制加工

一、任务目标

初步掌握黑毛茶加工过程，学会看茶做茶，能独立完成加工工艺，能对茶叶在制品的优缺点进行分析，优化加工工艺参数。

二、任务知识

黑茶是我国六大茶类之一，产区广阔，销售量大，品种花色较多，是制造紧压茶的原料。

（一）黑毛茶加工工艺

黑毛茶的基本工艺流程是杀青、初揉、渥堆、复揉、烘焙。黑毛茶作为成品黑茶的原料，其加工工艺和品质特点因产地不同而有差别，但也存在共性特点。

（1）不同产地的黑茶都有渥堆变色过程。有的是干坯渥堆变色，如老青砖和四川的茯砖等；有的采用湿坯渥堆变色，如湖南的黑茶和广西六堡茶。

（2）黑茶都要通过蒸压过程和缓慢干燥过程，所以反映在品质上干茶色呈褐色，汤色呈橙黄或橙红（带橙色），香味纯而不涩，叶底黄褐粗大。

（3）不同产地传统黑毛茶的基本加工工艺流程

①湖南黑毛茶：

杀青→初揉→渥堆→复揉→干燥

②湖北老青茶：

杀青→初揉→初晒→复炒→复揉→渥堆→晒干

③四川南路边茶：

杀青→堆积→晒干→蒸茶→蹓茶→渥堆→干燥

④六堡茶：

杀青→揉捻→渥堆→复揉→干燥

（4）新型黑毛茶基本加工工艺流程

摊放→杀青→揉捻→渥堆→（初烘）→（复揉）→干燥→储藏

（二）相关概念

1. 洒水灌浆

黑茶杀青的目的是蒸发一部分水分，使叶质变软以利于揉捻，但因鲜叶较粗老，纤维素和半纤维素含量高，水分含量低，故杀青前的鲜叶采取洒水灌浆，利用水分产生高温蒸汽来提高叶温，使其杀匀杀透。

2. 七星灶烘焙

湖南黑毛茶传统的干燥方法采用专用的“七星灶”松柴明火烘焙。烘焙时，先将焙帘和匀温坡打扫干净，然后生火。将松柴（不可用其他燃料）以堆架方式摆在灶口处，然后点火燃烧，保持均匀火力，借风力使火温透入七星孔内，沿着匀温坡使火均匀地扩散到焙床上的焙帘上。当焙帘温度升到70℃以上时，开始撒上第一层湿坯，厚度2～3cm，注意要撒得匀，不留空隙，待第一层茶坯烘到六七成干稍有刺手感时再加第二层茶坯，撒叶厚度较第一层稍薄，照这样一层一层地加到5~7层，总的厚度为18~20cm，不超过焙框高度。待最上面一层茶坯达到七八成干时，进行退火翻焙。翻焙用特制铁叉，将已干的底层翻到上面来，将尚未干的上层翻至下面去。继续升火烘焙，待上中下各层茶叶干燥到适度，即行下焙。

三、任务实施

（一）任务准备

1. 了解鲜叶开采期

根据当地茶叶生长情况，明确开采期，并制定采摘计划和要求。

2. 设备检修维护

对加工所需的设备进行维护和检修，包括使用情况、厂房用电、气、动力等设施进行全面的排查，确保机械设备正常。

3. 车间卫生清理

对加工厂房以及设备卫生进行全面清洗打扫，包括生活区、公共区，确保加工大环境和微环境的干净、整洁。

4. 加工辅助工具准备

除对加工过程中必需的机械设备检修外，准备好加工需要的篾盘、簸箕、清扫工具等。

5. 加工人员组织培训

对从事加工的技术人员进行集中培训，包括技术规程、产品质量标准以及设备使用操作、安全生产等。

（二）茶叶加工

由于成品黑茶种类多，毛茶加工技术因产地和产品规格要求各异，此处无法一一展开，本任务以新型黑毛茶加工为例加以介绍。

1. 鲜叶采摘标准与管理

鲜叶标准以一芽三、四叶，同等嫩度的单片叶、对夹叶为主；茶园鲜叶及时分批分期采摘，鲜叶匀净、新鲜和清洁卫生，不夹带非茶类夹杂物，进厂的鲜叶严格按照标准验收，划分等级、及时摊放，防止鲜叶机械破损和发热红变。

2. 摊放

将鲜叶及时摊放在专用的摊放架或通风槽，及时散热处理。鲜叶摊放厚度不超过40cm，适时翻动，防止发热红变。摊放时间根据鲜叶含水量及气温，可以摊放4~8h，也可以在鲜叶进厂后随即杀青。遵循嫩叶重摊、老叶轻摊的原则。

3. 杀青

可以采用手工杀青或机械杀青。粗老叶在杀青前洒5%～8%的清水，边翻动边洒水，尽量做到均匀一致，确保杀青杀匀杀透。露水叶、雨水叶和较嫩的原料，可以不洒水。

杀青适度表现为茶叶软绵且带黏性，色转暗绿，无光泽，青草气消除，香气显，折粗梗不易断，且均匀一致。

4. 揉捻

杀青叶不需冷却，趁热立即揉捻。投叶量以杀青叶自然松紧度装满揉桶为宜，揉捻前用手将揉捻叶适当轻压后进行。揉捻掌握轻重轻的原则，时间30～35min。

揉捻程度以一芽三、四叶确保揉捻叶成条率达80%以上，粗老叶叶片变皱缩和柔软，叶色黄绿，不含扁片叶、碎片茶，丝瓜瓤茶和脱皮梗茶少。

5. 渥堆

根据生产企业实际情况，如有专用的渥堆室，则采用渥堆室渥堆。如没有渥堆室，则可以选择背窗、洁净的地面，避免阳光直射。渥堆适宜的环境条件是室温在25℃以上，相对湿度保持在85%左右。

渥堆时将揉捻后的茶叶无须解块直接进行渥堆，堆高50～60cm，粗老叶堆高可达70～80cm，茶堆形状为长方体或正方体，堆好后放入温度计，再将湿布覆盖在茶堆上，借以保温保湿。每隔2h观察一次温湿度及发酵程度，根据茶堆温度和发酵程度适时翻堆，较嫩叶在温度达48℃进行翻堆，粗老叶达到55℃时进行翻堆。堆积时间15～24h。

渥堆适度的标志为茶坯表面出现水珠，叶子色泽转为淡黄色或黄褐色，青气消除，发出甜酒糟香气，手伸入堆内感觉发热，叶片黏性不大，对光透视呈竹青色而透明。

如果叶色尚花杂，叶子黏性大，还有青臭气，须继续渥堆至适度；如手摸时有泥滑感，则表明渥堆过度。已有过度现象的茶坯，不宜复揉，就应立即进行干燥。

6. 初烘

可以采用烘干机使渥堆叶失水，如果是湖南黑毛茶传统的干燥方法，可以采用专用的“七星灶”松柴明火烘焙干燥。

7. 复揉

使茶条卷紧，叶细胞破损率达到30%以上。

8. 干燥

干燥方式因产品特点不同而不同，湖南黑毛茶则采用“七星灶”松柴明火烘焙干燥。新型黑毛茶干燥可采用烘干或晒干方式。阳光不足时可以先采用烘干机毛火后再晒干。

烘干采用先毛火后足火，温度先高后低。毛火高温快烘，温度为120～150℃为宜，达到七八成干。足火采用低温，烘干机温度80～90℃，茶叶含水量8%左右，手感茶叶刺手，握茶有清脆的响声为度。

晒干把晒垫置于晒坝中，将茶叶摊放于晒垫上，中途翻一次。晒至茶叶含水量约8%。

干毛茶下焙后，置于晒簟上摊晾至与室温相同后，及时装袋入库，做好登记（表2－7）。

表2－7　黑毛茶加工任务单

<table>
<tr><td colspan="2">鲜叶数量</td><td colspan="2"></td><td colspan="2">含水量</td><td colspan="2"></td></tr>
<tr><td colspan="2" rowspan="2">加工茶类
（产品名称）</td><td colspan="2"></td><td colspan="2" rowspan="2">工艺
流程</td><td colspan="2"></td></tr>
<tr><td colspan="2"></td><td colspan="2"></td></tr>
<tr><td colspan="8">茶叶初制加工记录</td></tr>
<tr><td>初制工序</td><td>设备名称</td><td>温度</td><td>含水量</td><td>时间</td><td>其他</td><td>操作要点</td><td>备注</td></tr>
<tr><td rowspan="2">鲜叶处理
工序</td><td></td><td></td><td></td><td></td><td></td><td></td><td></td></tr>
<tr><td></td><td></td><td></td><td></td><td></td><td></td><td></td></tr>
<tr><td rowspan="2">揉捻
工序</td><td></td><td></td><td></td><td></td><td></td><td></td><td></td></tr>
<tr><td></td><td></td><td></td><td></td><td></td><td></td><td></td></tr>
<tr><td rowspan="2">渥堆
工序</td><td></td><td></td><td></td><td></td><td></td><td></td><td></td></tr>
<tr><td></td><td></td><td></td><td></td><td></td><td></td><td></td></tr>
<tr><td rowspan="2">干燥
工序</td><td></td><td></td><td></td><td></td><td></td><td></td><td></td></tr>
<tr><td></td><td></td><td></td><td></td><td></td><td></td><td></td></tr>
</table>

注：①根据企业加工产品（或茶类）详细记录该产品工艺流程；②结合产品加工工艺记录各工序初制加工过程；③根据情况酌情增加各工序。

（三）产品质量评价

针对黑毛茶初制加工产品品质特征，结合相关标准进行感官审评和品质评价，此步骤可由企业质量检验员完成。

（四）包装入库

对品质合格产品进行验收入库，并注明产品名称、质量、生产日期等，此步骤可由企业库房管理员完成；不合格产品则需根据产品要求进行工艺优化。

四、任务总结

结合整个任务训练过程，对加工环节工艺进行分析。并总结通过该任务实施的收获及体会。

五、任务评价

加工过程评价见表 2 –8。

表 2 –8　黑茶加工过程评价表

<table>
<tr><th colspan="3">评价内容</th><th>分值</th><th>评价标准</th><th>得分</th></tr>
<tr><td colspan="3">任务准备</td><td>10</td><td>材料准备充分、设备正常启动、卫生整洁为优秀（9 ~ 10 分）；较充分为良好（8 ~ 8.9 分）；准备不够充分，勉强能完成工作任务为合格（6 ~ 7.9 分）；准备不够充分缺核心用具，致使该工作任务完成不好或者无法完成为不合格（0 ~ 5.9 分）</td><td></td></tr>
<tr><td rowspan="5">任务实施</td><td rowspan="4">茶叶初制加工</td><td>杀青</td><td>20</td><td rowspan="4">达到适度要求，技术要点充分合理为优秀（18 ~ 20 分）；较合理为良好（16 ~ 17.9 分）；欠合理勉强能完成工作任务为合格（12 ~ 15.9 分）；不合理致使该工作完成较差或无法完成为不合格（0 ~ 11.9 分）</td><td></td></tr>
<tr><td>揉捻</td><td>20</td><td></td></tr>
<tr><td>渥堆</td><td>20</td><td></td></tr>
<tr><td>干燥</td><td>20</td><td></td></tr>
<tr><td colspan="2">包装入库</td><td>5</td><td>标签记录完整为优秀（4.5 ~ 5 分）；较完整为良好（4 ~ 4.4 分）；欠完整为合格（3 ~ 3.9 分）；不完整为不合格（0 ~ 2.9 分）</td><td></td></tr>
<tr><td colspan="3">任务总结</td><td>5</td><td>总结评价过程完整、结论正确为优秀（4.5 ~ 5 分）；过程完整、结论较合理为良好（4 ~ 4.4 分）；欠合理勉强能完成工作任务为合格（3 ~ 3.9 分）；不合理致使该工作完成较差或无法完成为不合格（0 ~ 2.9 分）</td><td></td></tr>
<tr><td colspan="3">备注</td><td colspan="3">90 ~ 100 分为优秀；80 ~ 89 分为良好；60 ~ 79 分为合格；0 ~ 59 分为不合格</td></tr>
</table>

评价人：　　　　　　　　　　　　　　　　　　　　　　评价时间：

工作任务四　青茶初制加工

一、任务目标

掌握青茶的基本加工过程；学会看茶做茶；能独立完成加工工艺；能对茶叶在制品的优缺点进行分析，优化加工工艺参数。

二、任务知识

（一）青茶的分类

青茶产区分布于福建、广东、台湾三省。

①福建所产青茶最负盛名，著名产品有武夷岩茶、武夷肉桂、闽北水仙、安溪铁观音、安溪黄金桂、永春佛手、漳平水仙茶饼等。

②广东青茶主要产于粤东北的潮州、饶平、梅州、揭阳一带，著名产品有凤凰单丛、凤凰水仙等。

③台湾青茶主要产于台北、南投、桃源、新竹、苗粟、台南等地，著名产品有文山包种茶、冻顶青茶、高山青茶、槛风青茶等。

20 世纪 90 年代至 21 世纪初，广西、四川、湖南、江西、浙江、江苏等省区有少量生产。

（二）适制青茶的茶树品种

青茶具有自然幽雅的花香，茶树品种是形成这种品质特征的物质基础。尽管不同加工工艺、不同产地的青茶品质风格都有一定的差异，但茶树品种在很大的程度上决定了青茶的香味品质特征。著名的青茶产品往往都以茶树品种的名称命名，这充分说明茶树品种与青茶品质之间存在着密切的关系。青茶初制加工的做青工艺强调“看青做青”，就是说要看品种做青，看不同品种的鲜叶特征做青。

（三）青茶初加工的基本工艺与品质特征认知

青茶的花色、品种虽多，但其加工工艺与原理基本相似，在此一并叙述。

1. 青茶初制加工基本工艺

青茶初制加工由晒青（加温萎凋）、做青（摇青、晾青）、杀青、揉捻（包揉）、烘焙等工序组成。

2. 青茶的基本品质特征

香气浓郁，具特有的自然花香，滋味醇厚甘爽，叶底绿叶腹红镶边。青茶按制法和品质特征分为3种类型。

①闽北与广东青茶的加工工艺基本相似，重晒青、轻摇青，发酵程度相对较重，揉捻后没有包揉造型工艺。青茶外形呈条状（闽北条索粗壮紧结，广东条索细紧），色泽乌褐油润，带砂绿色；内质香气浓郁，滋味浓厚，汤色橙红，叶底红边明显。

②闽南青茶加工工艺轻晒青、重摇青，发酵程度比闽北乌龙轻，揉捻后有包揉造型工艺。青茶外形呈圆曲或颗粒状，色泽砂绿油润，带乌褐色，俗称“青蒂绿腹蜻蜓头”；内质香气浓郁，滋味浓厚，汤色橙黄，叶底黄绿明亮，叶缘朱砂红。

③台湾包种茶和闽南清香青茶，轻晒青、轻摇青，即发酵程度轻，重包揉（包揉次数多）。青茶外形呈颗粒状，圆紧重实，色泽翠绿或墨绿色；内质香气清高，滋味浓醇，汤色、叶底绿亮，即“绿叶绿汤”。

3. 青茶做青

做青是青茶初制加工的关键工序。做青工艺要求“看青做青”“看天做青”。

“看青做青”就是要看不同品种的鲜叶特征做青，即看鲜叶的色泽、质地与嫩梢含水量、叶片的解剖结构、鲜叶的生化组成做青。

“看天做青”就是要看不同茶季、不同天气状况做青，即看光照度、风速风向、温度与相对湿度等气候因素做青。

做青工艺包括摇青、晾青及堆青，但从初制加工过程青叶的生化变化来看，或从广义上看，做青工艺还包括晒青。晒青和摇青、晾青过程青叶生化成分发生剧烈、复杂变化的同时，青叶的形态、色泽与气味也随着发生显著的变化。

（1）做青形成“汤匙状”叶态　晒青前鲜叶呈膨胀状态，晒青后转变为萎蔫状态。晾青后青叶近似半膨胀状态。摇青后青叶形态稍呈萎蔫状态。做青结束时青叶呈半膨胀状态，叶缘垂卷，叶背翻成“汤匙状”。

（2）做青形成“绿腹红镶边”的叶色　晒青前鲜叶呈鲜绿色，具光泽，晒青后转变为暗绿色并失去光泽。摇青、晾青的前中期，青叶色泽逐渐转变为淡绿色、淡黄绿色，逐渐显现出光泽，叶尖、叶缘逐渐显现出红斑点。摇青、晾青的后期，青叶中部（叶腹）色泽逐渐转变为黄绿色、绿黄色，光泽度逐渐增强，叶尖、叶缘产生较多明显的红斑点，其结果形成青茶“绿腹红镶边”的叶色特征。

三、任务实施

（一）任务准备

1. 了解鲜叶开采期

根据当地茶叶生长情况，明确开采期，并制定采摘计划和要求。

2. 设备检修维护

对加工所需的设备进行维护和检修，包括使用情况、厂房用电、气、动力等设施进行全面的排查，确保机械设备正常。

3. 车间卫生清理

对加工厂房以及设备卫生进行全面清洗打扫，包括生活区、公共区，确保加工大环境和微环境的干净、整洁。

4. 加工辅助工具准备

除对加工过程中必需的机械设备检修外，准备好加工需要的篾盘、簸箕、清扫工具等。

5. 加工人员组织培训

对从事加工的技术人员进行集中培训，包括技术规程、产品质量标准以及设备使用操作、安全生产等。

（二）茶叶加工

由于青茶各大产区加工工艺各不相同，本任务仅以清香青茶加工为例。

清香青茶是在闽南青茶加工工艺的基础上，着重加强包揉造型和降低发酵程度，形成颗粒状、“绿叶绿汤”的品质特征。

1. 鲜叶采摘标准与管理

茶树嫩梢生长至形成驻芽时，一般长达10cm、5片叶以上。为使采下的鲜叶成熟度一致，并充分利用嫩梢原料，新梢下半部达到成熟度的先采，即采单片叶加工青茶，又称“剥叶采”。新梢上半部成熟慢，待达到鲜叶标准时采摘对夹二三叶、小开面至中开面嫩梢，经试验比较，品质略优于下部单片叶，可解决当年生产上新梢偏长不便加工的问题。

2. 晒青（加温萎凋）

晴天采用晒青即日光萎凋的方法。阴雨天气则采用室内（萎凋槽）加温萎凋。萎凋程度适当偏轻，减重率6%~8%。

3. 做青

做青间采用空调等设备调控温湿度，一般温度控制在16~22℃，相对湿度为65%~80%。摇青与晾青交替进行3~4次，历时6~8h。

最后一次摇青后薄摊，进行长时间晾青，历时 10～15h，可根据青叶“退青”与“走水”的状态灵活掌握。做青适度时叶态呈“汤匙”状，叶缘垂卷，可见红点，曰“一红九绿”。发酵程度轻。

4. 杀青

杀青掌握“高温快杀”的原则。即温高时短。

5. 包揉与烘焙

包揉与烘焙交替进行，加工工艺由初包揉、初焙、复包揉、复焙、足火、炖火等工序组成。包揉次数根据颗粒成形情况而定，期间复焙 2～3 次。

（1）包揉　待青叶散热、冷却后，快速进行多次反复包揉（速包机紧包—平板式包揉机包揉——解块机解块）。解块过程结合“拣剔与割末”处理，即去除粉末、碎茶。最后一次包揉后先不解块，定型 1～2h，以形成圆紧、结实、颗粒状及净度高的清香青茶。

（2）初焙与复焙　采用烘干机烘焙，切忌焙的过干。初焙要求薄摊，温度为 110～120℃，历时 10min 左右。复焙温度在 80℃ 左右，历时 10min 左右。

（3）烘干　是初制工艺最后的一道工序，进一步去掉多余的水分和杂味，形成乌龙茶色、香、味的品质。水分含量不得超过 4%（7% 是控制标准的局限），水分含量过高会导致香气飘、滋味淡，影响内质与保质期。

6. 整理

经筛分、风选、拣剔等整理加工后包装，并在低温、干燥、避光条件下存储。其加工任务单见表 2－9。

表 2－9　青茶加工任务单

<table>
<tr><td colspan="2">鲜叶数量</td><td colspan="2"></td><td colspan="2">含水量</td><td colspan="2"></td></tr>
<tr><td colspan="2" rowspan="2">加工茶类
（产品名称）</td><td colspan="2"></td><td colspan="2" rowspan="2">工艺
流程</td><td colspan="2"></td></tr>
<tr><td colspan="2"></td><td colspan="2"></td></tr>
<tr><td colspan="8">茶叶初制加工记录</td></tr>
<tr><td>初制工序</td><td>设备名称</td><td>温度</td><td>含水量</td><td>时间</td><td>其他</td><td>操作要点</td><td>备注</td></tr>
<tr><td rowspan="2">鲜叶处理
工序</td><td></td><td></td><td></td><td></td><td></td><td></td><td></td></tr>
<tr><td></td><td></td><td></td><td></td><td></td><td></td><td></td></tr>
<tr><td rowspan="4">做青工序</td><td></td><td></td><td></td><td></td><td></td><td></td><td></td></tr>
<tr><td></td><td></td><td></td><td></td><td></td><td></td><td></td></tr>
<tr><td></td><td></td><td></td><td></td><td></td><td></td><td></td></tr>
<tr><td></td><td></td><td></td><td></td><td></td><td></td><td></td></tr>
</table>

续表

初制工序	设备名称	温度	含水量	时间	其他	操作要点	备注
炒青工序							
揉捻工序							
干燥工序							

注：①根据企业加工产品（或茶类）详细记录该产品工艺流程；②结合产品加工工艺记录各工序初制加工过程；③根据情况酌情增加各工序。

（三）产品质量评价

每一批生产出的产品，进行感官品质审评及理化指标检测，具体工作有专门评茶员技质检员进行，并将结果反馈，以便下一步加工工艺参数的改进。

（四）包装入库

对品质合格产品进行验收入库，并注明产品名称、重量、生产日期等，此步骤可由企业库房管理员完成；不合格产品则需根据产品要求进行工艺优化。

四、任务总结

结合整个任务训练过程，对在制品品质进行分析。并总结通过该任务实施的收获及体会。

五、任务评价

加工过程评价见表 2－10。

表 2－10　青茶加工过程评价表

评价内容	分值	评价标准	得分
任务准备	10	材料准备充分、设备正常启动、卫生整洁为优秀（9～10 分）；较充分为良好（8～8.9 分）；准备不够充分，勉强能完成工作任务为合格（6～7.9 分）；准备不够充分缺核心用具，致使该工作任务完成不好或者无法完成为不合格（0～5.9 分）	

续表

<table>
<tr><th colspan="3">评价内容</th><th>分值</th><th>评价标准</th><th>得分</th></tr>
<tr><td rowspan="5">任务实施</td><td rowspan="4">茶叶初制加工</td><td>做青</td><td>20</td><td rowspan="4">达到适度要求，技术要点充分合理为优秀（18～20分）；较合理为良好（16～17.9分）；欠合理勉强能完成工作任务为合格（12～15.9分）；不合理致使该工作完成较差或无法完成为不合格（0～11.9分）</td><td></td></tr>
<tr><td>炒青</td><td>20</td><td></td></tr>
<tr><td>揉捻</td><td>20</td><td></td></tr>
<tr><td>干燥</td><td>20</td><td></td></tr>
<tr><td colspan="2">包装入库</td><td>5</td><td>标签记录完整为优秀（4.5～5分）；较完整为良好（4～4.4分）；欠完整为合格（3～3.9分）；不完整为不合格（0～2.9分）</td><td></td></tr>
<tr><td colspan="3">任务总结</td><td>5</td><td>评价总结过程完整、结论正确为优秀（4.5～5分）；过程完整、结论较合理为良好（4～4.4分）；欠合理勉强能完成工作任务为合格（3～3.9分）；不合理致使该工作完成较差或无法完成为不合格（0～2.9分）</td><td></td></tr>
<tr><td colspan="3">备注</td><td colspan="3">90～100分为优秀；80～89分为良好；60～79分为合格；0～59分为不合格</td></tr>
</table>

评价人：　　　　　　　　　　　　　　　　评价时间：

工作任务五　白茶初制加工

一、任务目标

掌握白茶的基本加工过程；学会看茶做茶；能独立完成加工工艺；能对茶叶在制品的优缺点进行分析，优化加工工艺参数。

二、任务知识

白茶为我国特产，主要在福建省生产，台湾也有少量生产，白茶的创制在1796年前后。

（一）传统白茶

传统白茶主要花色品种有白毫银针和白牡丹，还有贡眉、寿眉。主要加工制法为萎凋、干燥。成茶自然叶态，外表满披白毫。不同花色品种品质不同。

（二）新工艺白茶

新工艺白茶是福建福鼎白琳茶厂于1968年创制的白茶产品，以“新工艺白茶”或“新白茶”命名。新白茶主销香港市场。

新工艺白茶的加工工艺主要有自然萎凋（或加温萎凋）、揉捻、烘焙、整理拼配等工序。

产品外形稍呈条状，内质香气清鲜，滋味平和，稍显回甘，汤色杏黄。内质与寿眉相似，但汤色较深、滋味较浓，别具风格。

（三）白雪芽

白雪芽又名福建雪芽、雪芽，是福建省农科院茶叶研究所科研人员于1985年创制的白茶新茶品。

白雪芽加工工艺为萎凋、烘焙、拣剔、复焙、包装等工序。

产品外形芽壮、芽多，白毫密披，色泽洁白或银白，具光泽，叶面翠绿，叶背显白，叶缘垂卷，芽叶连枝伸展。内质香气清鲜纯爽，毫香显露，滋味鲜纯甘爽，耐泡，汤色淡绿或黄绿色，清澈明净，叶底嫩绿、明亮、肥软、完整，主脉和梗微红。泡入杯中犹如鲜花朵朵。其外形特征介于白毫银针和白牡丹之间，内质特征介于白茶与烘青绿茶之间。

三、任务实施

（一）任务准备

1. 了解鲜叶开采期

根据当地茶叶生长情况，明确开采期，并制定采摘计划和要求。

2. 设备检修维护

对加工所需的设备进行维护和检修，包括使用情况、厂房用电、气、动力等设施进行全面的排查，确保机械设备正常。

3. 车间卫生清理

对加工厂房以及设备卫生进行全面清洗打扫，包括生活区、公共区，确保加工大环境和微环境的干净、整洁。

4. 加工辅助工具准备

除对加工过程中必需的机械设备检修外，准备好加工需要的篾盘、簸箕、清扫工具等。

5. 加工人员组织培训

对从事加工的技术人员进行集中培训，包括技术规程、产品质量标准以及设备使用操作、安全生产等。

（二）茶叶加工

以传统白茶制法为例，介绍白茶的主要加工技术。

1. 鲜叶要求

白茶对鲜叶要求极高，不仅要求芽头肥壮，而且对茶树品种要求也极高。尤其是白毫银针，要求茶树品种为大白茶或水仙品种，其他品种茶树难以达到鲜叶的要求。

2. 萎凋

（1）萎凋方式　萎凋根据天气情况可以采用室内自然萎凋、加温萎凋、复式萎凋。在晴天，日照强、空气温度较高（20～30℃）、相对湿度低（75%）的情况下，采用室内自然萎凋或复式萎凋；在阴雨、雷阵雨，尤其是低温高湿的情况下，采用加温萎凋；如遇生产的高峰期，鲜叶多，为不使鲜叶因来不及萎凋而发生劣变，可采用复式萎凋，缩短萎凋时间，但萎凋叶品质也较差。

复式萎凋在晴天时，利用早晨或傍晚较弱的阳光进行日晒，晒至叶片微热时移入室内萎凋，如此反复进行2～4次。在气温25℃、相对湿度保持在63%的条件下，每次晒25～30s。但在夏季气温高，阳光强烈，不宜采用。

（2）萎凋程度掌握

①并筛：当萎凋芽叶毫色发白，叶色由浅绿变为灰绿或铁青，叶态如船底状，叶缘垂卷，嫩叶芽尖呈“翘尾”状时，应及时“并筛”。并筛时要注意摊放要均匀，也不能过厚，同时防止机械损伤叶片，引起多酚类化合物的氧化变红。

②萎凋程度：要求叶片萎软，叶色灰绿达九成干即可下筛烘焙。

3. 干燥

通常待萎凋叶达九成干就应及时烘焙干燥，若萎凋采取为加温萎凋，待萎凋叶达六七成干便可干燥，干燥方式有烘干机和烘笼烘干两种。

（1）烘干机烘焙　烘干机温度70～80℃，摊叶厚度约4cm，时间约20min，六七成干的加温萎凋叶分两次烘焙，初烘快速，温度90～100℃，复焙慢速，温度80～90℃，每次时间约20min，初焙后摊放一段时间，然后复焙至足干。

（2）烘笼烘焙　每烘笼摊叶1～1.5kg，火温70～80℃，时间15～20min。如采取两次烘焙，初焙用明火，约100℃，复焙用暗火，温度约80℃，摊叶0.75～1kg，每次时间10～15min。同烘干机烘焙，初焙后摊放一段时间使水分分布均匀再烘焙。烘焙时要注意翻动，动作宜轻，次数宜少，以免芽叶断碎，芽毛脱落，降低品质。其加工任务单见表2－11。

表2－11　白茶加工工作任务单

鲜叶数量			含水量				
加工茶类（产品名称）			工艺流程				
茶叶初制加工记录							
初制工序	设备名称	温度	含水量	时间	其他	操作要点	备注
萎凋工序							
干燥工序							

注：①根据企业加工产品（或茶类）详细记录该产品工艺流程；②结合产品加工工艺记录各工序初制加工过程；③根据情况酌情增加各工序。

（三）毛茶审评及检验

每一批生产出的产品，进行感官品质审评及理化指标检测，具体工作由专门质量检验员进行，并将结果反馈，以便下一步加工工艺参数的改进。

四、任务总结

结合整个任务训练过程，对加工环节工艺进行分析。并总结通过该任务实施的收获及体会。

五、任务评价

加工过程评价见表2－12。

表2－12　白茶加工过程评价表

评价内容	分值	评价标准	得分
任务准备	10	材料准备充分、设备正常启动、卫生整洁为优秀（9～10分）；较充分为良好（8～8.9分）；准备不够充分，勉强能完成工作任务为合格（6～7.9分）；准备不够充分缺核心用具，致使该工作任务完成不好或者无法完成为不合格（0～5.9分）	

续表

评价内容			分值	评价标准	得分
任务实施	茶叶初制加工	萎凋	60	达到适度要求，技术要点充分合理为优秀（54～60分）；较合理为良好（48～53.9分）；欠合理勉强能完成工作任务为合格（36～47.9分）；不合理致使该工作完成较差或无法完成为不合格（0～35.9分）	
		干燥	20	达到适度要求，技术要点充分合理为优秀（18～20分）；较合理为良好（16～17.9分）；欠合理勉强能完成工作任务为合格（12～15.9分）；不合理致使该工作完成较差或无法完成为不合格（0～11.9分）	
	包装入库		5	标签记录完整为优秀（4.5～5分）；较完整为良好（4～4.4分）；欠完整为合格（3～3.9分）；不完整为不合格（0～2.9分）	
任务总结			5	评价总结过程完整、结论正确为优秀（4.5～5分）；过程完整、结论较合理为良好（4～4.4分）；欠合理勉强能完成工作任务为合格（3～3.9分）；不合理致使该工作完成较差或无法完成为不合格（0～2.9分）	
备注			90～100分为优秀；80～89分为良好；60～79分为合格；0～59分为不合格		

评价人：　　　　　　　　　　　　　　　　评价时间：

工作任务六　黄茶初制加工

一、任务目标

掌握黄茶的基本加工过程；学会看茶做茶；能独立完成加工工艺；能对茶叶在制品的优缺点进行分析，优化加工工艺参数。

二、任务知识

黄茶为我国特种茶类。黄茶的品质特点是“黄叶黄汤”，香气清纯，味厚爽正。

（一）黄茶加工工艺

现在黄茶生产主要在安徽、湖北、四川、湖南、浙江和广东等省，生产的花色品种有：大叶青、黄大茶、蒙顶黄芽、平阳黄汤、沩山毛尖、北港毛尖、君山银针、远安鹿苑等。

不同花色品种的黄茶品质也各不相同，除了鲜叶原料要求不同外，制法也不完全相同。

君山银针：

杀青→摊放→初烘→摊放→初包→复烘→摊放→复包→干燥→分级

北港毛尖：

杀青→锅揉→闷黄→复炒→复揉→烘干

沩山毛尖：

杀青→闷黄→轻揉→烘焙→拣剔→熏烟

远安鹿苑：

杀青→炒二道→闷堆→炒三道

蒙顶黄芽：

杀青→初包→复锅→复包→三炒→摊放→四炒→烘焙

黄大茶：

炒茶（生锅、二锅、熟锅）→初烘→堆积→烘焙

大叶青：

萎凋（摊放）→炒青→揉捻→闷堆→干燥

（二）闷黄

闷黄是在杀青破坏酶促作用的前提下，利用湿热作用使多酚类化合物发生非酶促的自动氧化，同时，使叶绿素大量减少，而产生黄变。按茶坯含水量的不同又分为湿坯闷黄和干坯闷黄。

如沩山毛尖是在杀青后趁热闷黄；温州黄芽是在揉捻后闷黄，属于湿坯闷黄，水分含量多且变黄快；君山银针在炒干过程中交替进行闷黄；霍山黄芽是炒干和摊放相结合的闷黄，称为干坯闷黄，含水量少，变化时间长。

三、任务实施

（一）任务准备

1. 了解鲜叶开采期

根据当地茶叶生长情况，明确开采期，并制定采摘计划和要求。

2. 设备检修维护

对加工所需的设备进行维护和检修，包括使用情况、厂房用电、气、动力等设施进行全面的排查，确保机械设备正常。

3. 车间卫生清理

对加工厂房以及设备卫生进行全面清洗打扫，包括生活区、公共区，确保加工大环境和微环境的干净、整洁。

4. 加工辅助工具准备

除对加工过程中必需的机械设备检修外，准备好加工需要的篾盘、簸箕、清扫工具等。

5. 加工人员组织培训

对从事加工的技术人员进行集中培训，包括技术规程、产品质量标准以及设备使用操作、安全生产等。

（二）茶叶加工

1. 黄芽茶加工

以君山银针的加工工艺为例介绍。

（1）鲜叶要求　君山银针全是芽头制成。一般在清明前 3 ~ 4d 开采，直接从茶树上拣采芽头。芽头要求肥壮重实，长 25 ~ 30mm，宽 3 ~ 4mm，芽柄长 2 ~ 3mm。

（2）杀青　先将锅壁磨光擦净，保持锅壁光滑，便于翻炒和减少茶芽与锅壁摩擦，避免色泽发暗和茸毛脱落。开始锅温 120 ~ 130℃，后期适当降低。锅温过高易使芽头灼焦弯曲；过低则会延长杀青时间，芽头茸毛磨损，色泽暗，香气低。每锅投芽量 300g 左右，叶子下锅后，用手轻快翻炒，切忌重力摩擦，以免芽头弯曲、脱毫、色泽深暗。经 4 ~ 5min，芽蒂萎软，青气消失，发出茶香，减重 30% 左右，即可出锅。

（3）摊放　杀青叶出锅后，放在小篾盘中，轻轻簸扬数次，散发热气，清除碎片，摊放 2 ~ 3min，使茶内水分分布均匀即可初烘。

（4）初烘与摊放　摊放后的茶芽摊于竹制小盘中（竹盘直径 46cm，内糊两层皮纸），放在焙灶（焙灶高 83cm，灶口直径 40cm）上，用炭火进行初烘。温度控制在 50 ~ 60℃。每隔 2 ~ 3min 翻一次，烘至五六成干，即可下烘。初烘程度要掌握适当，过干导致初包闷黄时转色困难，叶色仍青绿，达不到香高色黄的要求；过湿则导致香气低闷，色泽发暗。下烘后摊放 2 ~ 3min，以利在初包过程中，使内含物进行正常转化。

（5）初包　形成君山银针品质特点的一个重要工序，是使芽坯在湿热作用下，叶绿素破坏，多酚类化合物和其他内含物进行转化。摊放后的芽坯，每1.0～1.5kg，用双层皮纸包成一包，置于无异味的木制或铁制箱内，放置48h左右，待芽色呈现橙黄时为适度。初包每包茶叶不可过多或过少。过多化学变化剧烈，芽易发暗；太少色变缓慢，难以达到初包的要求。由于包闷时氧化放热，包内温度上升至24℃，达30℃左右时，应及时翻包，以使转色均匀。

（6）复烘与摊放　复烘的目的在于进一步蒸发水分，固定已形成的有效物质，减缓在复包过程中某些物质的转化。烘量比初烘多1倍，温度掌握在45℃左右，烘至七八成干下烘摊放，摊放的目的与初烘后相同。

（7）复包　方法与初包相同。作用是弥补初包时芽坯内含物转化之不足，继续形成有效物质。历时24h左右。待茶芽色泽金黄，香气浓郁即为适度。

（8）足火　经过上述工序，君山银针品质特征基本形成。再通过足火干燥固定已形成的品质，并进一步发展色、香、味，散发水分至足干。足火温度50℃左右，烘量每次约0.5kg，焙至足干为止。

2. 黄小茶加工

以沩山毛尖加工工艺为例介绍。

（1）杀青　采用平锅杀青，锅温150℃左右，每锅投叶量2kg左右。炒时要抖得高、扬得开，使水分迅速散发，后期锅温适当降低。炒至叶色暗绿，叶子粘手时即可出锅。

（2）闷黄　杀青叶出锅后趁热堆积10～16cm，上盖湿布，进行6～8h的闷黄。中间翻堆一次，使黄变均匀一致。到茶叶全部均匀变黄为止。闷黄后的茶叶先散堆，然后再轻揉。

（3）揉捻　在蔑盘内轻揉。要求叶缘微卷，保持芽叶匀整，切忌揉出茶汁，以免成茶色泽变黑。

（4）烘焙　在特制的烘灶上进行，燃料用枫木或松柴，火温不能太高，以70～80℃为宜。每焙可烘茶三层，厚7cm左右。待第一层烘至七成干时，再加第二层，第二层七成干时，再加第三层。层次不可再多，否则上面还未烘干，下面就易烧焦。在烘焙中不需翻烘，避免茶条卷曲不直。直到茶叶烘至足干下烘。如果气温低，闷黄不足，可在烘至七成干时提前下烘，再堆闷2h，以促黄变。

（5）拣剔　下烘后要剔除单片、梗子、杂物，使品质匀齐划一。

（6）熏烟　先在干茶上均匀地喷洒清水或茶汁水，茶水比例为10∶1.5，使茶叶回潮湿润，然后再上焙熏烟。燃料用新鲜的枫球或黄藤，暗火缓慢烘焙熏烟，以提高烟气浓度，以便茶叶能充分吸附烟气中的芳香物质。熏烟时间16～20h，烘至足干即为成茶。

3. 黄大茶加工（六安黄大茶）

（1）炒茶　炒茶分生锅、二青锅、熟锅三锅连续操作。生锅主要起杀青作用，破坏酶的活性；二青锅主要起初步揉条和继续杀青的作用；熟锅主要是进一步做条。

①生锅：锅温180～200℃，投叶量0.25～0.5kg。同时温度不同炒茶技术不同，叶量也应不同。具体炒法是：两手拿炒茶扫把在锅中旋转炒拌，使叶子随着扫把旋转翻动，即“满锅旋”，受热均匀。同时注意旋转要快、用力要匀，并不断翻转抖扬，散发水蒸气。炒3～5min，叶质柔软、叶色暗绿，可扫入二青锅内继续炒制。

②二青锅：锅温略低于生锅。具体炒法是：生锅进入二青锅后，及时用炒茶扫把将将叶子困住在锅中旋转，转圈要大，用力也较生锅大，即“带把劲”，使叶子顺着炒把转，而不能赶着叶子转，否则满锅飞，起不到揉捻作用。然后再加上炒揉，用力逐渐加大，做紧条形。通过多次炒揉，当叶片皱缩成条，茶叶粘着叶面，有粘手感时，可扫入熟锅继续做形。

③熟锅：温度更低，130～150℃，炒茶方法基本同于二青锅。所不同的是增加了旋转搓揉，使叶子吞吐于竹丝扫把间，即“钻把子”，如此炒揉、搓、揉连续不断进行，待炒到条索紧细、发出茶香，达三四成干时，便可出锅，进行初烘。

（2）初烘　炒后立即高温快速烘焙，温度120℃左右，投叶量每烘笼2～2.5kg，每2～3min翻烘一次，烘约30min，达七八成干，下烘堆积或者直接交售给茶站，由茶站统一堆积。

（3）堆积　下烘后趁热装篓或堆积于圈席内，稍加压紧，高约1m，放置在高燥的烘房内，利用烘房的热促进蒸发。堆积时间长短可视鲜叶老嫩、茶坯含水量及其变化程度而定，一般要求5～7d。堆积到叶色黄变，香气透露，即为适度，可开堆进行烘焙。

（4）烘焙　利用高温进一步促进黄变和内质的转化，以形成黄大茶特有的焦香味。烘焙是采用栎炭明火，温度130～150℃，每烘笼投叶约12.5kg，两人抬笼，仅几秒钟就翻动一次，翻叶要轻快而匀，防止断碎和茶末落入火中产生烟味。火功要高，烘得足，时间40～60min，待茶梗折之即断，梗心呈菊状，茶梗显露金色光泽，芽叶上霜，焦香明显，即可下烘，趁热踩篓包装。

其加工任务单见表2－13。

表 2-13 黄茶加工工作任务单

<table>
<tr><td colspan="2">鲜叶数量</td><td colspan="2"></td><td colspan="2">含水量</td><td colspan="2"></td></tr>
<tr><td colspan="2" rowspan="2">加工茶类
（产品名称）</td><td colspan="2"></td><td colspan="2" rowspan="2">工艺
流程</td><td colspan="2"></td></tr>
<tr><td colspan="2"></td><td colspan="2"></td></tr>
<tr><td colspan="8">茶叶初制加工记录</td></tr>
<tr><td>初制工序</td><td>设备名称</td><td>温度</td><td>含水量</td><td>时间</td><td>其他</td><td>操作要点</td><td>备注</td></tr>
<tr><td>1（　　　）</td><td></td><td></td><td></td><td></td><td></td><td></td><td></td></tr>
<tr><td>2（　　　）</td><td></td><td></td><td></td><td></td><td></td><td></td><td></td></tr>
<tr><td>3（　　　）</td><td></td><td></td><td></td><td></td><td></td><td></td><td></td></tr>
<tr><td>4（　　　）</td><td></td><td></td><td></td><td></td><td></td><td></td><td></td></tr>
<tr><td>5（　　　）</td><td></td><td></td><td></td><td></td><td></td><td></td><td></td></tr>
<tr><td>6（　　　）</td><td></td><td></td><td></td><td></td><td></td><td></td><td></td></tr>
<tr><td>7（　　　）</td><td></td><td></td><td></td><td></td><td></td><td></td><td></td></tr>
<tr><td>…（　　　）</td><td></td><td></td><td></td><td></td><td></td><td></td><td></td></tr>
</table>

注：①根据企业加工产品（或茶类）详细记录该产品工艺流程；②结合产品加工工艺记录各工序初制加工过程；③根据情况酌情增加各工序。

（三）产品质量评价

每一批生产出的产品，进行感官品质审评及理化指标检测，具体工作由专门质检员进行，并将结果反馈，以便下一步加工工艺参数的改进。

（四）包装入库

对品质合格产品进行验收入库，并注明产品名称、重量、生产日期等，此步骤可由企业库房管理员完成；不合格产品根据产品质量要求进行工艺优化。

四、任务总结

结合整个任务训练过程，对加工环节工艺进行分析。并总结通过该任务实施的收获及体会。

五、任务评价

加工过程评价见表 2-14。

表 2－14　黄茶加工过程评价表

<table>
<tr><th colspan="3">评价内容</th><th>分值</th><th>评价标准</th><th>得分</th></tr>
<tr><td colspan="3">任务准备</td><td>10</td><td>材料准备充分、设备正常启动、卫生整洁为优秀（9～10 分）；较充分为良好（8～8.9 分）；准备不够充分，勉强能完成工作任务为合格（6～7.9 分）；准备不够充分缺核心用具，致使该工作任务完成不好或者无法完成为不合格（0～5.9 分）</td><td></td></tr>
<tr><td rowspan="5">任务实施</td><td rowspan="4">茶叶初制加工</td><td>杀青</td><td>20</td><td rowspan="4">达到适度要求，技术要点充分合理为优秀（18～20 分）；较合理为良好（16～17.9 分）；欠合理勉强能完成工作任务为合格（12～15.9 分）；不合理致使该工作完成较差或无法完成为不合格（0～11.9 分）</td><td></td></tr>
<tr><td>揉捻</td><td>20</td><td></td></tr>
<tr><td>闷黄</td><td>20</td><td></td></tr>
<tr><td>干燥</td><td>20</td><td></td></tr>
<tr><td colspan="2">包装入库</td><td>5</td><td>标签记录完整为优秀（4.5～5 分）；较完整为良好（4～4.4 分）；欠完整为合格（3～3.9 分）；不完整为不合格（0～2.9 分）</td><td></td></tr>
<tr><td colspan="3">任务总结</td><td>5</td><td>过程完整、结论正确为优秀（4.5～5 分）；过程完整、结论较合理为良好（4～4.4 分）；欠合理勉强能完成工作任务为合格（3～3.9 分）；不合理致使该工作完成较差或无法完成为不合格（0～2.9 分）</td><td></td></tr>
<tr><td colspan="3">备注</td><td colspan="3">90～100 分为优秀；80～89 分为良好；60～79 分为合格；0～59 分为不合格</td></tr>
</table>

评价人：　　　　　　　　　　　　评价时间：

模块三　茶叶质量管理岗位能力训练

项目一　茶叶质量管理办法

工作任务一　茶叶质量管理办法的制定

一、任务目标

让学生了解茶叶质量管理相关人员职责、质量管理的内容，最终能制定可行的茶叶质量管理办法，指导企业生产及监控茶叶质量。

二、任务知识

（一）质量管理人员主要职责

1. 质量负责人

（1）协助总经理贯彻有关法律、法规和规章，制定并实施本单位的质量方针、质量目标。

（2）负责本单位质量管理体系的建立、实施和保持，组织质量管理体系文件、各项管理制度的编制、实施，负责协调、监督各部门的质量职能执行情况。

（3）负责处理生产过程中与质量有关的问题，对产品最终质量负全责。

（4）提出质量工作计划和质量改进有关的问题。

（5）代表本单位就质量管理体系和产品质量方面事宜与相关部门协调联系。

（6）组织任命相关人员担任本单位生产管理员、质检员，负责生产过程中的质量监督和生产管理工作，对产品质量有处置权，本单位所有职工在质量方面必须服从其监督和管理。

2. 生产管理员

（1）根据生产任务，编制生产计划、原材料需求计划。

（2）定期组织召开生产调度会议和专题工作会议，及时掌握生产情况，解决生产中出现的各种问题。

（3）负责生产过程中各种原材料、半成品的管理，负责工艺技术要求的贯彻及操作规程的正确实施。

（4）建立健全各生产岗位的质量责任制，提高工人的操作技术水平。

（5）抓好安全生产和文明生产，组织安全生产大检查，采取安全措施，清除事故隐患。

（6）负责协助质量管理体系的建立和实施，并对实施情况进行检查考核。

（7）组织召开质量分析会，及时将生产过程中的质量信息、顾客反馈信息传递到有关领导和部门。

3. 质量管理员

（1）负责本单位的质量管理工作，组织制定工艺技术规程、操作规程、原辅料质量标准、产品标准及检验文件，并监督检查其执行情况。

（2）负责工艺技术文件的发放管理等工作。

（3）负责产品的质量检验工作，组织实施原辅料、半成品、最终产品的检验和试验，对销售的产品质量负责。

（4）确保各类质量报表的准确性，负责保管产品的检验报告、检验资料。

（5）负责不合格产品的识别、并跟踪不合格品的处理结果，负责纠正预防措施的实施及验证工作。

（6）负责计量管理工作，负责检验、测量和试验设备台账的建立和周期鉴定工作。

（二）质量管理主要内容

1. 进货检验

为验证采购产品质量，保证只有合格品才投入使用或加工，必须对进货质量检验，以达到预防和控制目的。质检员负责进厂原辅料、包装物的检验，经营人员予以配合。主要工作程序如下。

（1）到货后，由库管员通知质检员进行检验，并对其数量、规格、品种做好登记。

（2）由质检员按检查计划规定的项目进行检验，并对供方所提供的产品质量证明（产品合格证、检查报告单等）进行验证（不具备检验条件的进货产品，检验人员负责索取质量证书及使用指南类文件，作为进货验证依据）。根据检验结果，出具完整检验报告，明确判定合格与否。并将报告交给库管人员。

（3）库管员根据质检报告分类办理。合格的办理入库手续，同时复核到货规格、数量、等级是否与发货单和本单位采购合同一致，有无运输损坏。对不合格品，仓库不予入库，按《不合格品管理制度》执行。

2. 成品检验

对成品进行规定的检验和试验，确保只有检验合格的产品才能出库销售。质检员负责成品的检验和试验，车间、成品库予以配合。主要工作程序如下。

（1）成品的检验和试验，必须按规定的检验程序完成，结果满足规定要求后才能进行。

（2）生产车间在每日正常生产后和出现质量问题时，及时通知质检员进行抽样检验，检验项目为净含量、感官品质、水分、碎末茶等。

（3）质检员每天对生产的产品外观质量进行巡回检查，随机发现的质量问题并及时通报生产人员，杜绝因整批漏检而出现的质量问题。

（4）成品检验后，质检员及时将检验报告报送有关部门和人员，检验结果符合要求，数据、文件都得到审批认可后，填写“质量合格通知单”，无“质量合格通知单”的产品，仓库不准发货。成品不合格的按《不合格品管理制度》执行。

3. 生产过程监控

（1）工作人员必须穿工作服，戴工作帽，必须持有健康合格证和培训合格上岗证。

（2）生产人员必须严格按照产品工艺流程和设备操作规程执行，防止出现不合格产品及发生安全事故。

（3）生产车间内必须保持干净、清洁，无三废工业污染，应符合食品卫生要求。

（4）生产车间消防安全必须符合要求，应定期排查，排除安全隐患。

三、任务实施

（一）准备工作

1. 人员组织及任命

由企业任命质量管理负责人，由质量管理负责人组织任命生产管理员、质检员。具体人数根据单位需要确定。

2. 召开部门协调会议

由质量管理负责人牵头召集质量部、生产部、营销部一起讨论质量管理的相关内容及实施办法，形成质量管理办法编制的初步意见。

（二）质量管理办法的编制

（1）由营销部制定单位营销产品质量要求计划。强调顾客对产品质量的各种诉求。

（2）由生产部制定设备操作规程、安全生产规章制度、生产人员管理制度等管理制度。

（3）由质量部根据销售部要求的质量计划，结合生产部设备及技术情况，制定单位的质量方针、质量目标、工艺技术规程、原辅料质量标准、产品标准及检验文件（不合格品管理制度、成品检验制度、产品生产质量过程控制制度等）。综合形成单位《质量管理办法》初稿，提交相关部门讨论。

（三）质量管理办法修订

质量部门召集生产部、营销部及相关部门负责人对《质量管理办法》初稿进行讨论，质量部根据讨论意见进行修改后，提交单位审核发布。

（四）质量管理办法发布并实施

经审核后的质量管理办法，完善后由单位发布并实施。

四、任务总结

根据所制定的《质量管理办法》，结合企业或单位实际，进行分析与总结，确定该管理办法是否合理可行。并总结任务实施过程中的困难、收获及体会。

五、任务评价

训练评价见表 3－1。

表 3－1　茶叶质量管理办法的制定训练评价表

评价内容	分值	评价标准	得分
准备工作	20	准备工作充分，思路清晰为优秀（18～20 分）；较充分为良好（16～17.9 分）；准备勉强能完成工作任务为合格（12～15.9 分）；工作环节不完善致使该工作任务完成不好或者无法完成为不合格（0～11.9 分）	

续表

评价内容		分值	评价标准	得分
任务实施	质量管理办法编制	30	办法的内容具体、详细、全面为优秀（27～30分）；办法的内容较具体、详细为良好（24～26.9分）；基本具体为合格（18～23.9分）；不完整，不合理为不合格（0～17.9分）	
	质量管理办法审核	20	审核流程组织规范为优秀（18～20分）；较规范为良好（16～17.9分）；勉强能完成工作任务为合格（12～15.9分）；不规范不合理为不合格（0～11.9分）	
	质量管理办法发布与实施	10	发布程序规范，日期明确为优秀（9～10分）；较规范为良好（8～8.9分）；基本规范为合格（6～7.9）；不规范为不合格（0～5.9分）	
总结与结论		20	各项工作总结完善，抓住核心问题开展总结为优秀（18～20分）；较完善，总结较明确为良好（16～17.9分）；基本明确为合格（12～15.9分）；不完善、不明确为不合格（0～11.9分）	
备注		90～100分为优秀；80～89分为良好；60～79分为合格；0～59分为不合格		

评价人：　　　　　　　　　　　　　　　　评价时间：

工作任务二　茶叶生产管理档案的建立

一、任务目标

让学生了解建立茶叶生产管理档案的目的和意义，掌握茶叶生产管理档案的基本类别、记录内容、档案管理等基本技能。

二、任务知识

（一）建立茶叶生产管理档案的重要性

通过建立茶叶生产管理档案，详细记录茶叶的基本情况、重要管理措施、劳动力用使用情况、投入品使用情况等，为填报国家农产品质量安全追溯管理信息平台和省级农产品质量安全追溯系统提供基础数据，保障茶叶质量安全，同时收集茶叶生产管理基本信息，为科学安排劳动力、合理使用投入品、适时采取管理措施提供决策依据。

（二）茶叶生产管理档案的基本类别

目前尚无统一的茶叶生产管理档案类别，根据建立农产品质量安全追溯系统的需要，茶叶产品生产记录档案主要包括茶园档案、农事活动档案、鲜叶收购及检验档案、茶叶初制加工档案、茶叶精制加工档案、内包装档案、外包装档案、成品检验档案、销售追溯档案等。

三、任务实施

（一）准备工作

查阅企业现有的档案资料，对企业管理人员和职工开展调查，尽可能详细、准确的了解拟建立档案茶企的基本情况和有关生产管理信息。

（二）建立档案

根据国家农产品质量安全追溯体系要求和企业管理需要，合理确定档案类别，科学设置记录要素，既要全面反应生产管理过程，又要防止数据重复。

在建立档案后，要及时记录档案内容，防止发生错记、漏记，纸质档案要有记录人、档案管理人员签字，明确责任，杜绝做假现象。

充分运用现代科技手段，建立茶叶管理电子档案，便于进行档案保存、查阅和分析。

作为农产品质量安全追溯体系的基础，农产品生产记录档案更注重于记录对农产品质量安全产生影响的环节。从企业经营管理的角度来说，还要更完整的记录生产管理全过程的劳动力、投入品、机械和管理措施等各要素的详细情况，为企业的科学决策、节本增效提供依据。下面重点介绍茶叶生产管理环节的档案建立。

1. 茶园基地档案建立

主要记录茶叶的地理位置、面积、品种、栽培模式、建园时间、土壤性质、周边环境、气象要素（无霜期、降水量、日照等）、排灌条件、交通条件等。应考虑按品种和栽培模式的不同分别记录。以上这些要素在较长时间内基本不会发生变化。

2. 茶园管理措施档案建立

记录茶叶修剪、台刈、耕锄、施肥、施药、采摘等生产管理措施的内容和时间。

3. 茶园管理投入品档案建立

分别记录肥料、农药等的购买和使用的品种、数量和时间。不得违规使用投入品（包括不按标识要求使用、不按规范使用或使用国家明令禁使用的投入品）。

4. 重大病虫害档案建立

记录茶园重大病虫害的发生、防治和后续管理情况。

5. 劳动力使用档案建立

记录使用劳动力的时间、项目和数量等情况。

6. 茶青档案建立

记录茶园产出茶青的等级、数量和生产日期。

茶叶生产管理档案主要为以上几类。通过建立档案，可以在企业管理人员变更时便于快速了解茶叶基本情况；为企业制订精准的生产计划提供支撑。

企业应设专门场所存放档案，专人管理，由记录人对档案的内容的真实性负责，管理人员对档案安全负责，对档案的使用情况进行登记。

茶叶生产记录档案的基本格式和内容（参考）如下。

封　面

×××茶叶生产管理档案

单位名称：
法人代表：
单位地点：
种植面积：
主要名称：

表1　茶园基地基本情况记载表

基地名称		基地编号	
基地地址		基地面积/亩	
基地负责人（电话）		基地建成时间	
植保员姓名		资格证书号	
主要茶树品种		年产量/kg（以干茶计）	
灌溉水源			
周围环境情况			
土壤性质			
年降雨量、日照			
海拔高度/m			
专用农药保管仓库及状况			
使用农药（肥料）名称（通用名）			
来源或购买途径			
施放程序（领用、稀释、施放）			
施药后的安全处理程序（空瓶、剩余药液、喷药用具等）			
施药人员的安全措施（人员培训、防毒用具等）			
农药保管人员：			
农药施放人员：			

制表人：　　　　　　　　制表日期：

表2　茶园农事活动档案记录表

地块号	活动日期	茶园作业情况						
		肥料名称	亩用量/kg	农药名称	亩用量/kg	病虫情况	采摘情况	其他作业情况

注：地块号为4位字母+5位数字。

表3　鲜叶收购及检验档案信息记录表

收购批号	地块号	采摘地点	收购日期	运输工具	等级	检验员	检验项目	检验结论	收货人	复查人

注：收购批号为A+12位数字。

表4　初制加工档案信息记录表

初制加工批号	收购批号	原料来源	加工地点	加工日期	班组负责人	检验员	审核员

注：初制加工批号为B+10位数字。

表5　精制加工档案信息记录表

精制加工入库批号	初制加工批号	原料来源	加工地点	加工日期	加工负责人	检验员	审核员

注：精加工批号为C+6位数日期+2位数序号；初加工批号中，可加括号表示不同的初加工日期。

表 6　内包装档案信息记录表

内包装批号	精制加工批号	产品名称	级别	规格	加工地点	加工负责人	包装用材料及厂家	检验员	审核员

注：内包装批号为 D +6 位数日期 +2 位数序号。

表 7　外包装档案信息记录表

产品追溯码	内包装批号	产品名称	商品条码	品牌	规格	级别	生产日期	保质期	加工地点	负责人	包装用型材及厂家	检验员	审核员

注：产品追溯码为 010 + 该产品 13 位商品条码 +10 +6 位数日期 +2 位数序号。

表 8　成品检验档案信息记录表

产品追溯码	检验日期	产品名称	外包装	净含量	封口	编码	外膜	外箱	检验员	审核员	检验单位及报告编号	审核员

表 9　销售追溯档案信息记录表

产品追溯码	产品名称	商品条码	出厂日期	产品去向	商家名称	联系人	电话号码

四、任务总结

通过任务实施过程，总结茶叶生产管理档案建立过程中信息收集、档案分类、记录要素确定、建立档案等环节的要点、经验及注意事项。分析总结任务实施的体会和收获。

五、任务评价

实施过程评价见表3－2。

表3－2　茶叶生产管理档案建立任务实施过程评价表

评价内容		分值	评价标准	得分
准备工作		20	茶叶和生产管理基本信息收集完整、准确为优秀（18～20分）；信息收集基本完整、较准确为良好（16～17.9分）；信息收集勉强能完成工作任务为合格（12～15.9分）；基本信息不完整或不准确，致使该工作任务完成不好或者无法完成为不合格（0～11.9分）	
任务实施	档案分类	20	档案分类科学合理，符合企业管理需要为优秀（18～20分）；分类较科学合理为良好（16～17.9分）；基本满足企业管理需要为合格（12～15.9分）；档案分类不清为不合格（0～11.9分）	
	记录要素确定	20	记录要素能全面反映生产管理全过程为优秀（18～20分）；较全面反映生产管理全过程为良好（16～17.9分）；能基本反映生产管理全过程为合格（12～15.9分）；缺少重要生产管理要素的为不合格（0～11.9分）	
	档案建立和管理	30	档案填写要素完整，内容真实准确，使用和管理规范为优秀（27～30分）；填写要素较完整、真实和准确，使用和管理较规范为良好（24～26.9分）；档案填写和管理基本符合要求为合格（18～23.9分）；档案内容准确、要素填写不完整或档案管理混乱不合格（0～17.9分）	
任务总结		10	各项工作内容的要点及注意事项总结全面、正确为优秀（9～10分）；较全面、正确为良好（8～8.9分）；基本正确为合格（6～7.9分）；抓不住要点进行分析总结为不合格（0～5.9分）	
备注		90～100分为优秀；80～89分为良好；60～79分为合格；0～59分为不合格		

评价人：　　　　　　　　　　　　　　　　　　　　评价时间：

项目二　茶叶质检室的组建与管理

工作任务一　茶叶审评室的组建与管理

一、任务目标

通过任务实施学会组建标准评茶室，准确把握评茶室内部要求，并能够制定合理的设施及用具采购计划，最终能够制定评茶室改造或新建实施方案。

二、任务知识

（一）茶叶审评室组建的必要性

茶叶审评是研究茶叶品质感官鉴定的一项工作。在操作过程中，评茶人员除了用自己的感官来评鉴茶叶品质特点外，还要使用一些规范的器具、专业知识等，评茶时的环境也会对审评的结果产生一定影响。因此，标准的茶叶审评室，是食品生产许可企业茶叶出厂感官品质审评必备的环境和设施。

按 GB/T 18797—2012《茶叶感官审评室基本条件》以及 GB/T 23776—2018《茶叶感官审评方法》标准要求组建评茶室。

（二）评茶设施及用具要求

1. 评茶室功能分区

一般分四个区域，即干评区、湿评区、样茶区、洗涤区。各功能区的清晰划分，是合理布局的基础。干评区一般靠近窗口，湿评区排在干评区的后面，相距 1m 左右。样茶区与洗涤区分置东西两侧，有利于操作。

2. 评茶用具要求

在配备审评用具时，数量要一次性购买充足，且至少 20 套以上，满足更换、备用。评茶员所用的茶匙、品茗杯，根据评审人员人数，一人一套。审评用具的颜色必须一致，不能有色差，不能有异味，尤其是样茶罐、评茶盘等。杯碗的编号要清晰，便于使用密码审评茶样。

（三）水电要求

茶叶审评室内的水电安全设施，一定要符合安全规范。评茶室内取水、洗涤要求方便，用水要符合审评用水的理化指标及卫生指标，应符合 GB 5749—2022《生活饮用水卫生标准》的规定。有条件的可装净水器，同一批茶叶审评用水水质应一致。

（四）评茶员要求

（1）茶叶审评人员应获得《评茶员》国家职业资格证书，持证上岗。
（2）身体健康，视力 5.0 及以上，持《食品从业人员健康证明》上岗。
（3）无不良生活习惯，如吸烟、酗酒等。

三、任务实施

（一）准备工作

1. 评茶员准备

评茶室的建立，必须招聘具有评茶工作经验 3 年以上的相关从业人员（或具有评茶员职业资格证的人员）参与规划、组建，具体人数根据实际情况确定。

2. 了解评茶室情况

向企业或单位了解现有评茶室的基本情况，确定是扩建还是新建。

3. 了解待审评茶样信息

掌握待评茶样所属茶类，是毛茶还是精制茶，以及茶样数量。

（二）评茶室选址

根据企业或单位现有条件，进行评茶室组建。茶叶感官审评室应建立在地势干燥、环境清静、周围无公害、无污染、无异味的场所，北面空旷，光线充足。位置背南朝北，窗户宽敞，不装有色玻璃。评茶室内外不能有异色反光和遮断光线的障碍物，建在二层楼以上最好。

（三）评茶室设计

1. 评茶室面积

按照评茶人数和日常工作量确定，一般在 $10m^2$ 以上。

2. 室内环境要求

评茶室内要求干燥整洁，空气新鲜流通，无异味，安静，室内噪声低于 50dB，室内温度宜保持在 15～27℃，相对湿度 70% 左右，如能安装空调更好。

3. 室内装修

（1）色调要求　评茶室装修宜素雅（以白色或浅灰色为主色调），天花板为白色或接近白色。

（2）室内光线要求　光线柔和、明亮，以自然光为好，避免阳光直射。干平台工作面照度宜在1000lx；湿评台工作面照度不低于750lx。在自然光线不足时，可在评茶台上方安装4管排列的日光灯，辅助照明，辅助光源应均匀、柔和、无投影。如窗外有有色反光物品，为避免窗外反射光的干扰，宜在北窗外沿，装一突出倾斜30°的黑色斜斗形的遮光斗，门窗应挂暗帘，规划内容参考表3－3。

表3－3　评茶室设计规划方案内容参考表

房屋装修材质			水		电				其他
地板材质	墙面	吊顶	水龙头数量	水池尺寸（长宽深/cm）	灯	开关数量	插座数量	电压	尺寸（长宽高/cm；材质等要求）
附：评茶室平面图，明确设备摆放的位置、名称、水池、插座位置等信息。									

（四）购置审评设备及用具

1. 审评台

（1）干性审评台（干评台）　高度800～900mm，宽度600～750mm，长度视实际需要而定，台面为黑色亚光。用于摆放茶样、审评干茶外形。

（2）湿性审评台（湿平台）　高度750～800mm，宽度450～500mm，长度视实际需要而定，台面为白色亚光，可设计出水口。用于摆放审评杯碗，开汤审评内质。

2. 评茶标准杯碗

均为纯白色瓷质，颜色组成应符合GB/T 15608—2006《中国颜色体系》中的中性色的规定，要求$N \geqslant 9.5$。大小、厚薄、色泽一致。根据审评茶样的不同分为以下几种。

（1）初制茶（毛茶）审评杯碗　杯呈圆柱形，高75mm、外径80mm、容量250mL。具盖，盖上有一小孔，杯盖上面外径92mm，与杯柄相对的杯口上缘有三个呈锯齿形的滤茶口。口中心深4mm，宽2.5mm。碗高71mm，上口外径112mm，容量440mL。

（2）精制茶（成品茶）审评杯碗　杯呈圆柱形，高66mm，外径67mm，容量150mL。具盖，盖上有 一小孔，杯盖上面外径76mm。与杯柄相对的杯口上缘有三个呈锯齿形的滤茶口，口中心深 3mm，宽 2.5mm。碗高 56mm，上口外径 95mm，容量 240mL。

(3) 乌龙茶审评杯碗　杯呈倒钟形，高 52mm，上口外径 83mm，容量 110mL。具盖，盖外径 72mm。碗高 51mm，上口外径 95mm，容量 160mL。

3. 评茶盘

木板或胶合板制成。正方形，外围边长 230mm，边高 33mm，盘的一角开有缺口，缺口呈倒等腰梯形，上宽 50mm，下宽 30mm，涂以白色油漆，无气味。把盘审评茶叶外形用。

4. 分样盘

木板或胶合板制成。正方形，内围边长 320mm、高 35mm，盘的两端各开一个小口，涂以白色油漆，无气味。用来匀分茶样。

5. 叶底盘

黑色叶底盘或白色搪瓷盘。黑色叶底盘为正方形，外径边长 100mm，边高 15mm，审评精制茶叶底用；搪瓷盘为长方形，外径长 230mm、宽 170mm、高 30mm，一般审评初制毛茶叶底用。

6. 扦样匾（盘）

(1) 扦样匾　竹制，圆形，直径 1000mm，边高 30mm，供取样用。

(2) 扦样盘　木板或胶合板制，正方形，内围边长 500mm、高 35mm，盘的一角开一缺口，涂以白色油漆，无气味。

7. 分样器

木质或食品级不锈钢制，由 4 个或 6 个边长 120mm、高 250mm 的正方体组成长方体的分样器柜体，4 脚，高 200mm，上方敞口，具盖。每个正方体的正面下部开一个 90mm × 50mm 的口子，有挡板，可开关。

8. 称量用具

天平（感量 0.1mg）。

9. 计时器

定时钟或特制砂时计（精确到秒）。

10. 其他用具

(1) 刻度尺　刻度精确到毫米。

(2) 网匙　不锈钢网制半圆形小勺子，捞取碗底沉淀的碎茶用。

(3) 茶匙　不锈钢或瓷匙，容量约 10mL。

(4) 烧水壶　普通电热水壶，食品级不锈钢，容量不限。

(5) 茶筅　竹制，搅拌粉茶用。

(6) 其他审评用具　还包括品茗杯、茶巾、废液桶、茶叶品质记录表等。

评茶室应设有储样柜（间）、评茶用具的储藏柜，且无气味，色调应为白色或浅色。评茶设备及用具的具体数量及规格根据样品种类、数量、企业经济状况配置，计划表参考表3－4。

表3－4　设备及用具采购计划参考表

序号	设备及用具名称	规格型号	品牌	台套	单价/（万元/台套）	经费预算/万元	主要用途
1							
2							
3							
……							

评茶室组建方案均需经质量部门以及上级部门审核通过方可实施。

四、任务总结

根据所制定的审评室设计方案和采购计划，对照GB/T 18797—2012《茶叶感官审评室基本条件》以及GB/T 23776—2018《茶叶感官审评方法》，结合企业或单位接收茶叶数量进行分析与总结，确定该设计方案及采购计划是否合理可行。并总结任务实施过程中的困难、收获及体会。

五、任务评价

训练评价见表3－5。

表3－5　茶叶审评室的组建与管理训练评价表

评价内容		分值	评价标准	得分
准备工作		20	准备工作充分，思路清晰为优秀（18～20分）；较充分为良好（16～17.9分）；准备勉强能完成工作任务为合格（12～15.9分）；无调查，致使该工作任务完成不好或者无法完成为不合格（0～11.9分）	
任务实施	评茶室选址	10	选址要求与标准90%以上相符为优秀（9～10分）；80%为良好（8～8.9分）；60%以上为合格（6～7.9分）；60%以下为不合格（0～5.9分）	
	评茶室设计	20	设计思路清晰，布局合理，光源充足，方案细致（18～20分）；较细致为良好（16～17.9分）；勉强能完成工作任务为合格（12～15.9分）；布局不合理，不细致，致使该工作任务完成不好或者无法完成为不合格（0～11.9分）	

续表

评价内容		分值	评价标准	得分
任务实施	设施及用具采购	30	设施、用具规格、数量清晰，采购计划完整，预算合理为优秀（27～30分）；较完整，预算较合理为良好（24～26.9分）；基本完整，预算基本合理为合格（18～23.9分）；不完整，不合理为不合格（0～17.9分）	
总结与结论		20	各项指标数据分析透彻，准确，综合结论正确为优秀（18～20分）；较正确为良好（16～17.9分）；基本正确为合格（12～15.9分）；核心指标分析不正确为不合格（0～11.9分）	
备注		90～100分为优秀；80～89分为良好；60～79分为合格；0～59分为不合格		

评价人： 评价时间：

工作任务二　茶叶检验室的组建与管理

一、任务目标

通过任务实施，让学生掌握检验室的内部要求、人员管理、仪器设备管理、检验项目、操作规程等，学会绘制检验室规划图、制定合理的设施设备采购计划，能够对现有检验室进行改造或新建标准茶叶检验室，撰写检验室设计方案。

二、任务知识

（一）茶叶检验室组建的必要性

茶叶检验是采用物理和化学的方法对茶叶品质进行鉴定。是茶叶出厂、出口经常性工作内容之一，也是茶叶质量把关的重要环节。现在茶叶企业在申报SC（食品生产许可）认证时，茶叶检验的条件及能力是重要的考量因素之一。因此，组建标准的茶叶检验室是很有必要的。

按照DB52/T 642—2010《贵州省茶叶企业检验基本要求》（或其他规范性标准或要求）组建茶叶检验室。

（二）茶叶检验室环境要求

1. 通风

检验室经常由于实验时间长、人员多和实验过程中产生一些有害气体，造成空气污浊，对人体不利。为了防止工作人员吸入或咽入一些有毒的、可致病的或毒性不明的化学物质或有机气体，检验室中应有良好的通风，必要时应设空调。通风设备有：通风柜、通风罩或局部通风装置。局部通风装置和通风罩必须具有足够的功率，否则实际工作中难以满足使用要求。

2. 湿度和温度

检验室要求适宜的温度和湿度。室内的小气候，包括气温、湿度和气流速度等，对在检验室工作的人员和仪器设备有影响。夏季的适宜温度应是 18 ~ 28℃，冬季 为 16 ~ 20℃，相对湿度最好在 30% （冬季）~ 70% （夏季）。

3. 洁净度

经常保持检验室的清洁是非常重要的。室外大气中的尘埃，借通风换气过程会进入检验室，室内含尘量过高、空气不净，不但影响检测结果，其微粒落在仪器设备的元件表面，可能构成障碍，甚至造成短路或其他潜在危险。

（三）茶叶检验室设施要求

1. 供水与排水、 排污

检验室应有供排水装置，排水装置最好用聚氯乙烯管，接口用焊枪焊接。检验室的废水必须净化处理后才能排入下水网道。检验室的供水有自来水和实验用纯水，除了自来水，建议安装纯水处理装置，保障检验室用水，并且在相关检验室纯水终端加装超纯水处理装置，满足精密仪器使用要求。

2. 供电

电力是检验室重要动力。为保障检验室的正常工作，电源的质量、安全可靠性及连续性必须保证。一般用电和实验用电必须分开；一些精密、贵重仪器设备，要求提供稳压、恒流、稳频、抗干扰的电源；必要时须建立不中断供电系统，还要配备专用电源，如不间断电源（UPS） 等。

3. 供气与排气

检验室使用的压缩气体钢瓶，应保持最少的数量，必须牢牢固定，或用金属链拴牢，绝不能靠近火源、直接日晒、高温房间等温度可能升高的地方。检验室的废气处理，如量少可直接排出室外；但排出管必须高出附近房顶 3m 左右，对毒性较大或数量多的废气，可参考工业废气处理方法，如用吸附、吸收、氧化、分解等方法来处理。如果理化检验室不是在最高一层，废气的排放必须采用专用管道从楼顶排放。

（四）检验人员要求

检验室应配备适当的检验人员，并对人员进行规范管理。检验员应遵守本岗位的职业道德，不以权谋私，不弄虚作假，不投机取巧。坚持“科学、公开、公证、严谨”的工作作风，认真行使检验员的权利。不受其他部门和企业领导的不正当引导。独立行使质量检验岗位的职权。

(1) 检验员应做到取样及时，检验及时，出具检验结果及时。

(2) 做到取样准确、试剂准确、分析准确、计算准确、结果准确。

(3) 应按“三不放过”的原则认真处理，即未查清事故原因不放过，未吸取事故教训不放过，未制定整改措施不放过。

(4) 检验数据要做到科学、准确和及时，必须使用法定计量单位，并按规定进行数据修约。

(5) 正确使用仪器设备，正确标定化学试剂。

(6) 坚持努力学习业务技术，不断提高检验技术能力。

三、任务实施

（一）准备工作

1. 了解现有检验室的情况

向企业或单位咨询现有检验室的基本情况，包括检测设备、药品试剂、人员配置等。

2. 查找资料

了解茶叶企业在申报食品生产许可（SC）认证时，需要具备的检验条件及能力；了解茶叶出厂、出口需要检验的项目有哪些。

3. 明确工作内容

根据检验室现有条件综合分析，是否需要进行检验室改造或新建，如需新建，可按以下步骤实施。

（二）检验室选址

检验室应建在光线充足，通风良好、清洁安静的场所。需远离灰尘、烟雾、噪声、散发异味气体、强磁场及有震动源的环境，要与生产加工车间有一定距离。

（三）检验室设计

对检验室的布局和分区进行设计，绘制检验室规划图。检验室一般分为天平室和分析室，两者须物理分隔或各单独一间。

1. 面积要求

根据检测项目和日常工作量确定，一般总面积不少于 $20m^2$。

2. 环境要求

天平室温度应保持在15～30℃范围，相对湿度保持在55%～75%，避免阳光直射，门窗严密。

3. 室内装修

（1）材料要求　用白色涂料粉刷墙面，地面应防滑、平整。有条件的企业可在墙和天花板表面涂上含聚氨酯的无色漆，在地上铺乙烯材质的地板革等。

（2）供排水要求　实验中用水的级别有三种，即一级、二级和三级。有条件的企业可装超纯水机，一般的企业可装蒸馏水机或净水器。在易操作处设置总阀，保持必要的水压、水质和水量，下水道应用耐酸腐蚀的材料。

（3）供电要求　各室供电功率应根据用电总负荷设计，并留有余地。照明用电与设备用电应分设线路，烘箱、高温炉等高功率的电热设备应设专用插座、开关及熔断器。照明应有足够亮度，使用日光灯，在主要房间及走廊应安装应急灯。

（4）通风设施要求　检验室采用排气扇全室通风，在产生气体上方设置局部排气罩，以保证室内空气清洁。

（5）操作台要求　操作台面应平整、不易碎裂，能耐酸、碱及有机溶剂腐蚀。天平操作台的设置应确保厚重、平稳。

（四）检测设备及用具购置

企业应当配置满足检测项目和工作量所要求的仪器设备。依据检验项目，编制设备采购计划（表3－14），若是事业单位，还需在网上公开招标。自行检验的企业，根据SC认证要求，需采购必备的出厂检验设备，清单如下。

1. 水分检验设备

分析天平（精度1/1000g以上）、鼓风电热恒温干燥箱、干燥器等，或水分测定仪。

2. 净含量检验设备

电子秤或天平。

3. 粉末、碎茶检验设备

碎末茶测定装置（执行的产品标准无此项目的不要求）。

4. 茶梗、非茶类夹杂物检验设备

电子秤或天平（执行的产品标准无此项目的不要求）。

5. 检验样品贮存设备（设施）

根据企业规模，配备与检验和管理所需的样品贮存设备（设施）。

6. 其他必要检验设备

根据企业原料检验、在制品检验和出厂检验等质量监控的需要配备相应符合检验方法标准要求的检验设备。设备用具采购计划参考表3-6。

表3-6 设备及用具采购计划参考表

序号	设备及用具名称	规格型号	品牌	台套	单价/（万元/台套）	经费预算/万元	主要用途
1							
2							
3							
……							

（五）仪器设备管理

1. 设备检定和校准

仪器设备要定期检定和校准，制定相关计划，保持相关记录。仪器设备上应张贴有效标识。

2. 使用与维护

仪器设备应有专人使用，定期维护，并保持详细的使用、维护、维修记录。

（六）人员管理

1. 资质管理

检验人员应符合下列条件之一：获得食品检验职业资格证书；或经培训，掌握茶叶理化项目出厂检验的基本知识和操作技能，并获得培训合格证明。

检测人员数量应满足检测项目和工作量的需要。

2. 能力保持

应制定计划，安排或参加检验室之间、人员之间比对等能力验证，以保证检测人员的技术能力。有计划安排检测人员进行继续教育和专业培训。

3. 人员考核

对参加比对或培训的人员应进行考核，并保持相应记录。

四、任务总结

根据所制定的检验室设计方案和设备采购计划，对照 DB52/T 642—2010《贵州省茶叶企业检验基本要求》或其他规范性标准以及《茶叶生产许可审查细则》，并结合企业或单位所需检测项目，进行分析与总结，判断该设计方案及采购计划是否合理可行。并总结任务实施过程中的困难、收获及体会。

五、任务评价

训练评价见表 3－7。

表 3－7　茶叶检验室的组建与管理训练评价表

评价内容		分值	评价标准	得分
准备工作		20	准备工作充分，思路清晰为优秀（18～20 分）；较充分为良好（16～17.9 分）；准备勉强能完成工作任务为合格（12～15.9 分）；无调查，致使该工作任务完成不好或者无法完成为不合格（0～11.9 分）	
任务实施	检验室选址	10	选址要求与标准 90% 以上相符为优秀（9～10 分）；80% 为良好（8～8.9 分），60% 以上为合格（6～7.9 分）；60% 以下为不合格（0～5.9 分）	
	检验室设计	20	设计思路清晰，布局合理，方案细致为优秀（18～20 分）；较细致为良好（16～17.9 分）；勉强能完成工作任务为合格（12～15.9 分）；布局不合理，不细致，致使该工作任务无法完成为不合格（0～11.9 分）	
	设备及用具采购	10	设备、用具规格、数量清晰，采购计划完整，预算合理为优秀（9～10 分）；较完整，预算较合理为良好（8～8.9 分）；基本完整，预算基本合理为合格（6～7.9 分）；不完整，不合理为不合格（0～5.9 分）	
	仪器设备管理	10	设备管理计划、使用记录、维修记录完整、细致为优秀（9～10 分）；较完整，较细致为良好（8～8.9 分）；基本完整为合格（6～7.9 分）；不完整为不合格（0～5.9 分）	
	人员管理	10	人员配置合理，培训计划、考核记录完整、细致为优秀（9～10 分）；较完整，较细致为良好（8～8.9 分）；基本完整为合格（6～7.9 分）；不完整为不合格（0～5.9 分）	

续表

评价内容	分值	评价标准	得分
总结与结论	20	各项指标数据分析透彻、准确，综合结论正确为优秀（18~20分）；较正确为良好（16~17.9分）；基本正确为合格（12~15.9分）；核心指标分析不正确为不合格（0~11.9分）	
备注	90~100分为优秀；80~89分为良好；60~79分为合格；0~59分为不合格		

评价人：　　　　　　　　　　　　　　　　　评价时间：

项目三　茶叶品质评价

工作任务一　茶叶取样

一、任务目标

掌握茶叶取样的基本要求、取样条件、取样工具、取样方法、步骤及注意事项，为茶叶审评及检验得出客观准确的结果奠定基础。

二、任务知识

（一）茶叶取样的重要性

茶叶取样又称采样、扦样或抽样，即从一批或一件茶叶中抽取能代表整批茶叶品质特征最低数量的茶样，作为评定茶叶品质优劣的实物依据。

茶叶取样，是茶叶感官审评及检验的第一步，取样是否准确、能否代表整批茶叶的品质水平，是保证审评及检验结果准确与否的关键所在。

（二）取样的重点

取样要符合国家标准GB/T 8302—2013《茶　取样》的规定。

（1）所取样茶能代表整批茶叶的品质。

（2）所取样茶的数量一定达到茶叶送样留样数量。

（3）取样场所应清洁、干燥、光线充足，避免阳光直射，防止外来杂质混入，保证取样的正确完成。

（4）取样用具和盛装容器必须清洁、干燥、无异味，盛装容器密闭性要良好。

（三）相关概念

1. 随机取样

随机抽取需取样的茶叶件数。在取样时，茶堆、茶袋的上、中、下不同部位都应取到，如果样品有流水号，应间隔一段流水号抽取样品。

2. 混合原始样

将随机抽取得到的原始样集中倒入专用茶叶箱或其他专用容器内集中，取样结束后，充分混合均匀，得到混合原始样。

3. 分样留样

采用分样器或四分法缩分取样。将采集回来的茶样充分混合均匀后，堆为圆形或正方形，从正中划“十”字，再将“十”字的对角两份分出来，混合均匀再从正中划“十”字，这样直至达到所需要的数量为止。

4. 装罐

将留取的样品及时分两份装罐。使用茶听、茶罐或样品袋，以装满为度，紧密加盖，并用胶带封口；若用塑料袋盛装应立即封口；压制茶可用防潮材料包装。

三、任务实施

（一）材料准备

准备好待抽茶叶（大包装茶、小包装茶、压制茶、捆包的散茶）的初制茶、精制茶或再加工茶。

（二）用具准备

准备好开箱器、取样铲、有盖的茶叶专用箱、塑料布、分样器、茶样罐、样品袋等工具。

（三）步骤及方法

1. 确定取样件数

1～5 件，取样 1 件；6～50 件，取样 2 件；51～500 件，每增加 50 件（不足 50 件者按 50 件计）增取 1 件；501～1000 件，每增加 100 件（不足 100 件者按 100 件计）增取 1 件；1000 件以上，每增加 500 件（不足 500 件者按 500 件计）增取 1 件。

2. 随机取样

用随机数表，随机抽取需取样的茶叶件数。

3. 取样方法

根据每件茶叶质量的大小，分为大包装茶和小包装茶取样；再根据每件茶叶的生产过程，又分为包装时和包装后取样。不论大包装茶和小包装茶取样，若在包装时取样，直接按规定的抽取件数取样。若在包装后取样；则需按规定的抽取件数，逐件开启，分别将茶叶全部倒在塑料布上，再取样。检验用的试验样品应有备份，以供复检或被查之用。

4. 取样步骤

（1）大包装茶取样

①包装时取样：核定取样件数后，在茶叶定量装件时，抽取规定的件数，每件取样250g，作为原始样品，盛于有盖的专用茶箱中，然后混匀，用分样器或四分法逐步缩分至500～1000g，作为平均样品，分装于两个茶样罐中，供检验用。

②包装后取样：在产品成件、打包、刷唛后取样。在核定取样件数后，应在整批茶叶包装完成后，从堆垛中的不同位置，随机逐件开启取样。取样后处理同包装时取样。

（2）小包装取样　小包装，即销售包装，包括听装、盒装及袋泡装等。小包装取样也分包装时取样或包装后取样。若在包装时取样，方法同大包装取样。若在包装后取样，在核定本批茶叶所取件数后，在整批包装完成后的堆垛中，随即抽取规定的件数，逐件开启。从每件的上、中、下各部位抽取2～3盒（听、袋），所取样品保留数盒（听、袋），盛于防潮容器中，供进行单个检验。其余部分现场拆封，倒出茶叶混合拌匀，再用分样器或四分法逐步缩分至500～1000g，作为平均样品，分装于两个茶叶罐中，供检验用。

（3）压制茶取样　根据全批总件数，随机从堆放不同位置抽取规定取样件数，逐件开启，从各件内不同部位取出1～2个或（块）集中，再按要求抽取所需留言量，分装于两个包装袋中，共检验用。检验用的试验样品应有所需备份，以供复检或备查之用。

①沱茶取样：随机抽取规定的件数，每件取1个（约100g）。若取样总数大于10个，则抽取6～10个作为平均样品。

②砖茶、饼茶、方茶取样：随机抽取规定的件数，逐件开启，取出1～2块。若取样总块数较多，单块质量在500g以上的，留取2块；500g及500g以下的，留取4块。

（4）捆包的散茶取样　随机抽取规定的件数，从各件的上、中、下部取样，再用分样器或四分法缩分至500～1000g，作为平均样品，分装于两个茶样罐或包装袋中，供检验用。

在取样时，如发现茶叶品质、包装等有异常情况，可酌情增加或扩大取样数量，确保样品的代表性，必要时应停止取样。

取样结束，要根据样品信息填写取样报告单（表3－8）。

表3－8　茶样记录表

产品名称		产品来源	
样品总重		取样件数	
样品件数		取样人	
取样量		取样日期	年　月　日
备　注			

5. 贴标

在所取样品的茶罐或包装袋上贴上标签，详细标明样品名称、等级、生产日期、批次、取样基数、产地、样品数量、取样地点、日期、取样者的姓名等。

6. 样品运送

所取的平均样品应及时发往检验部门，最迟不超过48h。

四、任务总结

根据国家标准GB/T 8302—2013《茶　取样》的规定，对照取样方法、过程、结果进行分析。并总结通过该任务实施的收获及体会。

五、任务评价

训练评价见表3－9。

表3－9　茶叶取样训练评价表

评价内容		分值	评价标准	得分
准备工作		20	准备工作充分，思路清晰为优秀（18～20分）；较充分为良好（16～17.9分）；准备勉强能完成工作任务为合格（12～15.9分）；无调查，致使该工作任务完成不好或者无法完成为不合格（0～11.9分）	
任务实施	取样操作	60	整个取样过程准确恰当为优秀（54～60分）；较准确为良好（48～53.9分）；基本准确为合格（36～47.9分）；不准确以下为不合格（0～35.9分）	

续表

评价内容	分值	评价标准	得分
总结与结论	20	各项指标数据分析透彻，准确，综合结论正确为优秀（18～20分）；较正确为良好（16～17.9分）；基本正确为合格（12～15.9分）；核心指标分析不正确为不合格（0～11.9分）	
备注	90～100分为优秀；80～89分为良好；60～79分为合格；0～59分为不合格		

评价人： 评价时间：

工作任务二 茶叶感官审评

一、任务目标

通过任务实施，使学生掌握茶叶感官审评工作组织与实施过程，对茶叶品质进行感官审评及结果判定，并将茶叶审评结果及问题反馈给茶叶生产部门，指导生产。

二、任务知识

（一）审评项目与因子的侧重点

1. 毛茶审评

按照外形（包括形状、嫩度、色泽、匀整度和净度）、汤色、香气、滋味和叶底“五项因子”进行。适用于不同茶类的毛茶审评。

2. 精制茶和成品茶审评

按照外形的形状、整碎、色泽、净度，内质的汤色、香气、滋味和叶底“八项因子”进行。

（二）审评要素

1. 外形

干茶审评其形状、嫩度、色泽、整碎和净度。紧压茶审评其形状规格、松紧度、匀整度、表面光洁度和色泽。分里、面茶的紧压茶，审评是否起层脱面，包心是否外露等。茯砖加评“金花”是否茂盛、均匀及颗粒大小。

2. 汤色

茶汤审评颜色种类、色度、明亮度、清浊度。

3. 香气

香气审评其纯度、香型、浓度、持久性。

4. 滋味

审评茶汤滋味的浓淡、厚薄、醇涩、纯异和鲜纯。

5. 叶底

审评叶底嫩度、色泽、明暗和匀整度（包括嫩度的匀整度和色泽的匀整度）。

（三）审评方法

1. 外形审评 （把盘）

将缩分后的有代表性茶样 100～200g 置于评茶盘中，双手对角持评茶盘边缘，用回旋筛转法，使茶样按照粗细、长短、大小、整碎顺序分层，并顺势收于评茶盘的中心，使其形成馒头形。根据上层（也称面张、上段）、中层（也称中段、中档）、下层（也称下段、下脚）用目测、手感的方式审评。

2. 开汤审评内质

（1）绿茶、红茶、黄茶、白茶、乌龙茶柱形杯冲泡　从审评盘中扦取充分混匀有代表性的茶样 3.0g 茶（精茶）或 5.0g（毛茶），置于相应的评茶杯中，按照茶水比 1∶50 注满沸水、加盖计时。各茶类冲泡的时间见表 3－10。

表 3－10　各类茶冲泡时间

茶类	冲泡时间/min
绿茶	4
红茶	5
乌龙茶（条形、卷曲形）	5
乌龙茶（圆结形、拳曲形、颗粒形）	6
白茶	5
黄茶	5

（2）乌龙茶盖碗审评　5.0g 茶 110mL 沸水，茶水比 1∶22，分 3 次冲泡，时间分别为 2min、3min、5min，分次进行，综合评判汤色、香气、滋味、叶底。

（3）黑茶（散茶）柱形杯审评　3.0g 或 5.0g 茶，茶水比 1∶50，冲泡 2 次，第一次 2min，第二次冲泡 5min，汤色以第一泡为主，香气、滋味以第二泡为主。

（4）紧压茶（柱形杯审评法）　方法同黑茶散茶，冲泡时间根据情况增加。第一泡 2～5min，第二次冲泡时间 5～8min。汤色以第一泡为主，香气、滋味以第二泡为主。

(5) 花茶（柱形杯审评） 拣除茶样中的花瓣、花萼、花蒂等花类夹杂物，称取有代表性茶样3g，150mL沸水。茶水比1∶50，第一泡3min，审评汤色、香气（鲜灵度和纯度）、滋味；第二泡5min，沥出茶汤，依次审评汤色、香气（浓度和持久性）、滋味、叶底。结合两次冲泡综合评判。

(6) 袋泡茶（柱形杯审评法） 取一茶袋置于150mL评茶杯中，注满沸水，加盖浸泡3min后揭盖上下提动袋茶两次（两次提动 间隔1min），提动后随即盖上杯盖，至5min沥茶汤入评茶碗中，依次审评汤色、香气、滋味和叶底。叶底审评茶袋冲泡后的完整性。

(7) 粉茶（柱形杯审评法） 取0.6g茶样，置于240mL的评茶碗中，用150mL的审评杯注入150mL的沸水，定时3min并用茶筅搅拌，依次审评其汤色、香气与滋味。

（四）审评结果与判定

1. 级别判定

对照一组标准样品，比较未知茶样品与标准样品之间某一级别在外形和内质的相符程度（或差距）。首先对照一组标准样品的外形，从外形的形状、嫩度、色泽、整碎和净度五个方面综合判定未知样品等于或约等于标准样品中的某一级别，即定为该未知样品的外形级别；然后从内质的汤色、香气、滋味与叶底四个方面综合判定未知样品等于或约等于标准样中的某一级别，即定为该未知样品的内质级别。最终未知样的级别按照以下公式计算：

$$\text{未知样的级别}=\frac{\text{外形级别}+\text{内质级别}}{2}$$

2. 合格判定

以成交样或标准样相应等级的色、香、味、形的品质要求为水平依据，按规定的审评因子，即形状、整碎、净度、色泽、香气、滋味、汤色、叶底和审评方法，将生产样对照标准样或成交样逐项对比审评，判断结果按“七档制评分法”进行（表3-11）。具体评定方法参照国标GB/T 23776—2018《茶叶感官审评方法》。

表3-11 七档制评分法

七档制	评分	说明
高	3	差异大，明显好于标准样
较高	2	差异较大，好于标准样
稍高	1	仔细辨别才能区分，稍好于标准样

续表

七档制	评分	说明
相当	0	标准样或成交样的水平
稍低	-1	仔细辨别才能区分，稍差于标准样
较低	-2	差异较大，差于标准样
低	-3	差异大，明显差于标准样

任何单一审评因子中得 -3 分者判该样品为不合格。各因子相加总得分低于 -3 分者，该样品为不合格。

3. 品质评定

(1) 独立评分　可以由一个或若干个评茶员独立完成评分。每个评茶员所评的分数相加的总和除以参加评分的人数所得的分数。当评茶员人数达 5 人以上时，可在评分的结果中去除一个最高分和一个最低分，其余的分数相加的总和除以其人数所得的分数。

(2) 集体评分　整个审评过程由 3 人或 3 人以上（奇数）评茶员一起完成。参加审评的人员组成一个审评小组，推荐其中一人为主评。审评过程中由主评先评出分数，其他人员根据品质标准对主评出具的分数进行修改与确认，对观点差异较大的茶进行讨论，最后共同确定分数，如有争论，投票决定。并加注评语，评语引用 GB/T 14487—2017《茶叶感官审评术语》。

茶叶品质顺序的排列，样品应在两只（含两只）以上，评分前，工作人员对茶样进行分类、密码编号，审评人员在不了解茶样的来源、密码条件下进行盲评，根据审评知识与品质标准，按外形、汤色、香气、滋味 和叶底“五因子”，采用百分制，在公平、公正条件下给每个茶样每项因子进行评分，并加注评语，评语引用 GB/T 14487—2017《茶叶感官审评术语》。各类茶评分标准参见 GB/T 23776—2018《茶叶感官审评方法》。

将单项因子的得分（百分制）与该因子的评分系数相乘，并将各个乘积值相加，即为该茶样审评的总得分。各茶类审评因子评分系数见表 3-12。

表 3-12　各茶类审评因子评分系数

茶类	外形（a）	汤色（b）	香气（c）	滋味（d）	叶底（e）
绿茶	25	10	25	30	10
工夫红茶（小种红茶）	25	10	25	30	10
（红）碎茶	20	10	30	30	10
乌龙茶	20	5	30	35	10

续表

茶类	外形（a）	汤色（b）	香气（c）	滋味（d）	叶底（e）
黑茶（散茶）	20	15	25	30	10
紧压茶	20	10	30	35	5
白茶	25	10	25	30	10
黄茶	25	10	25	30	10
花茶	20	5	35	30	10
袋泡茶	10	20	30	30	10
粉茶	10	20	35	35	0

根据计算结果，按分数从高到低排序，如遇分数相同，则按“滋味、外形、香气、汤色、叶底”的次序比较单一因子得分的高低，高者居前。

(五)茶叶通用评茶术语（各类茶评语参照 GB/T 14487—2017《茶叶感官审评术语》）

1. 茶叶外形通用评语

显毫：茸毛含量特别多。

锋苗：芽叶细嫩，紧卷而有尖锋。

身骨：叶质老嫩，叶肉厚薄，茶身轻重。一般，芽叶嫩，叶肉厚。重实：身骨重，茶在手中有沉重感。轻飘：身骨轻，茶在手中分量很轻。

匀齐、匀整：匀，均匀，齐是整齐。上中下三段茶的粗细、长短、大小较一致，比例适当，无脱档现象。

匀净：匀整，不含梗朴及其他夹杂物。

脱档：条形茶面张大，下段茶多，中段茶少，称为脱档或脱节，是筛号茶拼配比例不当的表现。

破口：茶条两端的断口，粗糙而不光滑（折、切断口痕迹显露）。

露筋：叶的叶脉称为筋，下档精制茶多用。红茶中有红色或褐色筋脉。绿茶中有黄色或、红色、褐色筋脉。

露梗：茶梗显露。红茶中有红梗，绿茶中有黄梗或红色梗。

松泡：形大质轻，紧度很差的圆形或条形茶，红碎茶颗粒不卷而开口。

短碎：面张条短，下段茶多，欠匀整。

松碎：条形松散而短碎。

爆点：干茶上的突起泡点。

光润：色泽鲜明，光滑油润，为优质茶色泽。红茶乌黑油润称乌润，绿茶称绿润。

枯暗：叶质老，色泽枯燥，暗无光泽。红茶称枯红，绿茶称枯黄等。

调匀：相当一致，需与具体评语相结合，如翠绿调匀。

花杂：叶色不一，老嫩不一，色泽杂乱。如绿茶中带红、夹黄、混杂绿条，有较多筋梗者。

枯黄：色黄而枯燥。

猪肝色：红而带暗，似猪肝的颜色。

挺直：光滑匀齐，不曲不弯。

弯曲：不直，呈钩状或弓状。

平伏：茶叶在盘中相互紧贴，无松起架空现象。

紧结：卷紧而结实。

紧直：卷紧而圆直。

紧实：松紧适中，身骨较重实。

肥壮：芽叶肥嫩身骨重。

壮实：尚肥嫩，身骨较重实。

粗实：嫩度较差，形粗大而尚重实。

粗松：嫩度差，形状粗大而松散。

松条：卷紧度较差。

松扁：不紧而呈平扁状。

2. 茶叶汤色通用评语

清澈：清净透明而有光泽。

鲜艳：鲜明艳丽而有活力。

鲜明：新鲜明亮略有光泽。

明亮：茶汤清净透明。

黄暗：汤黄，无光泽。

青暗：汤色泛青、无光泽。

沉淀物多：茶汤中沉于碗底的不溶物多。

浑浊：茶汤中有大量悬浮物，透明度差。

昏暗：汤色不明亮，但无悬浮物，与浑浊略有差别。

3. 茶叶香气通用评语

纯正：茶叶香气正常，纯净不高不低，无异杂气。

平正、平淡：香气稀薄，热嗅时略有茶香，冷嗅则若有若无，无粗老气或杂气。平和同义。

持久：茶香持续时间长，直至冷却尚有余香。

不持久：热嗅香高，冷后余香不足。

钝浊：有一定浓度，但滞钝，感觉不快。

粗淡：香气低有老茶的粗糙气，也称粗老气。

青气、老青气：似鲜叶的青臭气，绿茶杀青不透，红茶发酵不足。

日晒气：经日晒后，茶叶具有的一种特殊的，类似老笋干的气味。

霉气：茶叶储存不当，发霉变质的气味。

烟焦气：茶叶在加温过程中，沾染了焦气和烟气。

低：香气低，有粗老气味。

闷气：不愉快的熟闷气。杀青叶堆积，干度不够，红茶发酵后不及时干燥等所致。

异气：烟、焦、酸、陈、霉、油气、铁腥气、木气等。

失风：失去正常茶香，低于陈气，由于干燥后或贮藏过程中吸潮所致。

低微：香气低，但无粗气。

4. 茶叶滋味通用评语

浓烈：味浓不苦，收敛性强，回味甘爽。

鲜爽：鲜洁爽口，有活力。

浓厚：味浓而不涩，纯而不淡，浓醇适口，回味清甘。

浓强：味浓，具有鲜爽感和收敛性。

浓醇：口味浓，回味爽略甜，无刺激性。

鲜醇：滋味鲜爽欠浓，刺激性不强。

回甘：茶汤入口后回味有甜感。

醇厚：茶汤鲜醇可口，回味略甜，有刺激性。

醇和：滋味欠浓，鲜味不足，无粗杂味。

醇正：清爽带甜，刺激性不强。

纯正：较淡属正常，缺乏鲜爽。“纯和”与此同义。

淡薄：味淡而正常。

平和：味正常，有一定浓度，缺乏鲜味。

涩口：茶汤入口有收敛感。

粗淡：味粗而淡薄。

生涩：涩味中带有生青味。

苦：茶汤入口，舌根感到类似奎宁的一种味道，且感受持续存在。

苦涩：涩中带苦。

陈味：茶叶因贮藏过久而产生的陈变气味（不同于陈香）。

日晒味：经日晒后，茶叶具有一种特别的滋味表现。

水味：干茶受潮，或干度不够带“水味”，口味清淡。

异味：烟、焦、酸、馊、霉等劣异味。

5. 叶底通用评语

细嫩：叶质细嫩柔软，叶色鲜艳明亮。

柔嫩：嫩而柔软。

匀齐：大小、老嫩、色泽一致。匀，色泽调和，齐，老嫩一致。

嫩匀：叶质细嫩匀齐柔软，色泽调和。

肥厚：芽头肥壮，叶质丰满厚实。

肥嫩：芽头肥壮，叶质厚实。

卷缩：茶叶经冲泡后叶底不开展。

瘦薄：芽头瘦小，叶张单薄。

粗老：叶质粗大而硬，叶脉隆起。

破碎：毛茶精制大都成半叶，叶底断碎而不完整。

鲜亮：叶底色泽鲜艳明亮，嫩度好。

花杂：叶底色泽不一。

焦斑、焦条：叶面有黑色（杀青所致）或黄色（炒干）所致烧焦的斑点。局部为焦斑，全部为焦条。

枯暗：叶色暗沉无光，陈茶叶底多如此。

单张：脱茎的独片叶子。单瓣与此同义。

卷缩：冲泡后叶底不开展，对珠茶、贡熙是好的表现，对条形茶或特种茶不好，为老火茶。

6. 评茶术语常用副词

较：用于两茶相比时，表示品质高于标准或低于标准。如较浓、较高、较低、较暗等。

稍、略：用于某种形态不正、稍有偏差及物质含量不多、程度不深时，如略扁、略烟、稍暗、略有花香、稍淡等。

欠：在规格要求上或某种程度上，还不符要求，且程度上较严重，品质明显低于标准。如欠亮、欠浓、欠匀等。

带：某种程度上轻微时用，有时可与其他副词连用。如带有花香、略带烟气等。

有：形容某些方面存在，如有茎梗等。

显：形容某方面比较突出，如白毫显露、显锋苗等。

微：在差异程度上很轻微时用之，如微烟、微苦涩等。

（六）审评人员要求

（1）茶叶审评人员应获有《评茶员》国家职业资格证书，持证上岗。

（2）身体健康，视力 5.0 及以上，持《食品从业人员健康证明》上岗。

(3) 审评人员开始审评前更换工作服，用无气味的洗手液把双手清洗干净，并在整个操作过程中保持洁净。

(4) 审评过程中不能使用化妆品，不得吸烟。

三、任务实施

(一)准备工作

1. 召集评茶人员

由质量部负责召集。参与茶叶成品审评的人员需包含质量部门技术员以及负责人、参与茶叶加工的主要技术员以及生产部门负责人。具体人数质量部门1~2人，生产部1~2人，总人数达3人及以上。

2. 审评环境准备

保证审评时干燥清洁，审评室的光线均匀充足，温度、湿度等条件满足审评要求（国家标准和要求）。

3. 用具准备

按照国家标准，根据待审评茶类以及待审评茶样数量、参与审评人数准备审评用具。包括评茶盘审评杯碗茶匙、叶底盘、天平（感量0.1g）、计时器、废液桶、烧水壶、电炉等。

4. 茶样准备

扦取待审评茶样各100~200g依次置于评茶盘中。

5. 其他

茶叶感官品质记录表、笔。

(二)茶叶感官审评操作

按照茶叶感官审评的一般程序进行：扦样、摆具、把盘评外形、称样、加沸水、静置、滤出茶汤、审评内质。

根据不同茶类、产品形态，采用相应的审评方法。具体审评方法参照GB/T 23776—2018《茶叶感官审评方法》实施。

1. 把盘审评外形

通过把盘，将茶叶分成上中下三段茶。

审评初制毛茶外形时，先目测审评上段茶后，用手轻轻将上、中段茶抓在手中，审评没有抓起留在平茶盘中的下段茶的品质。然后抓茶的手反转，手心朝上摊开，将茶摊放在手中，用目测的方法审评中段茶的品质。用手掂估同等茶体积（重量）。

审评成茶外形时，先看面张和下段茶，然后看中段茶。看中段茶要轻轻抓一把到手里，权衡身骨轻重。综合外形各项因子，对样评定干茶的品质优次。

2. 称样

将看完外形的茶叶充分拌匀，用拇指、食指、中指抓取一小撮茶样，在小天平上称取茶样 3g，每杯用茶量应一次抓足，不可多次取样添加。

3. 注水计时

将烧好的开水依次倒入茶杯中，从左至右，每杯开水量齐平杯沿缺口，随冲随盖，杯盖的小孔靠近杯柄一边，从冲泡第一杯起开始计时，冲泡 4min。

4. 出汤

将审评杯内的茶汤倒入审评碗内，无洒水、滑杯掉盖现象，要求全部倒尽，注意从冲泡第一杯起，依次出汤。

5. 评看汤色

滤出茶汤后，用茶匙在审评碗内打一圆圈，使沉淀旋转集中于碗底中央；茶汤容量要一致，茶汤中若有茶渣，则应用滤网捞尽。汤色主要看颜色类型、深浅、明暗、清浊等内容。

6. 嗅闻香气

左手持杯，右手稍揭开杯盖，将鼻靠近杯沿轻嗅或深嗅，可重复 1～2 次，但不宜太长；每次嗅时需将杯内叶底抖动几下（杯盖不能揭开）以利香气散发。在香气评完以前杯盖都不能揭开，审评香气应热、温、冷嗅相结合。要求评出香气类型、纯异、高低及持久性。

7. 尝滋味

用汤匙从碗中舀取 2/3 汤匙茶汤先倒入品茶杯中，再送茶汤入口，以短促吮吸使茶汤充分迅速与舌头、口腔接触 3～4 次，随即吐出。辨别茶汤滋味的浓淡、强弱、厚薄、爽涩、鲜滞纯杂等，从而判断优次。

8. 评看叶底

将杯内泡过的茶渣倒入叶底盘或杯盖里侧或搪瓷漂盆里，评比叶底的嫩度、匀度和色泽等。

9. 整理

清洗评茶用具，收好茶样，并及时关闭水电。

（三）结果记录与反馈

将审评结果填入茶叶感官审评记录表中。毛茶感官审评记录表见表 3－13；精制茶或成品茶感官审评记录表见表 3－14。

表 3-13 毛茶感官审评记录表

项目/评语	外形	汤色	香气	滋味	叶底	结论
1 号样						
2 号样						
3 号样						
4 号样						
5 号样						

审评人：　　　　　　　　　　　　　　　　　　核对人：

表 3-14 精制茶感官审评记录表

序号	外形				内质				结论
	条索	整碎	色泽	净度	汤色	香气	滋味	叶底	
茶样 1									
茶样 2									
茶样 3									
茶样 4									
茶样 5									

审评人：　　　　　　　　　　　　　　　　　　核对人：

审评结果经质量部与生产部认定后，经由主要负责人审核签字确认可，反馈给生产部。

四、任务总结

根据以上评茶工作的组织与实施，依据国家标准 GB/T 23776—2018《茶叶感官审评方法》，以及茶叶质量管理办法，客观评定茶叶品质的好坏，得出结论，给予生产部门质量指导。审评时不宜急躁及粗心大意，要耐心的反复比较审评各项目，做好记录。总结完成此项任务过程中存在的困难、收获、体会。

五、任务评价

训练评价见表 3-15。

表 3－15　茶叶感官审评训练评价表

评价内容		分值	评价标准	得分
准备工作		20	评茶员组织到位、审评环境、用具、茶样、评茶记录表等准备齐全、数量充足为优秀（18～20 分）；较充分为良好（16～17.9 分）；准备勉强能完成工作任务为合格（12～15.9 分）；评茶人员通知不到位或用具准备不齐全，致使该工作任务完成不好或者无法完成为不合格（0～11.9 分）	
任务实施	茶叶审评过程	30	整个审评过程操作准确、流畅为优秀（27～30 分）；较准确、流畅为良好（24～26.9 分）；基本准确、流畅为合格（18～23.9 分）；不准确，操作过程混乱为不合格（0～17.9 分）	
	结果记录与反馈	30	各项目因子记录完整详细，反映出茶叶根本问题，有结论为优秀（27～30 分）；项目因子记录较完整详细，基本指出茶叶根本问题，有结论为良好（24～26.9 分）；项目因子记录基本完整，无问题反馈、有结论为合格（18～23.9 分）；项目因子记录不完整，无问题反馈、无结论为不合格（0～17.9 分）	
总结与结论		20	认真总结此项任务完成过程中出现的问题困难以及如何改进为优秀（18～20 分）；较认真总结审评过程中出现的问题为良好（16～17.9 分）；基本能总结审评过程中出现的问题为合格（12～15.9 分）；未认真总结为不合格（0～11.9 分）	
备注		90～100 分为优秀；80～89 分为良好；60～79 分为合格；0～59 分为不合格		

评价人：　　　　　　　　　　　　　　　　　　　　评价时间：

工作任务三　茶叶理化检验

一、任务目标

通过任务实施掌握茶叶理化检验工作的组织与实施过程，掌握茶样的检测与分析方法，能够根据检测数据判断样品是否达到合格标准，并将检验结果及时反馈给茶叶生产部门，进行生产指导。

二、任务知识

（一）检验方法分类

按照管理及使用程序，茶叶检验标准可分为国家标准、部级标准、地方标准和企业标准四种。如是对外贸易，又可分为出口检验标准、进口检验标准、国家标准和国际标准四种。国家标准、国际标准是最基本的标准，其他标准首先一定要与之相符，只能高于、不能低于。按检测方法的性质加以分类，可分为茶叶物理检验和茶叶化学检验。

1. 茶叶物理检验

茶叶物理检验就是采用物理方法来检测茶叶品质和维护茶叶质量的一种技术手段。按照我国相关标准规定，茶叶物理检验项目中有粉末检验、碎茶含量检验、茶叶包装检验、茶叶夹杂物含量检验和茶叶衡量检验等，属法定物理检验项目。其他在一定程度上能反映茶叶品质、但未经部标准规定的项目，如干茶密度、比容、茶汤比色等，属一般物理检验范畴。

2. 茶叶化学检验

茶叶化学检验就是采用化学方法检测茶叶内含成分，以确定产品是否符合质量要求和饮用需要的一种技术手段，分法定化学检验、特定化学检验、一般化学检验。茶叶出口除水分、灰分作为法定化学检验项目外，根据茶叶贸易合同规定或客户要求，特别指定的化学检验项目主要有多酚类、咖啡碱、水浸出物及农药残留等项目。一般化学检验项目主要有茶黄素、茶红素、粗纤维等。

茶叶检验是茶叶出厂、出口经常性的工作内容之一，是茶叶质量把关的重要环节，现在茶叶企业在申报 SC 认证时，茶叶检验的条件及能力也是重要的考量因素之一。

（二）茶叶企业 SC 认证

食品 SC 认证即食品生产许可认证，自 2015 年 10 月 1 日起施行的国家食品药品监督管理总局令第 16 号《食品生产许可管理办法》中第二十九条规定：食品生产许可证编号由 SC（“生产”的汉语拼音字母缩写）和 14 位阿拉伯数字组成。之前使用的“QS”标志至 2018 年 9 月 30 日作废不能使用。

需要申请 SC 认证的企业，可根据《食品生产许可管理办法》《食品生产许可审查通则》及《茶叶生产许可证审查细则》中的相关规定提出申请。

食品生产许可认证程序如下。

1. 茶叶企业申报

按照要求填写《食品生产许可证申请书》（到所到市（地）市场监督管理

部门领取)，准备好企业营业执照复印件、生产场所布局图、工艺流程图等相关材料，提交至所在地的市场监督管理部门。

2. 申报材料审查

市场监督管理部门组织审查组审查企业申报材料，发给企业《食品生产许可证受理通知书》。

3. 茶叶企业必备条件现场审查

审查组对茶叶企业必备条件进行现场审查。包括生产环境、生产设备、生产人员、原材料、工艺流程、质量管理、产品包装、产品标识、产品储存等方面。

4. 茶叶企业产品发证检验

企业或审查组送样品，检验机构对茶叶企业的样品进行发证检验。

5. 合格茶叶企业名单和材料的汇总上报

市（地）级局汇总合格企业名单和材料上报省级局，省级局将名单和材料上报总局。

6. 国家市场监督管理总局的审核批准

国家市场监督管理总局统一审核批准获证企业名单并公告获得食品生产许可证的企业名单，省级局向企业发放食品生产许可证。

（三）我国茶叶质量安全限量指标

我国现行的茶叶卫生标准主要有 GB 2763—2021《食品安全国家标准　食品中农药最大残留限量》、GB 2762—2022《食品安全国家标准　食品中污染物限量》以及 NY/T 288—2018《绿色食品　茶叶》等。其中，GB 2763—2021 规定了我国茶叶的农药残留指标，GB 2762—2022 规定了茶叶中重金属和污染物的限量，而 NY/T 288—2018 则规定了茶叶的感官要求、理化指标以及安全指标等，见表 3－16。

表 3－16　我国现行的茶叶质量安全指标

序号	项目名称	GB 2763—2021	GB 2762—2022	NY/T 288—2018	备注
1	水分/%			≤7.0（碧螺春 7.5，茉莉花茶 8.5，黑茶 12.0）	
2	总灰分/%			≤7.0（砖茶 8.5）	
3	水浸出物/%			≥34.0（紧压茶 32.0）	
4	滴滴涕/（mg/kg）			≤0.05	禁用

续表

序号	项目名称	GB 2763—2021	GB 2762—2022	NY/T 288—2018	备注
5	啶虫脒/（mg/kg）			≤0. 1	
6	氯氟氰菊酯和高效氯氟氰菊酯/（mg/kg）			≤3	
7	氯氰菊酯和高效氯氰菊酯/（mg/kg）			≤0. 5	
8	甲胺磷/（mg/kg）			不得检出（<0. 01）	禁用
9	硫丹/（mg/kg）			不得检出（<0. 03）	禁用
10	灭多威/（mg/kg）			不得检出（<0. 01）	禁用
11	氰戊菊酯和 S－氰戊菊酯/（mg/kg）			不得检出（<0. 02）	禁用
12	三氯杀螨醇/（mg/kg）			不得检出（<0. 01）	禁用
13	杀螟硫磷/（mg/kg）			不得检出（<0. 01）	禁用
14	水胺硫磷/（mg/kg）			不得检出（<0. 01）	禁用
15	乙酰甲胺磷/（mg/kg）			不得检出（<0. 01）	禁用
16	铜（以 Cu 计）/（mg/kg）			≤30	
17	铅/（mg/kg）		≤5. 0		
18	苯醚甲环唑/（mg/kg）	≤10			
19	吡虫啉/（mg/kg）	≤0. 5			
20	吡蚜酮	≤2			
21	草铵膦	≤0. 5			
22	草甘膦	≤1			
23	虫螨腈	≤20			
24	除虫脲	≤20			
25	哒螨灵	≤5			
26	敌百虫	≤2			
27	丁醚脲	≤5			
28	多菌灵	≤5			
29	氟氰戊菊酯	≤20			
30	甲拌磷	≤0. 01			禁用
31	甲基对硫磷	≤0. 02			禁用

续表

序号	项目名称	GB 2763—2021	GB 2762—2022	NY/T 288—2018	备注
32	甲基硫环磷	≤0.03			禁用
33	甲氰菊酯	≤5			
34	克百威	≤0.05			禁用
35	喹螨醚	≤15			
36	联苯菊酯	≤5			
37	硫环磷	≤0.03			禁用
38	氯菊酯	≤20			
39	氯噻啉	≤3			
40	氯唑磷	≤0.01			禁用
41	灭线磷	≤0.05			禁用
42	内吸磷	≤0.05			禁用
43	噻虫嗪	≤10			
44	噻螨酮	≤15			
45	噻嗪酮	≤10			
46	杀螟丹	≤20			
47	特丁硫磷	≤0.01			禁用
48	辛硫磷	≤0.2			禁用
49	溴氰菊酯	≤10			
50	氧乐果	≤0.05			禁用
51	茚虫威	≤5			
52	六六六（HCH）	≤0.2			禁用

（四）我国茶叶质量的监审机构

茶叶企业在申报SC认证时，需要将茶样送到检验机构进行发证检验。

我国茶叶质量的监审机构主要有国家茶叶质量监督检验中心、农业农村部茶叶质量监督检验测试中心、国家茶叶质量监督检验中心（福建）等，下面做简要介绍。

1. 国家茶叶质量监督检验中心

茶叶质量监督管理机构。位于浙江杭州，1988年成立。主要任务：承担国家指定产品质量的监督抽查检验；各项标准的制定；优质产品的检验鉴定；受理有关部门的委托，对实行生产许可证产品的质量及重要新产品投产的鉴定；产品质量的认证检验以及产品质量争议的仲裁检验等。

2. 农业农村部茶叶质量监督检验测试中心

茶叶质量监督管理机构。位于浙江杭州。1990 年建立，挂靠中国农业科学院茶叶研究所。主要承担农业部门全国茶叶质量监督任务，包括对各类毛茶、成品茶的质量抽样检验，部优产品的申报检验，茶叶质量争议的仲裁检验，茶叶新产品的鉴定检验等，具有法律效力。

3. 国家茶叶质量监督检验中心（福建）

国家级茶叶质检中心，位于福建安溪县。承担各级政府下达的茶叶监督抽查、茶叶生产许可证发证检验、质量仲裁检验任务和企业委托检验工作，并承担全国茶叶标准化技术委员会乌龙茶工作组秘书处工作。

三、任务实施

（一）准备工作

1. 检验计划制定

企业根据自身需要，合理制定检验计划。若是申请 SC 认证，需根据《茶叶生产许可审查细则》中规定的发证检验项目进行，若是茶叶出厂强制检验，则按照出厂检验项目进行（参考《茶叶生产许可审查细则》中茶叶产品质量检验项目表中的相关规定）。一些常规理化项目，具备检验能力的企业可自行检验，无法检验的项目，企业需将茶样送到相关的质量检测机构进行检测。

2. 检验方法准备

企业常规的理化检验项目主要有水分、净含量、粉末、碎茶、茶梗、非茶类夹杂物等，对于常规理化检验项目，企业可自检。检验人员需准备相关的检测方法标准。检测方法标准可在食品伙伴网标准下载中心下载，注意应下载最新发布的现行有效的标准。可参考 GH/T 1119—2022《茶叶标准体系表》中列举的标准号或标准名称进行搜索。部分标准见表 3 – 17。

表 3 – 17 国家推荐性方法标准

序号	标准号	标准名称
1	GB/T 8303—2013	《茶　磨碎试样的制备及其干物质含量测定》
2	GB 5009. 3—2016	《食品安全国家标准　食品中水分的测定》
3	GB/T 8305—2013	《茶　水浸出物测定》

续表

序号	标准号	标准名称
4	GB 5009.4—2016	《食品安全国家标准　食品中灰分的测定》
5	GB 5009.4—2016	《食品安全国家标准　食品中灰分的测定》
6	GB/T 8309—2013	《茶　水溶性灰分碱度测定》
7	GB/T 8310—2013	《茶　粗纤维测定》
8	GB/T 8311—2013	《茶　粉末和碎茶含量测定》
9	GB/T 8312—2013	《茶　咖啡碱测定》
10	GB/T 8313—2018	《茶叶中茶多酚和儿茶素类含量的检测方法》
11	GB/T 8314—2013	《茶　游离氨基酸总量的测定》

3. 检验记录准备

需准备检验记录材料，包括取样记录单、检测原始记录表、检验结果报告等材料。企业常规项目检验记录表格式可参考表 3－18 至表 3－24。

表 3－18　茶叶取样记录单

<table>
<tr><td>样品名称</td><td></td><td>样品编号</td><td></td></tr>
<tr><td>等级</td><td colspan="3"></td></tr>
<tr><td>规格</td><td colspan="3"></td></tr>
<tr><td>批次（生产时间或班组）</td><td colspan="3"></td></tr>
<tr><td>抽样数量</td><td colspan="3"></td></tr>
<tr><td>抽样基数</td><td colspan="3"></td></tr>
<tr><td>取样地点</td><td colspan="3"></td></tr>
<tr><td>样品状况</td><td colspan="3"></td></tr>
<tr><td>检测项目</td><td colspan="3"></td></tr>
<tr><td colspan="4">取样人签字：

车间（或班组）负责人签字：

抽样日期：　　年　　月　　日</td></tr>
<tr><td>备注</td><td colspan="3"></td></tr>
</table>

表 3-19　粉末/碎茶测定原始记录表

分析日期：　　年　　月　　日　　　　　　报告日期：　　年　　月　　日

<table>
<tr><td>样品名称</td><td colspan="2"></td><td colspan="2">仪器名称</td><td colspan="2"></td><td colspan="2">室温/℃</td><td colspan="2"></td></tr>
<tr><td>方法依据</td><td colspan="2"></td><td colspan="2">仪器编号</td><td colspan="2"></td><td colspan="2">相对湿度/%</td><td colspan="2"></td></tr>
<tr><td>计算公式</td><td colspan="10"></td></tr>
<tr><td>样品
编号</td><td>分析
编号</td><td>试样质
量/g</td><td>碎茶质
量/g</td><td>碎茶含
量/%</td><td>平均
值%</td><td>粉末质
量/g</td><td>粉末含
量/%</td><td>平均
值/%</td><td>相差</td><td>允差</td></tr>
<tr><td></td><td></td><td></td><td></td><td></td><td rowspan="2"></td><td></td><td></td><td rowspan="2"></td><td rowspan="2"></td><td rowspan="2"></td></tr>
<tr><td></td><td></td><td></td><td></td><td></td><td></td><td></td></tr>
<tr><td>标准规定/%</td><td colspan="2"></td><td>实测
值/%</td><td colspan="2"></td><td>判定</td><td colspan="4"></td></tr>
<tr><td>备注</td><td colspan="10"></td></tr>
</table>

检测人：　　　　　　　　　校核人：　　　　　　　　　审核人：

年　　月　　日　　　　　　年　　月　　日　　　　　　年　　月　　日

表 3-20　定量包装茶样净含量计量检验抽样单

编号：

<table>
<tr><td>被抽查单位</td><td colspan="3"></td><td>企业代码</td><td></td></tr>
<tr><td>地址</td><td colspan="3"></td><td>法人代表</td><td></td></tr>
<tr><td>邮政编码</td><td></td><td>联系人</td><td></td><td>联系电话</td><td></td></tr>
<tr><td>任务来源</td><td></td><td>检验类别</td><td></td><td>抽样时间</td><td></td></tr>
<tr><td>检验地点</td><td colspan="3">☐ 现场　☐ 承检机构实验室</td><td>样品送达
时间和地点</td><td></td></tr>
<tr><td>样品送达方式</td><td colspan="5">☐企业送达　☐ 企业委托抽样人员带回</td></tr>
</table>

序号	商品名称	商标（品牌）	标注净含量	单价	生产企业名称
1					
2					
3					

序号	检验批量	抽样数量	抽样地点	抽样方法	封样方式	商品批号或生产日期
1						
2						
3						

续表

抽样单位（公章）： 地　　址： 联系人：　　　　　电话： 抽样人（签名）：	被抽查单位（公章）： 被抽查单位经手人（签名）：

注：①此抽样单一式三份，分别留存承检机构、被抽查单位和任务下达部门；②检测类别分为：监督检验（定期、不定期、复查）、仲裁检验、委托检验。

表 3－21　定量包装茶样净含量计量检验原始记录

检验单位：　　　　　　　　　检验日期：　　　　　　　　　编号：

<table>
<tr><td>受检单位</td><td colspan="4"></td><td>负责人</td><td colspan="2"></td><td>电话</td><td colspan="2"></td></tr>
<tr><td>地址</td><td colspan="4"></td><td colspan="2">邮编</td><td colspan="4"></td></tr>
<tr><td>商品名称</td><td colspan="4"></td><td colspan="2">生产企业</td><td colspan="4"></td></tr>
<tr><td>检验依据</td><td colspan="7"></td><td colspan="2">检验方法</td><td></td></tr>
<tr><td>标注净含量 Qn</td><td></td><td>批号或
生产日期</td><td colspan="2"></td><td>检验温度</td><td colspan="2"></td><td>相对湿度</td><td colspan="2"></td></tr>
<tr><td>批量</td><td></td><td colspan="2">样本量</td><td></td><td>允许短
缺量 T</td><td colspan="2"></td><td>修正
因子 λ</td><td colspan="2"></td></tr>
<tr><td>测量设备
名称</td><td>型号</td><td colspan="2">准确度等级/
最大允许误差/
不确定度</td><td>测量
范围</td><td>分度值</td><td colspan="2">设备编号</td><td colspan="3">检定有效期</td></tr>
<tr><td></td><td></td><td colspan="2"></td><td></td><td></td><td colspan="2"></td><td colspan="3"></td></tr>
<tr><td></td><td></td><td colspan="2"></td><td></td><td></td><td colspan="2"></td><td colspan="3"></td></tr>
<tr><td></td><td></td><td colspan="2"></td><td></td><td></td><td colspan="2"></td><td colspan="3"></td></tr>
<tr><td colspan="11">1. 净含量标注检查</td></tr>
</table>

序号	检查项目	规则要求	检查结果	单项结论	说明
1	标注情况	位置显著，且正确、清晰			
2	计量单位选择	法定计量单位			
3	字符高度/mm	≥			

续表

检查结论	

2. 净含量检验

编号	1	2	3	4	5	6	7	8	9	10
实际含量（ ）										
偏差（ ）										
编号	11	12	13	14	15	16	17	18	19	20
实际含量（ ）										
偏差（ ）										
编号	21	22	23	24	25	26	27	28	29	30
实际含量（ ）										
偏差（ ）										
编号	31	32	33	34	35	36	37	38	39	40
实际含量（ ）										
偏差（ ）										
编号	41	42	43	44	45	46	47	48	49	50
实际含量（ ）										
偏差（ ）										

样本平均实际含量 $\bar{q}$		标准偏差 s		样本平均实际含量修正值（λs）	

序号	判定项目	规则要求	检查结果	单项结论
1	修正后的平均实际含量（$\bar{q}+\lambda s$）	（$\bar{q}+\lambda s$）$\geqslant$	（$\bar{q}+\lambda s$）$=$	
2	T_1 类短缺量的件数	$T_1 \leqslant$		
3	T_2 类短缺量的件数	$T_2 \leqslant$		

检验结论	

3. 总体结论

检验人（签字）： 核验人员（签字）：

日期： 日期：

注：①样本的编号可以根据实际需要进行删减；②当样本单位具有负偏差时，商品发生短缺。检验结果判定时，应将商品负偏差取绝对值后方可与商品允许短缺量进行比较判断。

表 3 – 22　水分测定原始记录表

分析日期：　　年　　月　　日　　　　　　　　报告日期：　　年　　月　　日

<table>
<tr><td>样品名称</td><td colspan="3"></td><td colspan="2">仪器名称</td><td colspan="2"></td><td colspan="2">室温/℃</td><td colspan="3"></td></tr>
<tr><td>方法依据</td><td colspan="3"></td><td colspan="2">仪器编号</td><td colspan="2"></td><td colspan="2">相对湿度/%</td><td colspan="3"></td></tr>
<tr><td>计算公式</td><td colspan="12"></td></tr>
<tr><td rowspan="2">样品编号</td><td rowspan="2">铝盒编号</td><td rowspan="2">试样质量/g</td><td rowspan="2">铝盒质量/g</td><td colspan="3">铝盒质量 + 样品质量/g</td><td rowspan="2">水分含量/%</td><td rowspan="2">相差</td><td rowspan="2">允差</td><td rowspan="2">平均值/%</td><td rowspan="2">干物质含量/%</td><td rowspan="2">平均值/%</td></tr>
<tr><td>第 1 次</td><td>第 2 次</td><td>第 3 次</td></tr>
<tr><td rowspan="2"></td><td></td><td></td><td></td><td></td><td></td><td></td><td></td><td rowspan="2"></td><td rowspan="2"></td><td></td><td></td><td></td></tr>
<tr><td></td><td></td><td></td><td></td><td></td><td></td><td></td><td></td><td></td><td></td></tr>
<tr><td>标准规定/%</td><td colspan="3"></td><td colspan="2">实测值/%</td><td colspan="2"></td><td colspan="2">判定</td><td colspan="3"></td></tr>
<tr><td>备注</td><td colspan="12"></td></tr>
</table>

检测人：　　　　　　　　校核人：　　　　　　　　审核人：
年　　月　　日　　　　　年　　月　　日　　　　　年　　月　　日

表 3 – 23　总灰分测定原始记录表

分析日期：　　年　　月　　日　　　　　　　　报告日期：　　年　　月　　日

<table>
<tr><td>样品名称</td><td colspan="2"></td><td colspan="2">仪器名称</td><td colspan="2"></td><td colspan="2">室温/℃</td><td colspan="3"></td></tr>
<tr><td>方法依据</td><td colspan="2"></td><td colspan="2">仪器编号</td><td colspan="2"></td><td colspan="2">相对湿度/%</td><td colspan="3"></td></tr>
<tr><td>计算公式</td><td colspan="11"></td></tr>
<tr><td rowspan="2">样品编号</td><td rowspan="2">坩埚编号</td><td rowspan="2">试样质量/g</td><td rowspan="2">坩埚质量/g</td><td colspan="3">坩埚质量 + 样品质量/g</td><td rowspan="2">总灰分含量/%</td><td rowspan="2">相差</td><td rowspan="2">允差</td><td rowspan="2">平均值%</td><td rowspan="2">干物率%</td></tr>
<tr><td>第 1 次</td><td>第 2 次</td><td>第 3 次</td></tr>
<tr><td rowspan="2"></td><td></td><td></td><td></td><td></td><td></td><td></td><td></td><td rowspan="2"></td><td rowspan="2"></td><td></td><td></td></tr>
<tr><td></td><td></td><td></td><td></td><td></td><td></td><td></td><td></td><td></td></tr>
<tr><td>标准规定/%</td><td colspan="3"></td><td colspan="2">实测值/%</td><td colspan="2"></td><td colspan="2">判定</td><td colspan="2"></td></tr>
<tr><td>备注</td><td colspan="11"></td></tr>
</table>

检测人：　　　　　　　　校核人：　　　　　　　　审核人：
年　　月　　日　　　　　年　　月　　日　　　　　年　　月　　日

表 3－24　水浸出物测定原始记录表

分析日期：　　年　　月　　日　　　　　　报告日期：　　年　　月　　日

<table>
<tr><td>样品名称</td><td colspan="2"></td><td colspan="2">仪器名称</td><td colspan="2"></td><td colspan="2">室温/℃</td><td colspan="3"></td></tr>
<tr><td>方法依据</td><td colspan="2"></td><td colspan="2">仪器编号</td><td colspan="2"></td><td colspan="2">相对湿度/%</td><td colspan="3"></td></tr>
<tr><td>计算公式</td><td colspan="11"></td></tr>
<tr><td rowspan="2">样品编号</td><td rowspan="2">烘皿编号</td><td rowspan="2">试样质量/g</td><td rowspan="2">（烘皿＋滤纸）质量/g</td><td colspan="3">（烘皿＋茶渣＋滤纸）质量/g</td><td rowspan="2">水浸出物含量/%</td><td rowspan="2">相差</td><td rowspan="2">允差</td><td rowspan="2">平均值/%</td><td rowspan="2">干物率%</td></tr>
<tr><td>第 1 次</td><td>第 2 次</td><td>第 3 次</td></tr>
<tr><td rowspan="2"></td><td></td><td></td><td></td><td></td><td></td><td></td><td></td><td rowspan="2"></td><td rowspan="2"></td><td></td><td></td></tr>
<tr><td></td><td></td><td></td><td></td><td></td><td></td><td></td><td></td><td></td></tr>
<tr><td>标准规定/%</td><td colspan="3"></td><td colspan="2">实测值/%</td><td colspan="2"></td><td colspan="2">判定</td><td colspan="2"></td></tr>
<tr><td>备注</td><td colspan="11"></td></tr>
</table>

检测人：　　　　　　　　校核人：　　　　　　　　审核人：

年　月　日　　　　　　　年　月　日　　　　　　　年　月　日

4. 检验仪器及用具准备

根据检测项目及检测方法的要求准备相应的检验仪器及用具。申请 SC 认证的企业需具备水分、净含量、粉末、碎茶、茶梗、非茶类夹杂物等项目的检验能力。需要准备的仪器设备及注意事项如下。

（1）水分检验　需准备分析天平、鼓风电热恒温干燥箱、干燥器等，或水分测定仪。分析天平在使用前要校准、调零、打扫干净；鼓风电热恒温干燥箱要提前设定好温度并预热；干燥器内要盛装有效的干燥剂，若干燥剂颜色发红，需烘干变成蓝色后方能使用。铝盒在使用前需清洗干净，烘干备用。

（2）净含量检验　需准备电子秤或天平，能精确称量到 0.0001g。使用前应预热、调平衡、调零。

（3）粉末、碎茶检验　需准备茶叶筛分机、茶叶标准检验筛、分样盘或分样器。茶叶筛分机使用前应打扫干净，与检验套筛配套使用。茶叶检验筛下接筛底，上接筛盖，使用时置于茶叶筛分机的托盘上。

（4）茶梗、非茶类夹杂物检验　需准备镊子、永久性磁铁或电磁铁、白色玻璃板等。镊子用于挑拣茶梗，永久性磁铁或电磁铁用于检验磁性杂质，白色玻璃板用于检验昆虫等非茶类夹杂物。

5. 实验防护用品准备

需准备实验服、实验鞋、手套、帽子、口罩、洗手液等用品，实验前要洗手，穿戴好防护用品。

6. 茶样准备

扦取待测茶样各 100～200g 依次置于样品盘中。取样方法按 GB/T 8302—2013《茶　取样》的规定执行，并填写茶叶取样记录单。

（二）样品前处理

1. 紧压茶以外的各类茶

先用磨碎机将少量试样磨碎、弃去，再磨碎其余部分，过 600～1000μm 的筛，作为待测试样。

2. 紧压茶

用锤子和凿子将紧压茶分成 4～8 份，再在每份不同处取样，用锤子击碎；或用电钻在紧压茶上均匀钻孔 9～12 个，取出粉末茶样混匀，磨碎过筛，作为待测试样。

（三）样品检测

一些常规理化检测项目，企业可根据现行的国家标准方法来检验。下面介绍部分常规检验项目现行有效的检测方法，可供参考。

1. 碎茶、粉末茶含量检验

（1）条、圆形茶测定　称取充分混匀的试样 100g（准确至 0.1g），倒入规定的碎茶筛和粉末筛的检验套筛内，盖上筛盖，按下启动按钮，筛动 100r。将粉末筛的筛下物称量（精确至 0.1g），即为粉末含量。移去碎茶筛的筛上物，再将粉末筛筛面上的碎茶重新倒入下接筛底的碎茶筛内，盖上筛盖，放在电动筛分机上，筛动 50r，将筛下物称量（精确至 0.1g），即为碎茶含量。

（2）粗形茶测定　称取充分混匀的试样 100g（精确至 0.1g），倒入规定的碎茶筛和粉末筛的检验套筛内，盖上筛盖，筛动 100r，将粉末筛的筛下物称量（精确至 0.1g），即为粉末含量。再将粉末筛面上的碎茶称量（精确至 0.1g），即为碎茶含量。

（3）碎、片、末形茶测定　称取充分混匀的试样 100g（精确至 0.1g），倒入规定的粉末筛内，筛动 100r。将筛下物称量（精确至 0.1g），即为粉末含量。

（4）结果计算　茶叶粉末含量以质量分数（%）表示，按式（3－1）计算。茶叶碎茶含量以质量分数（%）表示，按式（3－2）计算。

$$\text{粉末} = \frac{M_1}{M} \times 100\% \tag{3-1}$$

$$\text{碎茶} = \frac{M_2}{M} \times 100 \tag{3-2}$$

式中　M_1——筛下粉末质量，g

M_2——筛下碎茶质量，g

M——试样质量，g

2. 净含量检验

（1）测定总重　在秤或者天平上按顺序逐个称量每个茶样的实际总重，并记录结果。

（2）测定皮重　在秤或者天平上按顺序称量每个已打开包装样品的皮重，记录结果并与总重结果对应。

（3）计算商品的实际含量　茶样的实际含量 = 实际总重 - 皮重。

（4）计算实际含量的偏差　单件茶样的实际含量偏差 = 实际含量 - 标注净含量。

（5）结果计算　将检验数据填入定量包装商品净含量计量检验原始记录表，并对检验结果进行计算。

①净含量：净含量以 Q_i 计，以克为单位，按下式计算：

$$Q_i = m_1 - m_2$$

式中　m_1——样本总质量，g

m_2——样本皮质量，g

②净含量偏差：净含量偏差以 Q 计，按下式计算：

$$Q = Q_i - Q_0$$

式中　Q_i——样本净含量，g

Q_0——标注样本净含量，g

③净含量平均偏差：净含量平均偏差以 ΔQ 计，按下式计算：

$$\Delta Q = \frac{1}{n}\sum_{i=1}^{n}(Q_i - Q_0)$$

式中　ΔQ——样本平均偏差，g

Q_i——样本净含量，g

Q_0——标注样本净含量，g

3. 茶叶水分检验

（1）烘皿处理　将洁净的烘皿置于 101 ~ 105℃ 干燥箱中，瓶盖斜支于瓶边，加热 1. 0h，取出盖好，置干燥器内冷却 0. 5h，称量，并重复干燥至前后两次质量差不超过 2mg 即为质量恒定。

（2）直接干燥　称取 2 ~ 10g（精确至 0. 0001g）磨碎试样于已知质量的烘皿中，试样厚度不超过 5mm，加盖，精密称量后，置于 103 ~ 105℃ 干燥箱内，瓶盖斜支于瓶边，干燥 2 ~ 4h 后，盖好取出，放入干燥器内冷却 0. 5h 后称量。然后再放入 101 ~ 105℃ 干燥箱中干燥 1h 左右，取出，放入干燥器内冷却 0. 5h 后再称量。并重复以上操作至前后两次质量差不超过 2mg 即为质量恒定。

需注意整个操作过程要穿上实验服，戴上防护手套，以免高温烫伤。

（3）结果计算　茶叶水分含量以质量分数（%）表示，按下式计算：

$$水分含量 = \frac{m_1 - m_2}{m_0} \times 100\%$$

式中　m_1——试样和烘皿烘前的质量，g

m_2——试样和烘皿烘后的质量，g

m_0——试样的质量，g

4. 茶叶总灰分检验

（1）坩埚处理　将洁净的坩埚置于（550 ± 25）℃的高温电炉内灼烧30min，冷却至200℃左右取出，放入干燥器中冷却30min，准确称量。重复灼烧至前后两次称量相差不超过0.5mg为质量恒定。将称量数据记入总灰分测定原始记录表。

（2）碳化及灰化　称取2～3g（精确至0.0001g）磨碎试样于坩埚内，先在电热板上以小火加热使试样充分炭化至无烟，然后置于高温炉中，在（550 ± 25）℃灼烧4h。冷却至200℃左右，取出，放入干燥器中冷却30min，称量前如发现灼烧残渣有炭粒时，应向试样中滴入少许水湿润，使结块松散，蒸干水分再次灼烧至无炭粒即表示灰化完全，方可称量。重复灼烧至前后两次称量相差不超过0.5mg为质量恒定。记录称量数据。

需注意试样未经炭化，不能放入高温炉中。需用坩埚钳夹取坩埚，不能直接用手拿，以免高温烫伤。

（3）结果计算　茶叶总灰分含量以干态质量分数（%）表示，按下式计算：

$$总灰分含量 = \frac{m_1 - m_2}{m_0 \times w} \times 100\%$$

式中　m_1——试样和坩埚灼烧后的质量，g

m_2——坩埚的质量，g

m_0——试样的质量，g

w——试样干物质含量（质量分数），%

检测操作要求企业应制定仪器设备作业指导书，放置在相关仪器设备附近，便于操作人员使用。实验操作结束后应做好台面和房间的清洁整理工作。

（四）结果记录与反馈

将原始数据及检测结果填入茶叶检验原始记录表中，并撰写检验结果报告。检验人员需对照茶叶质量安全限量指标，结合检测结果判断该茶样是否合格，是否达到质量标准，并得出结论。结论经质量部认定后，由主要负责人审核签字确认，并将检验结果及时反馈给生产部门，便于指导生产。

四、任务总结

通过以上茶叶检验工作的组织与实施，对照国家规定的相关标准及茶叶质量管理办法，根据检测数据客观评定茶叶品质，得出结论，完成检验报告。检验报告应包括样品名称、状态、样品基数、抽检批次、检验方法、检验结果、报告人、报告日期等内容。并总结完成此项任务过程中存在的困难、收获及体会。

五、任务评价

训练评价见表 3 – 25。

表 3 – 25　茶叶理化检验训练评价表

评价内容		分值	评价标准	得分
准备工作		20	茶叶检验用具、检测方法、茶样、原始记录表等准备充分为优秀（18 ~ 20 分）；较充分为良好（16 ~ 17.9 分）；准备勉强能完成工作任务为合格（12 ~ 15.9 分）；用具准备不齐全，致使该工作任务完成不好或者无法完成为不合格（0 ~ 11.9 分）	
任务实施	茶叶取样	10	取样方法正确，能充分代表整批茶叶样品的品质，能正确填写取样记录单为优秀（9 ~ 10 分）；取样用具准备齐全，所取茶样基本能反映整批茶叶样品的品质为良好（8 ~ 8.9 分）；所取茶样基本能反映整批茶叶样品的品质，但数量过多或过少为合格（6 ~ 7.9 分）；所取样品不能代表整批茶叶样品的品质或取样记录单填写不当为不合格（0 ~ 5.9 分）	
	样品前处理	20	磨碎机操作方法正确，试验过程无茶样洒出，制备的茶样均匀一致，能全部过筛为优秀（18 ~ 20 分）；磨碎机操作方法基本正确，制备的茶样较均匀、大部分能过筛为良好（16 ~ 17.9 分）；会使用磨碎机，制备的茶样基本均匀，但操作过程有茶样洒出为合格（12 ~ 15.9 分）；不会使用磨碎机，制备的茶样不均匀、大部分不能过筛为不合格（0 ~ 11.9 分）	

续表

评价内容		分值	评价标准	得分
任务实施	样品测定	20	称量、操作方法得当娴熟，实验数据记录清晰无涂改为优秀（18～20分）；称量、操作方法较正确，数据纪录完整为良好（16～17.9分）；操作方法基本准确，有数据纪录为合格（12～15.9分）；操作方法不当或实验记录不当，操作过程有茶叶洒出为不合格（0～11.9分）	
	结果记录与反馈	10	结果判定正确、记录完整详细，能正确反馈质量问题为优秀（9～10分）；记录较完整详细，基本能反馈质量问题为良好（8～8.9分），记录基本完整，有问题反馈为合格（6～7.9分）；记录不完整，无问题反馈为不合格（0～5.9分）	
总结与结论		20	认真总结此项任务完成过程中出现的问题困难以及如何改进为优秀（18～20分）；较认真总结检验过程中出现的问题为良好（16～17.9分）；基本能总结检验过程中出现的问题为合格（12～15.9分）；未认真总结为不合格（0～11.9分）	
备注		90～100分为优秀；80～89分为良好；60～79分为合格；0～59分为不合格		

评价人：　　　　　　　　　　　　　　评价时间：

附录

附录一　茶叶种植禁止使用农药清单

一、国家明令禁止使用的农药（41 种）

六六六、滴滴涕、毒杀芬、二溴氯丙烷、杀虫脒、二溴乙烷、除草醚、艾氏剂、狄氏剂、汞制剂、砷类、铅类、敌枯双、氟乙酰胺、甘氟、毒鼠强、氟乙酸钠、毒鼠硅、甲胺磷、甲基对硫磷、对硫磷、久效磷、磷胺、苯线磷、地虫硫磷、甲基硫环磷、磷化钙、磷化镁、磷化锌、硫线磷、蝇毒磷、治螟磷、特丁硫磷、氯磺隆、胺苯磺隆单剂、甲磺隆单剂、福美胂、福美甲胂。

百草枯水剂（自 2016 年 7 月 1 日执行）、毒死蜱（自 2016 年 12 月 31 日起执行）、胺苯磺隆复配制剂、甲磺隆复配制剂（自 2017 年 7 月 1 日执行）。

二、国家明令在茶树上禁止使用的农药（16 种）

甲拌磷、甲基异柳磷、内吸磷、克百威、涕灭威、灭线磷、硫环磷、氯唑磷、三氯杀螨醇、氰戊菊酯、硫丹、灭多威、氟虫腈。

杀扑磷、氯化苦、溴甲烷（自 2015 年 10 月 1 日起执行）。

附录二 茶叶种植允许使用农药清单（部分）

序号	产品名称	剂型	登记证号	登记防治对象（茶树）
1	苏云金杆菌	8000IU/μL 悬浮剂	PD20085347	茶毛虫
2	苏云金杆菌	16000IU/μg 可湿性粉剂	PD20085683	茶毛虫
3	茶毛核·苏	10000PIB/μL、2000IU/μL 悬浮剂	LS20110214	茶毛虫
4	印楝素	0.3%乳油	PD20101580	茶毛虫
5	苦参碱	0.3%水剂	PD20101419	茶毛虫
6	苦参碱	0.5%水剂	PD20101283	茶毛虫
7	印楝素	0.5%可溶液剂	LS20140093	茶小绿叶蝉
8	苦参·藜芦碱	0.6%水剂	LS20140107	茶小绿叶蝉
9	球孢白僵菌	400 亿个孢子/g	PD20102134	茶小绿叶蝉
10	苦皮藤素	1%水剂	PD20132487	茶尺蠖
11	蛇床子素	0.4%乳油	PD20121348	茶尺蠖
12	苦参碱	0.6%水剂	PD20121727	茶尺蠖
13	茶核·苏云菌	2000IU/μL 悬浮剂	PD20086035	茶尺蠖
14	藜芦碱	0.5%可溶液剂	PD20102081	茶橙瘿螨
15	藜芦碱	0.5%可溶液剂	PD20131807	茶黄螨
16	矿物油	99%乳油	PD20095615	茶橙瘿螨
17	石硫合剂	45%结晶粉	PD90105	叶螨
18	虫螨腈	240g/L 悬浮剂	PD20131891	茶小绿叶蝉
19	噻虫嗪	25%水分散剂	PD20060003	茶（假眼）小绿叶蝉
20	吡虫啉	10%可湿性粉剂	PD20040193	茶小绿叶蝉
21	除虫脲	20%悬浮剂	PD20094790	茶尺蠖
22	茚虫威	150g/L 乳油	PD20101870	茶小绿叶蝉
23	多抗霉素	3%、1.5%可湿性粉剂	PD85163	茶饼病
24	代森锌	80%可湿性粉剂	PD84116	炭疽病
25	苯醚甲环唑	10%水分散粒剂	PD80070061	炭疽病

续表

序号	产品名称	剂型	登记证号	登记防治对象（茶树）
26	吡唑醚菌酯	250g/L乳油	PD20080464 FO50067	炭疽病
27	百菌清	75%可湿性粉剂	PD86180-12	炭疽病
28	芸苔素内酯	0.01%可溶液剂	PD20070549	调节生长、增产
29	复硝酚钾	2%水剂	PD20100659	调节生长
30	烯腺·羟烯腺	0.0004%可溶粉剂	PD20081299	调节生长
31	赤·吲乙·芸苔（碧护）	0.136%可湿性粉剂	PD20096813 FO90134	调节生长、增产

附录三 茶叶生产许可证审查细则（2015 版）

1. 适用范围

本审查细则适用于企业申请以茶树［*Camellia sinensis*（L.）O. Ktze］鲜叶或其加工制品（毛茶等）为原料，使用法律法规及标准所要求的条件，加工制作绿茶、红茶、乌龙茶、黄茶、白茶、黑茶，及经再加工制成花茶、袋泡茶、紧压茶（不含边销茶，下同）等产品时，对企业生产条件的审查及其许可生产产品的检验。

茶叶的申证单元为 1 个：茶叶。其食品品种类别编号为 1401。生产许可证产品名称须注明审证单元即“茶叶”。同时，注明获得生产许可的茶类名称，即绿茶、红茶、乌龙茶、黄茶、白茶、黑茶、花茶、袋泡茶、紧压茶中的一类或几类。生产许可证附页注明获得生产许可的具体品种明细。茶叶分装企业应单独注明。

本细则适用以下分类和定义：

绿茶：以鲜叶为原料，经杀青、揉捻、干燥等加工工艺制成的产品。

红茶：以鲜叶为原料，经萎凋、揉捻（切）、发酵、干燥等加工工艺制成的产品。

黄茶：以鲜叶为原料，经杀青、揉捻、闷黄、干燥等加工工艺制成的产品。

白茶：以鲜叶为原料，经萎凋、干燥等加工工艺制成的产品。

乌龙茶：以鲜叶为原料，经萎凋、做青、杀青、揉捻、干燥等加工工艺制成的产品。

黑茶：以鲜叶为原料，经杀青、揉捻、渥堆、干燥等加工工艺制成的产品。其中，紧压型黑茶纳入“紧压茶”审查和管理。

花茶：以茶叶为原料，经整形、香花窨制、干燥等加工工艺制成的产品。窨制花茶的香花有茉莉花、玫瑰花、栀子花、桂花、白兰花、柚子花、代代花、珠兰花。

紧压茶：以茶叶为原料，经筛分、拼配、汽蒸、压制成型、干燥等加工工艺制成的产品。

袋泡茶：以茶叶为原料，经加工形成一定的规格后，用过滤材料包装加工制成的产品。

本细则中引用的文件、标准通过引用成为本细则的内容。凡是引用文件、标准，其最新版本（包括所有的修改单）适用于本细则。

2 生产许可条件审查

2.1 管理制度审查

应按照《中华人民共和国食品安全法》及其实施条例等有关法律法规，以及《食品生产许可审查通则》、GB 14881《食品安全国家标准　食品生产通用卫生规范》等规定，对企业建立实施食品质量安全管理制度情况进行审核。主要审核以下制度：

2.1.1 人员要求管理制度

（1）制定生产、质量、技术、检验等各部门职责及相关人员岗位职责及其任职资格规定。

（2）制定不同岗位人员的培训、考核制度。

（3）制定定期进行食品质量安全、加工技术、质量管理、法律法规和职业道德等方面培训计划。

（4）制定从业人员健康管理制度。

2.1.2 采购管理制度

（1）制定采购制度，有原辅材料供应商评价办法，保证采购的原辅料、包材等符合相应的标准规定。

（2）制定进货查验记录制度，有不合格原辅材料拒收、报废、返厂等处理办法，按照制定的验收标准，对进厂的原辅料、包材等进行验收、记录以及接收或拒收。

2.1.3 生产过程管理制度

（1）制定生产设备设施管理制度。

（2）制定生产设备设施和工器具的维护保养、检修制度。

（3）制定停产复产记录与复产前生产设备、设施安全控制制度。

（4）制定过程检验管理制度。

（5）制定生产过程中关键控制点管理制度。

（6）制定不合格管理制度及纠正措施。

（7）制定食品安全风险监测和评估信息管理制度。

（8）鼓励企业采用危害分析与关键控制点体系（HACCP）对生产过程进行食品安全控制。

2.1.4 安全防护制度

（1）制定厂区环境、生产车间、库房等的安全卫生管理制度。

（2）制定生产人员安全操作与个人卫生管理制度。

（3）制定虫害控制制度。

（4）制定生产设备设施和工器具的清洗清洁制度。

（5）制定清洁剂、消毒剂等化学品的使用制度。

（6）制定原辅物料及半成品、成品周转、储存、运输管理制度；储存条件应符合相应标准规定。

2.1.5 检验管理制度

（1）制定检验制度，包括过程检验、出厂检验和型式检验的管理规定。通过自行检验或委托具备相应资质的食品检验机构对原料和产品进行检验。出厂产品应当符合产品标准，产品经检验合格后方可出厂。

（2）自行检验的企业应制定检验室管理制度，具备与所检项目适应的检验室和检验能力，由具有相应资质的检验人员按规定检验方法检验，检验记录和检验报告保存完备。

（3）自行检验的企业应制定检验设备管理制度，建立检验设备台账，按要求对检验设备进行检定或校准，并定期维护保养，设备档案齐全。

（4）委托检验的企业应与具备相应资质的食品检验机构签订有效委托合同。

（5）自行检验的企业应制定产品留样制度，按要求保留样品。检验样品保留至保质期满或二十四个月以上。

2.1.6 信息记录管理制度

制定信息记录管理制度。记录信息应当覆盖食品生产加工全过程，保证记录的信息完整。应至少对以下生产信息建立完整的记录系统，所有记录应真实、准确、规范并具有可追溯性，记录保存期不少于2年。

（1）原辅料采购记录：包括供应商评价记录、合格供应商名单、采购记录、采购合同、验收记录、供应商证明。

（2）生产过程及安全防护记录：包括人员培训及考核记录、人员健康查体记录、人员卫生记录、厂区环境卫生记录、车间环境卫生记录、除虫灭害记录、设备设施维护保养检修记录、设备设施清洁记录、投料记录、各关键控制点监控记录、过程检验记录、物料出入库记录、成品出入库记录、不合格原辅物料处置记录、不合格产品处理记录、停产复产记录。

（3）成品检验记录：包括检验原始记录、检验报告、检验留存样品记录。

（4）产品追溯记录：包括成品生产记录、成品销售记录、产品召回记录、退货处置记录、消费者投诉受理记录、食品质量安全风险收集记录、食品安全事故处置记录。

（5）鼓励建立电子信息记录制度，对原辅物料查验、生产过程的关键工序及过程检验、出厂检验等全过程记录形成真实的数据信息。

2.1.7 产品追溯、召回制度和投诉管理制度

（1）建立产品追溯制度，确保从原料采购到最终产品及销售都有记录，信息翔实程度能够实现原料到销售环节的全过程跟踪，并可追溯到每个环节的责任人。

（2）建立产品召回制度，确保出厂产品在出现安全卫生质量问题时及时发出警示，必要时召回；对召回的产品采取补救、无害化处理、销毁等措施，并向食品安全监管部门报告召回和处理情况。

（3）建立消费者投诉处理制度，妥善处理消费者提出的意见和投诉。

（4）鼓励建立产品信息网站查询系统，提供标签、外包装、质量标准、出厂检验报告等信息，方便网上查询。

2.1.8 文件管理制度

（1）应有企业产品所执行的现行有效的产品标准、卫生标准、检测方法标准及其他相关标准；如果没有国家标准、行业标准或地方标准的，应当制定企业标准并经卫生计生行政部门备案。有生产所用原辅物料、包材的现行有效的标准。

（2）应制定设备操作规程、工序关键控制点作业指导书。

（3）制定文件管理制度：应建立文件的起草、修订审查、批准、撤销、印制及保管的管理制度。

2.2 场所核查

应按照《中华人民共和国食品安全法》及其实施条例、《食品生产许可审查通则》、GB 14881《食品安全国家标准　食品生产通用卫生规范》等规定，对照企业提交的申请材料，对生产场所进行现场核查。主要核查以下内容：

2.2.1 厂区环境和布局核查内容

（1）厂区周围无明显有害废弃物、粉尘、有害气体、放射性物质和其他扩散性污染源，否则应采取有效措施。

（2）厂区应根据加工规模和产品工艺要求合理布局，生产区、生活区和办公区等功能区域划分明显，并有适当的分离或分隔措施，防止交叉污染。

（3）厂区内整洁、干净、无异气味。

（4）厂区内的道路应铺设混凝土、沥青或者其他硬质材料；空地应采取必要措施，如铺设水泥、地砖或铺设草坪等方式，保持环境清洁。

（5）厂区绿化应与生产车间保持适当距离，植被应定期维护，以防止虫害的滋生。

（6）厂区应有适当的排水系统。

2.2.2 加工车间核查内容

（1）加工车间的面积和空间应与生产能力相适应，便于设备安置、清洁消毒、物料存储及人员操作。

（2）成品包装车间与其他车间相互分隔，预防和降低产品受污染的风险。

（3）加工车间内部布置应与工艺流程、产品特性和加工规模相适应，各功能区相互分隔或分离，避免发生交叉污染。

（4）加工车间顶棚应使用无毒、无味的材料建造；结构光滑平整，不易积尘，易于清洁。

（5）加工车间墙面、隔断应使用无毒、无味的防渗透材料建造，在操作高度范围内的墙面应光滑、不易积累污垢，易于清洁；与地面交界处应结构合理，易于清洁。

（6）车间门窗应闭合严密。门的表面应平滑、防吸附、不渗透，并易于清洁、消毒。窗户如设置窗台，其结构应能避免灰尘积存且易于清洁。

（7）车间地面应使用无毒、无味、不渗透、耐腐蚀的材料建造。平坦防滑、无裂缝，易于清洁、消毒，有利于排污和清洗。

（8）车间供水设施应能保证水质、水压、水量及其他要求，符合生产需要。加工用水的水质应符合 GB 5749 的规定。

（9）车间应具有适宜的自然通风或人工通风措施；必要时应通过自然通风或机械设施有效控制生产环境的温度和湿度。灰尘较大的车间或作业区域，应安装换气风扇或除尘设备。

（10）车间采光和照明良好。照明光源以不改变茶叶和在制品的色泽为宜。裸露原料、在制品和成品正上方的照明设施，应使用安全型照明设施或采取防护措施。

（11）车间内不得存放农药、肥料、喷雾器、防护服、燃料等易污染茶叶的物品，不应存放其他非加工茶叶用的物品。

2.2.3 仓库核查内容

（1）应具有与所生产产品的数量、贮存要求相适应的仓储设施。

（2）仓库应以无毒、坚固的材料建成；干燥、清洁、避光。顶棚、墙面、隔断、门窗、地面等应坚固、平整、光洁，便于清洁，无污垢。

（3）包装材料仓库与其他仓库相互分隔；原料仓库、辅料仓库、半成品仓库、成品仓库等应依据性质的不同相互分隔或分离。仓库内部不同物品分区域码放，并有明确标识，防止交叉污染。

（4）库房内的温度、湿度应符合原辅材料、成品及其他物品的存放要求。必要时根据储存需要建设冷藏库。

（5）库房内的物品应离地、离墙存放。成品仓库地面应设置垫板，其高度不得低于15cm。

（6）清洁剂、消毒剂、杀虫剂、润滑剂、燃料等物质应分别安全包装，明确标识，并应与原料、半成品、成品、包装材料等分隔放置。

2.2.4　检验室核查内容

（1）实施自行检验的，应有与企业生产能力和检验需求相适应的检验室。检验室应与加工车间有效隔离，一般分为感官检验室、理化检验室。

（2）感官检验室环境应符合GB/T 18797《茶叶感官审评室基本条件》要求。

（3）理化检验室与感官检验室须有效分离或分隔，确保不会相互影响。

2.2.5　卫生设施核查内容

（1）加工车间入口处应设置换鞋或穿戴鞋套设施，或设置工作鞋靴清洁设施。

（2）加工车间入口处应设置更衣室。更衣室应保证工作服与个人服装及其他物品分开放置。

（3）加工车间入口处应设置洗手和（或）消毒设施。洗手用的肥皂、洗手液、消毒液应无明显气味。

（4）应根据需要设置卫生间。卫生间内应有洗手设施。卫生间不得与茶叶加工、包装或贮存等区域直接连通。卫生间应保持清洁状态。

（5）厂区内应有密闭式污水排放设施，能防止污水溢出。

（6）根据需要设置废弃物存放设施。与工作区域和仓库分隔或分离，并经常清扫、冲洗，保持清洁。

2.3　设备核查

按照《食品生产许可审查通则》、GB 14881《食品安全国家标准　食品生产通用卫生规范》、GH/T 1077《茶叶加工技术规程》规定，对照企业提交的申请材料，对设备进行现场核查。主要核查以下内容：

2.3.1　加工设备（设施）通用要求

（1）应具备与《食品生产许可证申请书》中设计能力相适应的加工设备，其性能应符合工艺需求。

（2）设备的布局应当符合工艺、清洗的需要。

（3）所有接触茶叶原料、在制品和成品的设备、容器和工具的接触面必须用无毒、无味、抗腐蚀、不易脱落的材料制作，并易于清洁和保养。

（4）设备台账、说明书、履历、档案应保管齐全。

（5）设备、容器和工具等维护保养完好，定期检修。

（6）计量设备和压力表、温度计等监控设备，应定期检定或校准，并在检定或校准周期内。

(7) 燃油设备的油箱、燃气设备的钢瓶等易燃易爆设备与加工车间和仓库至少留有3m的安全距离。

(8) 压力锅炉应独立安装在锅炉间。

(9) 各种炉火门不得直接开向车间。

2.3.2 加工设备（设施）及要求

企业应具备与其生产品种和产量相适应的以下加工设备：

(1) 以茶树鲜叶为原料加工茶叶产品的设备

绿茶加工设备：摊（晾）放设备（设施）、杀青设备、揉捻（做形）设备、干燥设备、包装设备。

红茶加工设备：萎凋设备（设施）、揉切设备（红碎茶）、揉捻设备（工夫红茶和小种红茶）、发酵设备（设施）、干燥设备、包装设备。

乌龙茶加工设备：萎凋设备（设施）、做青（摇青）设备、杀青设备、揉捻（包揉）设备、干燥设备、包装设备。

黄茶加工设备：摊（晾）放设备（设施）、杀青设备、揉捻设备、闷黄设备（设施）、干燥设备、包装设备。

白茶加工设备：萎凋设备（设施）、干燥设备（设施）、包装设备。

黑茶加工设备：摊（晾）放设备（设施）、杀青设备、揉捻设备、渥堆设备（设施）、干燥设备、包装设备。

(2) 以毛茶为原料进行精制加工或再加工的设备

精制加工（毛茶加工至成品茶或花茶坯）设备：筛分设备、风选设备、拣梗设备、干燥设备、包装设备。

袋泡茶加工设备：切碎设备、干燥设备、自动包装设备。

花茶加工设备：筛分设备、窨花设备（设施）、干燥设备、包装设备。

紧压茶加工设备：筛分设备、汽蒸设备、压制设备、干燥设备（设施）、包装设备。如需进行紧压茶切割包装还须有相关切割设备。

(3) 茶叶分装的设备

茶叶分装设备：称量设备、干燥设备、包装设备。

(4) 其他规定

具备多功能的综合性设备（设施），只要满足加工工艺要求，可视为多台相关功能设备。按照传统工艺，用手工和半手工制作茶叶产品的，其设备（设施）配置只要满足产量、工艺需要即可。

2.3.3 检验设备（设施）及要求

(1) 自行检验的企业，应具备的检验设备（设施）

感官品质检验设备（设施）：符合GB/T 23776《茶叶感官审评方法》要求

的审评用具，包括干评台、湿评台、评茶盘、审评杯碗、汤匙、叶底盘、称茶器、计时器等。

水分检验设备：分析天平（精度0.001g以上）、鼓风电热恒温干燥箱、干燥器等。

净含量检验设备：电子秤或天平。

粉末、碎茶检验设备：碎末茶测定装置（执行的产品标准无此项目的不要求）。

其他必要检验设备：根据企业原料检验、在制品检验和出厂检验等质量监控的需要配备相应符合检验方法标准要求的检验设备。

检验样品贮存设备（设施）：根据企业规模，配备与检验和管理所需的样品贮存设备（设施）。

（2）检验设备的数量、性能要求。与检验需求和检测方法要求相适应。

（3）检验设备的管理。应定期进行检定或校准，并做好维护工作。检验设备台账、说明书、履历、档案应保管齐全。

（4）检验结果验证。使用快速检验设备进行检验的项目，应每年与具备相关产品检验资质的检测机构进行比对试验。

2.4 工艺流程、关键控制点核查

2.4.1 各类茶叶加工一般工艺流程

（1）以鲜叶为原料加工茶叶产品的一般工艺流程

绿茶加工：鲜叶→[杀青]→[揉捻（做形）]→[干燥]→[包装]

红茶加工：鲜叶→[萎凋]→[揉捻（做形或揉切）]→[发酵]→[干燥]→[包装]

乌龙茶加工：鲜叶→[萎凋]→[做青]→[杀青]→[揉捻（包揉）]→[干燥]→[包装]

黄茶加工：鲜叶→[杀青]→[揉捻（做形）]→[闷黄]→[干燥]→[包装]

白茶加工：鲜叶→[萎凋]→[干燥]→[包装]

黑茶加工：鲜叶→[杀青]→[揉捻]→[渥堆]→[干燥]→[包装]

（2）以毛茶为原料进行精制加工或再加工的一般工艺流程

精制加工：毛茶→[筛分]→[风选]→[拣梗]→[干燥]→[包装]

袋泡茶加工：茶叶→[拼切匀堆]→[包装]

花茶加工：茶叶→[制坯]→[窨花]→[复火]→[提花]→[包装]

紧压茶加工：茶叶原料→[筛切拼堆]→[渥堆]→[蒸压成形]→[干燥]→[包装]

(3) 茶叶分装的一般工艺流程

分装：原料→干燥→匀堆→包装

2.4.2 关键控制点核查

(1) 原料管理

鲜叶、毛茶、用于窨制花茶的香花等原料应是自己的合格产品；或来自合格供应商。分装企业的原料，应全部来自获得同类茶叶生产许可证的合格供应商。用于窨制花茶的香花，只能选用传统花茶加工中使用的茉莉花、玫瑰花、栀子花、桂花、玉兰花、柚子花、代代花、珠兰花；不得使用其他任何香花。

采购原料时应当查验供应商的身份证、许可证、其他证书或产品合格证明文件。原料必须按照验收标准，经过验收合格后方可使用。必要时，应对关键项目或可疑项目进行实验室检验。

原料运输及贮存中应避免日光直射，备有防雨设施；不得与有毒、有害物品同时装运和贮存。

(2) 添加剂管理

按照相关国家标准要求加工珠茶等产品时所使用的糯米粉，必须来自获得大米生产许可证的合格供应商；并按照验收标准，经过验收合格后方可使用。

部分名优茶加工中用于润滑与茶叶直接接触的金属表面的润滑剂，只能选用可食用的油脂制品，且来自获得食用油脂制品生产许可证的合格供应商；并按照验收标准，经过验收合格后方可使用。

除此之外，不得添加其他任何非茶类物质；包括各种氧化酶、菌种等。

(3) 包装材料管理

茶叶包装材料，应来自获得生产许可证的合格供应商。采购时应当查验供应商的许可证和产品合格证明文件。包装材料应按照验收标准，经过验收合格后方可使用。做好包装材料的贮藏，定期检查质量和卫生情况，及时清理变质的包装材料。

(4) 加工过程控制

根据不同茶类的要求，按照相应的加工技术规程等技术文件进行加工，并确定相应的关键控制点。重点控制好关键工序的温度、时间、投叶量等工艺技术参数，避免在制品和成品产生劣变。

(5) 卫生管理

加工车间和仓库应保持清洁干净。加工设备、工具、容器在每次使用前，必须清洁干净，防止污染茶叶。除按传统工艺进行“渥堆”等情况外，茶叶原料、在制品和成品不得与地直接接触。生产区内不得进入家禽、家畜。

(6) 虫害控制

应保持建筑物完好、环境整洁，防止虫害侵入及滋生。加工车间及仓库应采取有效措施（如纱帘、纱网、防鼠板、防蝇灯、风幕等），防止鼠类昆虫等侵入。排水管道和通风管道出入口应装有防止虫害侵入的网罩等设施。厂区应定期进行除虫灭害工作。如使用各类杀虫剂或其他药剂进行除虫灭害，应做好预防措施，避免对人身、食品、设备工具造成污染。

（7）贮存和运输

不得将茶叶与有毒、有害或有异味的物品一同贮存运输。贮存、运输和装卸食品的容器、工器具和设备应当安全、无害，保持清洁。贮存和运输过程中应避免日光直射、雨淋、显著的温湿度变化和剧烈撞击等，防止茶叶受到不良影响。

（8）废弃物处理

废弃物应及时清除，防止污染。化肥、农药、药剂、燃料等废弃物，应按国家法律法规及相关规定处理。

2.5 人员核查

2.5.1 企业负责人、质量安全管理人员和生产管理人员

企业负责人、质量安全管理人员和生产管理人员应经相关培训，应掌握茶叶有关的质量安全法规，了解应承担的责任和义务。

2.5.2 加工人员

（1）加工人员应经操作培训，掌握操作规程，熟练操作设备，能按照技术文件进行生产。

（2）每年应进行健康检查，取得健康证明。出现不适合茶叶生产的疾病时，应该调整到其他不影响食品安全的工作岗位。

（3）进入作业区域应穿着工作服；不应化妆、染指甲、喷洒香水；不得携带或存放与茶叶加工无关的个人用品。

2.5.3 检验人员

检验人员应符合下列条件之一：（1）获得茶叶感官审评以及食品检验职业资格证书。（2）经培训，掌握茶叶感官审评和理化项目出厂检验的基本知识和操作技能，并获得培训合格证明。

3 生产许可产品检验

3.1 抽样和封样

按照《食品生产许可审查通则》和本细则的要求，在企业的成品库内按照下列规定进行抽样，并对该产品进行封存。

按企业所申报的发证产品品种，每一品种均需随机抽取某一等级的产品进行检验。同一样品种，同一生产场地，使用不同注册商标的不重复抽取。

抽样基数应大于或等于10kg。抽样以“批”为单位。具有相同的茶类、花色、等级、茶号、包装规格和净含量，品质一致，并在同一地点、同一期间内加工包装的产品集合为一批。

抽样方法按GB/T 8302《茶　取样》的规定随机抽样。样品数量为1000g。对单块质量在500g以上的紧压茶应抽取2块。样品分成2份，1份供检验用，1份备用。

样品确认无误后，由抽样人员与被抽样单位有关人员在抽样单上签字、盖章，当场封存样品，并加贴封条。封条上应当有抽样人员签名、抽样单位盖章及封样日期。抽样人员应当告知申请者有资格承担该产品发证检验任务的检验机构名称及联系方式，由申请者自主选择。申请者应在规定时间内把封好的样品送到选定的检验机构。样品运送过程中，应做好防潮、防压、防晒等工作。茶样罐或茶样袋应清洁、干燥、无异味，能防潮、避光。

3.2 许可检验项目

许可检验项目按产品适用的食品安全国家标准GB 2762、GB 2763、产品标准、企业标准及卫生计生行政主管部门相关管理公告的内容进行检验，详见附表1和附表2。若国家食品安全标准和产品标准修订改版时，按最新版本实施。

对各茶类的主导产品，企业应当对带“*”号标记的检验项目至少每年检验2次。

4 其他要求

地理标志保护产品的生产和分装按照国家和各省、市、区相关法律法规执行。

附表1　茶叶生产所涉及的主要标准（参考性）

序号	类别	标准代号	标准名称
1	基础标准	GH/T 1077	茶叶加工技术规程
2		GB/T 24615	紧压茶生产加工技术规范
3		GH/T 1070	茶叶包装通则
4		GH/T 1071	茶叶贮存通则
5		GB/T 191	包装储运图示标志
6		GB 7718	食品安全国家标准　预包装食品标签通则
7		GB 2762	食品安全国家标准　食品中污染物限量
8		GB 2763	食品安全国家标准　食品中农药最大残留限量

续表

序号	类别	标准代号	标准名称
9	基础标准	GB 14881	食品安全国家标准　食品生产通用卫生规范
10		GB/T 27320	食品防护计划及其应用指南食品生产企业
11		GB/T 18797	茶叶感官审评室基本条件
12		GB/T 14487	茶叶感官审评术语
13		GB/T 30776	茶叶分类
14		GB 19965	砖茶含氟量
15		SB/T 10034	茶叶加工技术术语
16	原辅料标准	GB/T 24614	紧压茶原料要求
17		GB 9683	复合食品包装袋卫生标准
18		GB 9687	食品包装用聚乙烯成型品卫生标准
19		GB 9688	食品包装用聚丙烯成型品卫生标准
20		GB 9689	食品包装用聚苯乙烯成型品卫生标准
21		GB 5749	生活饮用水卫生标准
22	产品标准	GB/T 13738. 1	红茶　第 1 部分：红碎茶
23		GB/T 13738. 2	红茶　第 2 部分：工夫红茶
24		GB/T 13738. 3	红茶　第 3 部分：小种红茶
25		GB/T 14456. 1	绿茶　第 1 部分：基本要求
26		GB/T 14456. 2	绿茶　第 2 部分：大叶种绿茶
27		GB/T 9833. 1 ~ 9	紧压茶系列标准
28		GB/T 21726	黄茶
29		GB/T 22291	白茶
30		GB/T 22292	茉莉花茶
31		GB/T 22111	地理标志产品　普洱茶
32		GB/T 18650	地理标志产品　龙井茶
33		GB/T 18665	地理标志产品　蒙山茶
34		GB/T 18745	地理标志产品　武夷岩茶
35		GB/T 18957	地理标志产品　洞庭（山）碧螺春茶
36		GB/T 19460	地理标志产品　黄山毛峰茶
37		GB/T 19598	地理标志产品　安溪铁观音
38		GB/T 19691	地理标志产品　狗牯脑茶

续表

序号	类别	标准代号	标准名称
39	产品标准	GB/T 19698	地理标志产品　太平猴魁茶
40		GB/T 20354	地理标志产品　安吉白茶
41		GB/T 20360	地理标志产品　乌牛早茶
42		GB/T 20605	地理标志产品　雨花茶
43		GB/T 21003	地理标志产品　庐山云雾茶
44		GB/T 21824	地理标志产品　永春佛手
45		GB/T 22109	地理标志产品　政和白茶
46		GB/T 22737	地理标志产品　信阳毛尖茶
47		GB/T 24710	地理标志产品　坦洋工夫
48		GB/T 26530	地理标志产品　崂山绿茶
49		GB/T 24690	袋泡茶
50		GB/T 30357. 1	乌龙茶　第 1 部分：基本要求
51		GB/T 30357. 2	乌龙茶　第 2 部分：铁观音
52	方法标准	GB/T 23776	茶叶感官审评方法
53		GB/T 8302	茶取样
54		GB/T 8304	茶水分测定
55		GB/T 8311	茶粉末和碎茶含量测定
56	其他标准		相关行业标准、地方标准和备案有效的企业标准等

附表 2　茶叶产品质量检验项目表（规范性）

序号	检验项目分类	检验项目	方法标准	发证检验	出厂检验	备注
1	感官	感官品质	按执行标准的规定检验	√	√	
2	标签	食品标签	按 GB 7718 的要求检验	√	√	
3	常规理化项目	净含量	按执行标准的规定检验	√	√	
4		水分	按执行标准的规定检验	√	√	
5		总灰分	按执行标准的规定检验	√	*	
6		水浸出物	按执行标准的规定检验	√	*	
7		粉末、碎茶	按执行标准的规定检验	#	*	
8		茶多酚	按执行标准的规定检验	#	*	

续表

序号	检验项目分类	检验项目	方法标准	发证检验	出厂检验	备注
9	常规理化项目	茶梗	按执行标准的规定检验	#	*	
10		非茶类夹杂物	按执行标准的规定检验	#	*	
11	污染物	铅	按 GB 2762 的要求检验	√	*	
12		稀土	按 GB 2762 的要求检验	√	*	
13		氟	按 GB 19965 的要求检验	√	*	仅限紧压茶
14	农药残留	苯醚甲环唑	按 GB 2763 的要求检验	√	*	
15		吡虫啉	按 GB 2763 的要求检验	√	*	
16		草铵膦	按 GB 2763 的要求检验	√	*	临时限量
17		草甘膦	按 GB 2763 的要求检验	√	*	
18		除虫脲	按 GB 2763 的要求检验	√	*	
19		哒螨灵	按 GB 2763 的要求检验	√	*	
20		丁醚脲	按 GB 2763 的要求检验	√	*	临时限量
21		多菌灵	按 GB 2763 的要求检验	√	*	
22		氟氯氰菊酯和高效氟氯氰菊酯	按 GB 2763 的要求检验	√	*	
23		氟氰戊菊酯	按 GB 2763 的要求检验	√	*	
24		甲氰菊酯	按 GB 2763 的要求检验	√	*	
25		联苯菊酯	按 GB 2763 的要求检验	√	*	
26		硫丹	按 GB 2763 的要求检验	√	*	临时限量
27		氯氟氰菊酯和高效氯氟氰菊酯	按 GB 2763 的要求检验	√	*	
28		氯菊酯	按 GB 2763 的要求检验	√	*	
29		氯氰菊酯和高效氯氰菊酯	按 GB 2763 的要求检验	√	*	
30		灭多威	按 GB 2763 的要求检验	√	*	
31		噻虫嗪	按 GB 2763 的要求检验	√	*	
32		噻嗪酮	按 GB 2763 的要求检验	√	*	
33		杀螟丹	按 GB 2763 的要求检验	√	*	
34		杀螟硫磷	按 GB 2763 的要求检验	√	*	临时限量

续表

序号	检验项目分类	检验项目	方法标准	发证检验	出厂检验	备注
35	农药残留	溴氰菊酯	按 GB 2763 的要求检验	√	*	
36		乙酰甲胺磷	按 GB 2763 的要求检验	√	*	
37		滴滴涕	按 GB 2763 的要求检验	√	*	
38		六六六	按 GB 2763 的要求检验	√	*	
39	微生物	菌落总数	执行标准的规定检验	#	*	
40		大肠菌群	按 GB/T 22111 等执行标准的规定检验	#	*	
41		霉菌及酵母	按执行标准的规定检验	#	*	
42		冠突散囊菌	按 GB/T 9833. 3 的规定检验	#	*	
43	致病菌	沙门菌	按 GB/T 22111 等执行标准的规定检验	#	*	
44		志贺菌	按 GB/T 22111 等执行标准的规定检验	#	*	
45		金黄色葡萄球菌	按 GB/T 22111 等执行标准的规定检验	#	*	
46		溶血性链球菌	按 GB/T 22111 等执行标准的规定检验	#	*	
47	其他	法律法规和执行标准规定的其他检验项目	按法律法规和执行标准的规定检验	√	*	

注：①“#”表示执行标准中对该项目有质量要求的，应作为发证检验项目；②“*”表示执行标准中把该项目确定为出厂检验项目的，应作为出厂检验项目；③执行标准中没有指定检验方法的项目，检验机构按国家资质认定和实验室认可的相关规定执行。

附录四　食品生产许可管理办法

（2020 年 1 月 2 日国家市场监督管理总局令第 24 号公布）

第一章　总则

第一条　为规范食品、食品添加剂生产许可活动，加强食品生产监督管理，保障食品安全，根据《中华人民共和国行政许可法》《中华人民共和国食品安全法》《中华人民共和国食品安全法实施条例》等法律法规，制定本办法。

第二条　在中华人民共和国境内，从事食品生产活动，应当依法取得食品生产许可。

食品生产许可的申请、受理、审查、决定及其监督检查，适用本办法。

第三条　食品生产许可应当遵循依法、公开、公平、公正、便民、高效的原则。

第四条　食品生产许可实行一企一证原则，即同一个食品生产者从事食品生产活动，应当取得一个食品生产许可证。

第五条　市场监督管理部门按照食品的风险程度，结合食品原料、生产工艺等因素，对食品生产实施分类许可。

第六条　国家市场监督管理总局负责监督指导全国食品生产许可管理工作。

县级以上地方市场监督管理部门负责本行政区域内的食品生产许可监督管理工作。

第七条　省、自治区、直辖市市场监督管理部门可以根据食品类别和食品安全风险状况，确定市、县级市场监督管理部门的食品生产许可管理权限。

保健食品、特殊医学用途配方食品、婴幼儿配方食品、婴幼儿辅助食品、食盐等食品的生产许可，由省、自治区、直辖市市场监督管理部门负责。

第八条　国家市场监督管理总局负责制定食品生产许可审查通则和细则。

省、自治区、直辖市市场监督管理部门可以根据本行政区域食品生产许可审查工作的需要，对地方特色食品制定食品生产许可审查细则，在本行政区域内实施，并向国家市场监督管理总局报告。国家市场监督管理总局制定公布相关食品生产许可审查细则后，地方特色食品生产许可审查细则自行废止。

县级以上地方市场监督管理部门实施食品生产许可审查，应当遵守食品生产许可审查通则和细则。

第九条 县级以上地方市场监督管理部门应当加快信息化建设，推进许可申请、受理、审查、发证、查询等全流程网上办理，并在行政机关的网站上公布生产许可事项，提高办事效率。

第二章 申请与受理

第十条 申请食品生产许可，应当先行取得营业执照等合法主体资格。

企业法人、合伙企业、个人独资企业、个体工商户、农民专业合作组织等，以营业执照载明的主体作为申请人。

第十一条 申请食品生产许可，应当按照以下食品类别提出：粮食加工品，食用油、油脂及其制品，调味品，肉制品，乳制品，饮料，方便食品，饼干，罐头，冷冻饮品，速冻食品，薯类和膨化食品，糖果制品，茶叶及相关制品，酒类，蔬菜制品，水果制品，炒货食品及坚果制品，蛋制品，可可及焙烤咖啡产品，食糖，水产制品，淀粉及淀粉制品，糕点，豆制品，蜂产品，保健食品，特殊医学用途配方食品，婴幼儿配方食品，特殊膳食食品，其他食品等。

国家市场监督管理总局可以根据监督管理工作需要对食品类别进行调整。

第十二条 申请食品生产许可，应当符合下列条件：

（一）具有与生产的食品品种、数量相适应的食品原料处理和食品加工、包装、贮存等场所，保持该场所环境整洁，并与有毒、有害场所以及其他污染源保持规定的距离；

（二）具有与生产的食品品种、数量相适应的生产设备或者设施，有相应的消毒、更衣、盥洗、采光、照明、通风、防腐、防尘、防蝇、防鼠、防虫、洗涤以及处理废水、存放垃圾和废弃物的设备或者设施；保健食品生产工艺有原料提取、纯化等前处理工序的，需要具备与生产的品种、数量相适应的原料前处理设备或者设施；

（三）有专职或者兼职的食品安全专业技术人员、食品安全管理人员和保证食品安全的规章制度；

（四）具有合理的设备布局和工艺流程，防止待加工食品与直接入口食品、原料与成品交叉污染，避免食品接触有毒物、不洁物；

（五）法律、法规规定的其他条件。

第十三条 申请食品生产许可，应当向申请人所在地县级以上地方市场监督管理部门提交下列材料：

（一）食品生产许可申请书；

（二）食品生产设备布局图和食品生产工艺流程图；

（三）食品生产主要设备、设施清单；

（四）专职或者兼职的食品安全专业技术人员、食品安全管理人员信息和食品安全管理制度。

第十四条 申请保健食品、特殊医学用途配方食品、婴幼儿配方食品等特殊食品的生产许可，还应当提交与所生产食品相适应的生产质量管理体系文件以及相关注册和备案文件。

第十五条 从事食品添加剂生产活动，应当依法取得食品添加剂生产许可。

申请食品添加剂生产许可，应当具备与所生产食品添加剂品种相适应的场所、生产设备或者设施、食品安全管理人员、专业技术人员和管理制度。

第十六条 申请食品添加剂生产许可，应当向申请人所在地县级以上地方市场监督管理部门提交下列材料：

（一）食品添加剂生产许可申请书；

（二）食品添加剂生产设备布局图和生产工艺流程图；

（三）食品添加剂生产主要设备、设施清单；

（四）专职或者兼职的食品安全专业技术人员、食品安全管理人员信息和食品安全管理制度。

第十七条 申请人应当如实向市场监督管理部门提交有关材料和反映真实情况，对申请材料的真实性负责，并在申请书等材料上签名或者盖章。

第十八条 申请人申请生产多个类别食品的，由申请人按照省级市场监督管理部门确定的食品生产许可管理权限，自主选择其中一个受理部门提交申请材料。受理部门应当及时告知有相应审批权限的市场监督管理部门，组织联合审查。

第十九条 县级以上地方市场监督管理部门对申请人提出的食品生产许可申请，应当根据下列情况分别作出处理：

（一）申请事项依法不需要取得食品生产许可的，应当即时告知申请人不受理；

（二）申请事项依法不属于市场监督管理部门职权范围的，应当即时作出不予受理的决定，并告知申请人向有关行政机关申请；

（三）申请材料存在可以当场更正的错误的，应当允许申请人当场更正，由申请人在更正处签名或者盖章，注明更正日期；

（四）申请材料不齐全或者不符合法定形式的，应当当场或者在 5 个工作日内一次告知申请人需要补正的全部内容。当场告知的，应当将申请材料退回申请人；在 5 个工作日内告知的，应当收取申请材料并出具收到申请材料的凭据。逾期不告知的，自收到申请材料之日起即为受理；

（五）申请材料齐全、符合法定形式，或者申请人按照要求提交全部补正材料的，应当受理食品生产许可申请。

第二十条 县级以上地方市场监督管理部门对申请人提出的申请决定予以受理的，应当出具受理通知书；决定不予受理的，应当出具不予受理通知书，说明不予受理的理由，并告知申请人依法享有申请行政复议或者提起行政诉讼的权利。

第三章 审查与决定

第二十一条 县级以上地方市场监督管理部门应当对申请人提交的申请材料进行审查。需要对申请材料的实质内容进行核实的，应当进行现场核查。

市场监督管理部门开展食品生产许可现场核查时，应当按照申请材料进行核查。对首次申请许可或者增加食品类别的变更许可的，根据食品生产工艺流程等要求，核查试制食品的检验报告。开展食品添加剂生产许可现场核查时，可以根据食品添加剂品种特点，核查试制食品添加剂的检验报告和复配食品添加剂配方等。试制食品检验可以由生产者自行检验，或者委托有资质的食品检验机构检验。

现场核查应当由食品安全监管人员进行，根据需要可以聘请专业技术人员作为核查人员参加现场核查。核查人员不得少于2人。核查人员应当出示有效证件，填写食品生产许可现场核查表，制作现场核查记录，经申请人核对无误后，由核查人员和申请人在核查表和记录上签名或者盖章。申请人拒绝签名或者盖章的，核查人员应当注明情况。

申请保健食品、特殊医学用途配方食品、婴幼儿配方乳粉生产许可，在产品注册或者产品配方注册时经过现场核查的项目，可以不再重复进行现场核查。

市场监督管理部门可以委托下级市场监督管理部门，对受理的食品生产许可申请进行现场核查。特殊食品生产许可的现场核查原则上不得委托下级市场监督管理部门实施。

核查人员应当自接受现场核查任务之日起5个工作日内，完成对生产场所的现场核查。

第二十二条 除可以当场作出行政许可决定的外，县级以上地方市场监督管理部门应当自受理申请之日起10个工作日内作出是否准予行政许可的决定。因特殊原因需要延长期限的，经本行政机关负责人批准，可以延长5个工作日，并应当将延长期限的理由告知申请人。

第二十三条 县级以上地方市场监督管理部门应当根据申请材料审查和现

场核查等情况，对符合条件的，作出准予生产许可的决定，并自作出决定之日起5个工作日内向申请人颁发食品生产许可证；对不符合条件的，应当及时作出不予许可的书面决定并说明理由，同时告知申请人依法享有申请行政复议或者提起行政诉讼的权利。

第二十四条 食品添加剂生产许可申请符合条件的，由申请人所在地县级以上地方市场监督管理部门依法颁发食品生产许可证，并标注食品添加剂。

第二十五条 食品生产许可证发证日期为许可决定作出的日期，有效期为5年。

第二十六条 县级以上地方市场监督管理部门认为食品生产许可申请涉及公共利益的重大事项，需要听证的，应当向社会公告并举行听证。

第二十七条 食品生产许可直接涉及申请人与他人之间重大利益关系的，县级以上地方市场监督管理部门在作出行政许可决定前，应当告知申请人、利害关系人享有要求听证的权利。

申请人、利害关系人在被告知听证权利之日起5个工作日内提出听证申请的，市场监督管理部门应当在20个工作日内组织听证。听证期限不计算在行政许可审查期限之内。

第四章 许可证管理

第二十八条 食品生产许可证分为正本、副本。正本、副本具有同等法律效力。

国家市场监督管理总局负责制定食品生产许可证式样。省、自治区、直辖市市场监督管理部门负责本行政区域食品生产许可证的印制、发放等管理工作。

第二十九条 食品生产许可证应当载明：生产者名称、社会信用代码、法定代表人（负责人）、住所、生产地址、食品类别、许可证编号、有效期、发证机关、发证日期和二维码。

副本还应当载明食品明细。生产保健食品、特殊医学用途配方食品、婴幼儿配方食品的，还应当载明产品或者产品配方的注册号或者备案登记号；接受委托生产保健食品的，还应当载明委托企业名称及住所等相关信息。

第三十条 食品生产许可证编号由SC（“生产”的汉语拼音字母缩写）和14位阿拉伯数字组成。数字从左至右依次为：3位食品类别编码、2位省（自治区、直辖市）代码、2位市（地）代码、2位县（区）代码、4位顺序码、1位校验码。

第三十一条 食品生产者应当妥善保管食品生产许可证，不得伪造、涂改、倒卖、出租、出借、转让。

食品生产者应当在生产场所的显著位置悬挂或者摆放食品生产许可证正本。

第五章 变更、延续与注销

第三十二条 食品生产许可证有效期内，食品生产者名称、现有设备布局和工艺流程、主要生产设备设施、食品类别等事项发生变化，需要变更食品生产许可证载明的许可事项的，食品生产者应当在变化后10个工作日内向原发证的市场监督管理部门提出变更申请。

食品生产者的生产场所迁址的，应当重新申请食品生产许可。

食品生产许可证副本载明的同一食品类别内的事项发生变化的，食品生产者应当在变化后10个工作日内向原发证的市场监督管理部门报告。

食品生产者的生产条件发生变化，不再符合食品生产要求，需要重新办理许可手续的，应当依法办理。

第三十三条 申请变更食品生产许可的，应当提交下列申请材料：

（一）食品生产许可变更申请书；

（二）与变更食品生产许可事项有关的其他材料。

第三十四条 食品生产者需要延续依法取得的食品生产许可的有效期的，应当在该食品生产许可有效期届满30个工作日前，向原发证的市场监督管理部门提出申请。

第三十五条 食品生产者申请延续食品生产许可，应当提交下列材料：

（一）食品生产许可延续申请书；

（二）与延续食品生产许可事项有关的其他材料。

保健食品、特殊医学用途配方食品、婴幼儿配方食品的生产企业申请延续食品生产许可的，还应当提供生产质量管理体系运行情况的自查报告。

第三十六条 县级以上地方市场监督管理部门应当根据被许可人的延续申请，在该食品生产许可有效期届满前作出是否准予延续的决定。

第三十七条 县级以上地方市场监督管理部门应当对变更或者延续食品生产许可的申请材料进行审查，并按照本办法第二十一条的规定实施现场核查。

申请人声明生产条件未发生变化的，县级以上地方市场监督管理部门可以不再进行现场核查。

申请人的生产条件及周边环境发生变化，可能影响食品安全的，市场监督管理部门应当就变化情况进行现场核查。

保健食品、特殊医学用途配方食品、婴幼儿配方食品注册或者备案的生产工艺发生变化的，应当先办理注册或者备案变更手续。

第三十八条 市场监督管理部门决定准予变更的，应当向申请人颁发新的食品生产许可证。食品生产许可证编号不变，发证日期为市场监督管理部门作出变更许可决定的日期，有效期与原证书一致。但是，对因迁址等原因而进行全面现场核查的，其换发的食品生产许可证有效期自发证之日起计算。

因食品安全国家标准发生重大变化，国家和省级市场监督管理部门决定组织重新核查而换发的食品生产许可证，其发证日期以重新批准日期为准，有效期自重新发证之日起计算。

第三十九条 市场监督管理部门决定准予延续的，应当向申请人颁发新的食品生产许可证，许可证编号不变，有效期自市场监督管理部门作出延续许可决定之日起计算。

不符合许可条件的，市场监督管理部门应当作出不予延续食品生产许可的书面决定，并说明理由。

第四十条 食品生产者终止食品生产，食品生产许可被撤回、撤销，应当在20个工作日内向原发证的市场监督管理部门申请办理注销手续。

食品生产者申请注销食品生产许可的，应当向原发证的市场监督管理部门提交食品生产许可注销申请书。

食品生产许可被注销的，许可证编号不得再次使用。

第四十一条 有下列情形之一，食品生产者未按规定申请办理注销手续的，原发证的市场监督管理部门应当依法办理食品生产许可注销手续，并在网站进行公示：

（一）食品生产许可有效期届满未申请延续的；

（二）食品生产者主体资格依法终止的；

（三）食品生产许可依法被撤回、撤销或者食品生产许可证依法被吊销的；

（四）因不可抗力导致食品生产许可事项无法实施的；

（五）法律法规规定的应当注销食品生产许可的其他情形。

第四十二条 食品生产许可证变更、延续与注销的有关程序参照本办法第二章、第三章的有关规定执行。

第六章 监督检查

第四十三条 县级以上地方市场监督管理部门应当依据法律法规规定的职责，对食品生产者的许可事项进行监督检查。

第四十四条 县级以上地方市场监督管理部门应当建立食品许可管理信息平台，便于公民、法人和其他社会组织查询。

县级以上地方市场监督管理部门应当将食品生产许可颁发、许可事项检查、日常监督检查、许可违法行为查处等情况记入食品生产者食品安全信用档案，并通过国家企业信用信息公示系统向社会公示；对有不良信用记录的食品生产者应当增加监督检查频次。

第四十五条 县级以上地方市场监督管理部门及其工作人员履行食品生产许可管理职责，应当自觉接受食品生产者和社会监督。

接到有关工作人员在食品生产许可管理过程中存在违法行为的举报，市场监督管理部门应当及时进行调查核实。情况属实的，应当立即纠正。

第四十六条 县级以上地方市场监督管理部门应当建立食品生产许可档案管理制度，将办理食品生产许可的有关材料、发证情况及时归档。

第四十七条 国家市场监督管理总局可以定期或者不定期组织对全国食品生产许可工作进行监督检查；省、自治区、直辖市市场监督管理部门可以定期或者不定期组织对本行政区域内的食品生产许可工作进行监督检查。

第四十八条 未经申请人同意，行政机关及其工作人员、参加现场核查的人员不得披露申请人提交的商业秘密、未披露信息或者保密商务信息，法律另有规定或者涉及国家安全、重大社会公共利益的除外。

第七章 法律责任

第四十九条 未取得食品生产许可从事食品生产活动的，由县级以上地方市场监督管理部门依照《中华人民共和国食品安全法》第一百二十二条的规定给予处罚。

食品生产者生产的食品不属于食品生产许可证上载明的食品类别的，视为未取得食品生产许可从事食品生产活动。

第五十条 许可申请人隐瞒真实情况或者提供虚假材料申请食品生产许可的，由县级以上地方市场监督管理部门给予警告。申请人在 1 年内不得再次申请食品生产许可。

第五十一条 被许可人以欺骗、贿赂等不正当手段取得食品生产许可的，由原发证的市场监督管理部门撤销许可，并处 1 万元以上 3 万元以下罚款。被许可人在 3 年内不得再次申请食品生产许可。

第五十二条 违反本办法第三十一条第一款规定，食品生产者伪造、涂改、倒卖、出租、出借、转让食品生产许可证的，由县级以上地方市场监督管理部门责令改正，给予警告，并处 1 万元以下罚款；情节严重的，处 1 万元以上 3 万元以下罚款。

违反本办法第三十一条第二款规定，食品生产者未按规定在生产场所的显著位置悬挂或者摆放食品生产许可证的，由县级以上地方市场监督管理部门责令改正；拒不改正的，给予警告。

第五十三条 违反本办法第三十二条第一款规定，食品生产许可证有效期内，食品生产者名称、现有设备布局和工艺流程、主要生产设备设施等事项发生变化，需要变更食品生产许可证载明的许可事项，未按规定申请变更的，由原发证的市场监督管理部门责令改正，给予警告；拒不改正的，处1万元以上3万元以下罚款。

违反本办法第三十二条第二款规定，食品生产者的生产场所迁址后未重新申请取得食品生产许可从事食品生产活动的，由县级以上地方市场监督管理部门依照《中华人民共和国食品安全法》第一百二十二条的规定给予处罚。

违反本办法第三十二条第三款、第四十条第一款规定，食品生产许可证副本载明的同一食品类别内的事项发生变化，食品生产者未按规定报告的，食品生产者终止食品生产，食品生产许可被撤回、撤销或者食品生产许可证被吊销，未按规定申请办理注销手续的，由原发证的市场监督管理部门责令改正；拒不改正的，给予警告，并处5000元以下罚款。

第五十四条 食品生产者违反本办法规定，有《中华人民共和国食品安全法实施条例》第七十五条第一款规定的情形的，依法对单位的法定代表人、主要负责人、直接负责的主管人员和其他直接责任人员给予处罚。

被吊销生产许可证的食品生产者及其法定代表人、直接负责的主管人员和其他直接责任人员自处罚决定作出之日起5年内不得申请食品生产经营许可，或者从事食品生产经营管理工作、担任食品生产经营企业食品安全管理人员。

第五十五条 市场监督管理部门对不符合条件的申请人准予许可，或者超越法定职权准予许可的，依照《中华人民共和国食品安全法》第一百四十四条的规定给予处分。

第八章 附则

第五十六条 取得食品经营许可的餐饮服务提供者在其餐饮服务场所制作加工食品，不需要取得本办法规定的食品生产许可。

第五十七条 食品添加剂的生产许可管理原则、程序、监督检查和法律责任，适用本办法有关食品生产许可的规定。

第五十八条 对食品生产加工小作坊的监督管理，按照省、自治区、直辖市制定的具体管理办法执行。

第五十九条 各省、自治区、直辖市市场监督管理部门可以根据本行政区域实际情况，制定有关食品生产许可管理的具体实施办法。

第六十条 市场监督管理部门制作的食品生产许可电子证书与印制的食品生产许可证书具有同等法律效力。

第六十一条 本办法自2020年3月1日起施行。原国家食品药品监督管理总局2015年8月31日公布，根据2017年11月7日原国家食品药品监督管理总局《关于修改部分规章的决定》修正的《食品生产许可管理办法》同时废止。

参考文献

[1] 骆耀平. 茶树栽培学 [M]. 北京: 中国农业出版社, 2015.
[2] 蔡烈伟. 茶树栽培技术 [M]. 北京: 中国农业出版社, 2014.
[3] 江昌俊. 茶树育种学 [M]. 2 版. 北京: 中国农业出版社, 2011.
[4] 田景涛, 潘俊青. 无公害茶树栽培技术 [M]. 北京: 中国农业出版社, 2013.
[5] 权启爱. 茶叶加工技术与设备 [M]. 杭州: 浙江摄影出版社, 2005.
[6] 权启爱. 茶叶杀青机的类别及其性能 [J]. 中国茶叶, 2006 (2): 12 - 13.
[7] 赵祖光. 茶叶热风杀青机简介 [J]. 中国茶叶, 2005 (2): 35.
[8] 龚琦. 往复式槽型茶叶多用机性能分析 [J]. 中国茶叶加工, 1996 (1): 33 - 35.
[9] 权启爱. 茶叶加工机械的选用与配备 [J]. 中国茶叶, 2008 (8): 12 - 13.
[10] 施兆鹏. 茶叶加工学 [M]. 北京: 中国农业出版社, 1997.
[11] 农业部人事劳动司农业职业技能培训教材编审委员会. 茶叶加工工 [M]. 北京: 中国农业出版社, 2008.
[12] 谭济才. 茶树病虫害防治学 [M]. 北京: 中国农业出版社, 2011.
[13] 彭萍, 王晓庆, 李品武. 茶树病虫害测报与防治技术 [M]. 北京: 中国农业出版社, 2013.
[14] 陈宗懋, 孙晓玲. 茶树主要病虫害简明识别手册 [M]. 北京: 中国农业出版社, 2013.
[15] 施兆鹏. 茶叶审评与检验 [M]. 4 版. 北京: 中国农业出版社, 2010.
[16] 农艳芳. 茶叶审评与检验 [M]. 北京: 中国农业出版社, 2012.
[17] 张正竹. 茶叶生物化学实验教程 [M]. 北京: 中国农业出版社, 2009.
[18] 熊昌云, 崔文锐. 茶树栽培与茶叶加工 [M]. 昆明: 云南大学出版社, 2018.
[19] 国家质量监督检验检疫总局产品质量监督司. 食品质量安全市场准入审查指南 茶叶、蜜饯、炒货食品、可可制品、焙炒咖啡分册 [M]. 北京: 中国标准出版社, 2005.
[20] 陈雅诊. 食品质量安全管理 (茶叶) [M]. 北京: 中国计量出版社, 2007.
[21] 中国农业科学院农业质量标准与检测技术研究所. 农产品质量安全检测手册: 茶叶卷 [M]. 北京: 中国标准出版社, 2008.
[22] 贵州省质量技术监督局. 贵州茶叶标准技术规程 [M]. 北京: 中国标准出版社, 2010. 11.
[23] 陈宗懋, 杨亚军. 中国茶经 [M]. 上海: 上海文化出版社, 2011.